일상의 철학

석학人文강좌 92

일상의 철학

초판 1쇄 발행 2018년 10월 15일
초판 2쇄 발행 2019년 12월 5일
지은이 강영안
펴낸이 이방원
편 집 김명희 · 안효희 · 윤원진 · 정조연 · 정우경 · 송원빈
디자인 박혜옥 · 손경화   **영업** 최성수   **마케팅** 이미선
펴낸곳 세창출판사
출판신고 1990년 10월 8일 제300-1990-63호
주소 03735 서울시 서대문구 경기대로 88 냉천빌딩 4층
전화 02-723-8660
팩스 02-720-4579
이메일 edit@sechangpub.co.kr
홈페이지 http://www.sechangpub.co.kr

ISBN 978-89-8411-774-7 04100
       978-89-8411-350-3(세트)

이 도서의 국립중앙도서관 출판시도서목록(CIP)은 서지정보유통지원시스템 홈페이지(http://seoji.nl.go.kr)와
국가자료공동목록시스템(http://www.nl.go.kr/kolisnet)에서 이용하실 수 있습니다. (CIP제어번호: CIP2018030727)

석학
人文
강좌
92

일상의 철학

강영안 지음

세창출판사

일상은 우리의 삶의 장소이고, 삶의 시간이며, 삶의 통로이다. 날마다 반복되고 익숙한 일상을 떠나 신나고 즐거운 삶을 누구나 꿈꾸지만 어디를 가나 일상은 어김없이 우리를 기다린다. 이 땅에 사는 동안 우리 인생은 일상을 떠날 수 없다. 일상은 우리가 삶을 살아가는 장소이다. 또한 일상은 우리가 태어나 죽을 때까지 우리 삶을 이어 주는 유한한 시간이기도 하다. 이 가운데서 흥분과 긴장, 나태와 지루함을 경험한다. 일상은 또한 삶의 내용이 되어 주는 행위들이 가능한 통로이기도 하다. 일상 속에서 우리 인간은 자고 깨어나며, 씻고, 먹고 마시며, 일하고 쉬고, 사람들을 만나며, 웃고 울고, 희망하고 절망에 빠지기도 한다. 요컨대 일상을 떠나 우리 인간의 삶을 생각할 수 없다. 따라서 만일 삶을 이해하고 온전히 삶을 살아가기를 원한다면 삶의 장소요, 삶의 시간이며, 삶의 통로가 되는 일상의 삶을 스쳐 지나갈 수 없다.

나는 너무나 평범하지만 그냥 지나칠 수 없는 우리의 일상을 이 책에서 다루었다. 먹고 마시고, 일하고 쉬고, 집 짓고, 잠자고, 옷 입고, 타인과 함께 살아가는 우리의 모습을 그려 내 보려고 애썼다. 일상을 살아가는 우리의 이러한 여러 모습은 요리사나 건축가, 수면 전문 의사나 의복 전문가가 자신의 분야와 관련해서 많은 이야기를 할 수 있다. 그러나 일상을 다루는 나의 방식은 이들과는 다르다. 나는 우리가 살아가는 일상에 무슨 일이 일어나며, 일어나는 것들의 의미가 무엇이며, 우리가 어떻게 살아야 하는가에 관심을 두었다. 좀 더 세밀하게 이야기하면 일상의 여러 주제, 계기나 행위를 다루더라도 나의 접근 방식은 세 단계로 진행이 된다.

첫 번째 단계는 '일상의 현상학'이다. 예컨대 우리가 먹을 때 무슨 일이 일어나는가? 다시 말해, 먹는 행위를 자세하게 들여다보면 무엇이 나타나고 무엇이 보이는지 물어보는 작업을 첫 번째 단계에서 진행한다. 이 방법을 통하여 나는 만일 우리가 묻지 않는다면, 그리고 들여다보려 하지 않는다면 보이지 않을 일상의 현상을 눈앞에 드러나게 하는 작업을 시도한다. 이 현상은 알고 보면 전혀 새롭지 않다. 누구에게나 익숙하고 누구나 경험하면서 살아간다. 다만 일상 속에서 의식하지 못할 뿐이다.

두 번째 단계는 '일상의 해석학'이다. 현상을 드러내는 과정을 먼저 밟은 다음, 현상들이 가진 의미가 무엇인지 묻는 작업이 여기서 이루어진다. 먹고 마시고, 잠자며, 일하고 쉬는 행위에 내재한 의미뿐만 아니라 우리 자신의 삶이 이러한 행위를 통해서 어떻게 의미를 얻는가를 일상의 해석학은 드러낸다. 주체와 대상, 주관과 객관, 능동성과 수동성, 자아와 타자 사이의 상호 관계를 이 가운데서 보게 되고, 특별히 일상의 행위가 자아와 타자 구성에 미치는 영향을 보게 될 것이다.

'일상의 윤리학'이라고 이름 붙인 세 번째 단계는 일상의 구체적 삶과 관련해서 윤리를 생각해 본다. 포괄적 의미의 윤리보다는 우리가 먹고 마실 때, 우리가 옷을 입고 집을 짓고 살 때, 우리가 일하거나 쉴 때, 그리고 우리가 타인과 관계할 때, 어떻게 행동하고 어떤 방식으로 타자를 배려하고 자신을 돌볼지를 다룬다. 일상의 윤리학은 우리 자신의 '자신됨'과 연관되지만, 무엇보다도 타자와의 관계에서 어떻게 살아야 할지를 고려한다. 이 과정에서 정의와 평화, 배려와 돌봄, 진실과 신뢰, 겸손과 인내의 중요성이 두드러지게 또는 은연중에 드러날 것이다.

　철학은 삶에 무관심하지 않았다. 철학이 삶만을 다루지는 않았지만 삶을 떠난 철학은 없었다. 공자나 맹자, 노자나 장자, 소크라테스나 플라톤, 아리스토텔레스는 모두 삶을 돌아보았다. 피에르 아도(Pierre Hadot)가 힘주어 말하듯 철학은 예로부터 추상적 이론이나 과학이 아니라 '삶의 길', '삶의 방식'이며 일종의 '영적 수련'이었다. 비록 '철학'이란 말을 쓰지 않았다 하더라도 (왜냐하면 우리가 알고 있는 '철학'이란 말은 그리스에서 유래했기 때문이다) 이 사실은 다른 지역의 사상가들에게도 마찬가지였다. 불교나 기독교, 유대교나 이슬람과 같은 종교도 철학과 마찬가지로 '삶의 길'을 보여 주었다. 삶이란 무엇인지, 어떻게 살아야 할지, 왜 그렇게 살아야 하는지에 모든 종교와 철학이 관심을 두었다. 굳이 철학과 종교가 아니라도 사람이 사는 곳이면 어느 곳에서나 어떻게 먹고 마시고, 어떻게 자고, 어떻게 일상에서 처신해야 할지 규제하는 전통이 확립되어 있다. 물론 이 전통도 한자리에 머물러 있지 않고 시간과 삶의 조건에 따라 변화하기도 한다.

그렇다면 내가 여기서 하는 작업이 전통 철학과 어떻게 구별되는가? 예컨대 소크라테스나 플라톤, 공자나 맹자의 철학이나, 스토아나 에피쿠로스 철학은 우리의 일상과 관련해서 매우 중요하다. 그들도 일상을 생각하였지만 그들이 제공해 주는 철학은 '일상의 삶을 위한 철학'(Philosophy for Everyday Life)이라고 말할 수 있다. 일상 속에서 우리가 어떻게 살아가야 할지, 왜 그렇게 살아야 할지를 탐구하고 걸어가야 할 길을 보여 주는 철학이었다. 특히 스토아 철학에서 시작한 '자연학'과 '논리학', 그리고 '윤리학'의 삼분법은 우리를 에워싼 세계와 인간이 어떤 존재이며, 우리가 어떻게 생각하고 어떻게 앎에 도달하게 되는지를 먼저 따져 본 다음, 여기에 이어서 어떻게 살아야 할지를 생각하고자 한 의도에서 비롯되었다. 자연학과 논리학은 이론에 속하지만 이론적인 활동을 통해 얻은 지식은 결국 윤리학에 기여해야 할 것으로 스토아 철학자들은 생각하였다. 에피쿠로스 전통도 이 점에서 다르지 않다.

내가 시도하는 일상의 철학은 '일상의 삶에 관한 철학'(Philosophy of Everyday Life)이다. 일상을 살아가는 데 필요한 지침을 주거나 자기 개발에 도움을 주기 위한 철학이 아니라, 일상의 삶을 대상으로 삼아 우리의 일상을 형성하는 여러 행위들을 하나씩 생각해 보는 철학이다. 예컨대 우리가 대학에서 전문적으로 연구하는 철학 가운데는 과학철학이나 언어철학, 종교철학이나 정치철학 등이 있다. 이

분과 철학들은 각각 과학과 언어, 종교와 정치를 대상으로 삼는다. 마찬가지로 나의 일상의 철학은 우리가 살고 있는 일상의 삶을 대상으로 삼아 일상이 무엇인지, 일상이 어떻게 형성되는지, 일상이 우리 인간의 '인간됨'에 어떤 의미가 있는지, 일상에서 우리가 하는 행위들을 어떻게 하는 것이 제대로 하는 것인지 생각해 본다. 과거의 철학에서 이러한 의미의 일상의 철학은 시도되지 않았다. 만일 예외가 있다면 하이데거일 것이다. 그러나 하이데거는 '일상성'을 우리가 세계 안에 존재하는 방식으로 다룰 뿐, 일상을 이루고 있는 우리의 삶의 여러 계기와 행위를 개별적으로 들여다보지 않았다. 아마 나와 가장 가까운 철학자가 있다면 레비나스일텐데, 레비나스는 '향유'와 '세계 안에서의 거주'의 관점에서 일상을 들여다볼 뿐, 여기서 내가 진행하는 방식으로 일상의 주제를 현상과 의미와 윤리를 드러내는 방식으로 다루지는 않았다. 이것이 나의 일상의 철학이 앞선 철학과 다른 점이다.

예컨대 소크라테스가 삶을 캐묻고 검토하고 성찰한 방식과 비교해 보면 내가 묻고 있는 대상, 내가 자세히 들여다보기를 원하는 일상의 삶은 훨씬 더 원초적이고 동물적이며, 세속적이라 할 수 있다. 소크라테스는 신체와 관련된 것들은 아예 물음의 대상에 넣지 않고 영혼을 철학의 대상으로 삼았으며, 영혼 가운데서도 앎과 관련된 부분에 관심을 두었다. 더 나아가 앎 가운데서도 용기나 경건, 정의나 지혜와 같은 인간의 덕(aretè), 곧 인간의 탁월성을 보여 줄 수 있는 자질에 집중했다. 이 책에서 다루고 있는 주제들, 곧 먹고 마시고, 자고, 옷을 입고, 집 짓고 거주하고, 일하고 쉬고 타인과 함께 사는 것들은 모두 신체를 통해서 하는 것들이다. 말하자면 소크라테스는 인간이 신들과 공유할 수 있는 고상한 것들에 관심을 두고 철학했다면, 나는 인간이 다른 동물과 공유하는 것들을 주제로 삼아 철학하였다. 인간도 동물과 마찬가지로 먹고 마셔야 하고 어딘가 깃들어 자야 하는 존재이다. 인간은 무엇보다도 신체적 존재이며 신체를 통하여 결핍과 유한성, 그리고 동시에 만족과 초월의 갈망을 체험하는 존재이다. 영혼의 탁월함도 신체를 통하여 드러날 뿐 신체와 떨어져 있지 않다.

일상의 삶을 살아가는 주체들은 신체로, 몸으로 각각 존재하는 개별자들이다. 먹고 마실 때 내가 먹어야 하고, 잠을 잘 때나 옷을 입을 때 내가 자고 내가 입어야 한다. 음식과 음료가 필요한 사람에게 그것들을 가져다줄 수 있고, 잠이 필요한 사람에게 잠자리를 제공해 줄 수 있고, 옷이 필요한 사람에게 옷을 가져다줄 수는 있다. 그러나 누구도 대신해서 먹고 마셔 줄 수 없고, 대신해서 잠을 자고, 대신해서 옷을 입어 줄 수 없다. 우리 모두는 신체를 가진 한 개체이기 때문에 이 모든 일을 우리 자신이 각각 스스로 해야 한다. 이러한 사정은 우리 모두에게 적용된다. 내가 먹고 마셔야 하듯 너도 먹고 마셔야 한다. 나에게 깃들어 살 곳이 필요하듯 너도 살 곳이 필요하다. 따라서 우리가 서로를 정당하게 대하는 방식은 각자 고유한 주체임을 인정하고 그렇게 대접하는 것이다. 이 점에서 배운 사람이나 못 배운 사람, 가진 사람이나 가지지 못한 사람,

남자나 여자, 어른이나 아이, 백인이나 흑인 사이에 구별이 있을 수
없다.

　일상의 주제를 다루면서 내가 관심을 둔 것은 일상을 구성하는
행위들의 주체적 측면이다. 그래서 나의 질문은 늘 '먹고 마신다는
것', '입는다는 것', '집 짓고 산다는 것', '일한다는 것', 이런 방식으로
주제를 설정하여 진행된다. 일상의 행위들이 무엇이며, 그것들의
의미가 무엇인지 알고자 하기 때문이다. 일상의 행위들은 주체와
대상으로, 능동과 수동으로, 나와 타인으로, 주어짐과 주어진 것을
받아 사용하고 가꾸는 것으로 서로 얽혀 있다. 나와 너, 주체와 대
상, 능동과 수동은 서로 구별은 되지만 분리되지 않는 방식으로 존
재한다. 일상의 주체적 측면을 묻고 있지만 그 가운데 일상 행위의
대상 관련성이 예외 없이 모든 경우에 드러난다. 예컨대 잠의 경우
에는 잠자는 사람과 잠이 주체와 대상관계를 맺는 방식으로 연관되
어 있지는 않다. 하지만 잠이 오고, 잠에 들려면 잠 잘 수 있는 공간
과 잠 잘 수 있는 시간, 잠 잘 수 있는 여건이 주어지지 않으면 가능
하지 않다. 잠자는 이와 잠은 서로 분리되어 있지 않다. 나의 일상
의 철학에서 드러나는 두 번째 특징이 이 점이 아닐까 생각한다.

　일상의 주제들과 관련해서 보면 우리의 삶이 곧 선물임을 깨닫게
된다. 이것이 나의 일상의 철학에서 세 번째로 중요하게 발견된다.
내가 먹는 음식과 물, 내가 입는 옷, 내가 먹고사는 집, 내가 하는 일
과 휴식, 나와 함께 사는 모든 타자들은 내가 만들어 낸 산물이 아
니라 나에게 주어진 것들이고, 이런 의미에서 나에게는 선물이다.

물론 나의 노동이 투입되고 돈을 주고 산 것들도 이 가운데 있다. 그렇지만 우리가 먹고 마시는 것들, 우리가 살고 있는 집과 타인들 가운데 어느 하나 나의 기여가 들어간 것은 사실 없다. 내가 사용하는 언어도 마찬가지이다. 내 방식으로 특이하게 쓰는 용법이 있을 수 있지만 내가 배우고 사용하는 여러 언어는 내가 만들어 내지 않았다. 모두 타인에게서 배웠다. 나의 생각도 마찬가지이다. 생각하는 사람은 나이고 생각을 바꾸는 사람도 나이지만 내가 하는 생각은 타인이 쓴 책, 타인과의 대화를 떠나 생각할 수 없다. 나의 존재, 나의 삶은 타자들 때문에 가능하다. 이런 의미에서 나는 타자에게 빚진 자이다. 나 아닌 것들, 나 아닌 존재, 나를 초월한 존재에 의존함이 없이 나의 삶, 나의 존재는 없다. 이렇게 보면 삶은 은혜요, 은총이다.

삶을 선물이요, 은혜요, 은총으로 보는 순간, 이와 더불어 얻는 깨달음은 나의 삶을 움직이는 근본 동인은 감사라는 사실이다. 물론 삶에는 의지가 중요하다. 우리의 삶은 살고자 하는 우리의 의지와 떼어서 생각할 수 없다. 그리고 지성도 여기에 개입한다. 그러므로 지성으로 깨닫고 의지를 통한 선택과 실행이 없다면 삶은 가능하지 않다. 그런데 삶을 선물이라는 관점에서 보게 되면 나의 삶을 가장 깊은 곳으로부터 움직여 주는 동력은 감사의 마음, 감사의 심정이라고 말하지 않을 수 없다. 그러므로 선물로 받은 삶을 제대로 사는 길은 내가 비록 가졌지만 가지지 않은 이처럼 살고, 내가 가진 것을 남들과 나누며 사는 것이 될 것이다. 이때 비로소 우리의 삶은 처음부터 마지막까지 사랑으로 지탱되고 있음을 깨닫게 된다.

사랑은 일상의 삶의 객관적 기초이며 동시에 내가 그것에 반응해서 나타내는 삶의 방식이기도 하다. 우리가 인정하든 하지 않든 우리가 노동하고 주어진 일을 수행하는 것도 궁극적으로 사랑이 아니고서는 지탱할 수 없는 일이다. 예컨대 수십 년 전 붕괴된 적이 있던 성수대교와 같은 철골 구조물을 때마다 점검하고 돌보는 일이나, 집에서 아이를 키우는 일이나 학교에서 아이들을 가르치는 일, 시내버스를 운전하는 일이나 음식을 만들어 파는 일, 옷을 파는 일이나 집을 짓는 일, 이 일들은 모두 생명을 보호하고 생명을 키우고 돌본다는 뜻에서 사랑을 베푸는 일이다. 일의 결과로 돈을 벌 수도 있지만 돈 자체가 일의 의미를 모두 충족시키지는 않는다. 우리의 일상에 주어지는 음식물과 의복과 건물과 교통수단과 교육 등 이 모든 것들에도 이익 추구 이상의 사랑이 깔려 있다고 나는 생각한다.

사랑과 더불어 믿음, 곧 신뢰와 어려운 상황에도 잃지 않는 소망 또는 희망도 일상의 삶을 지탱해 주는 바탕이다. 우리의 삶에 신뢰와 희망이 없다고 상상해 보라. 그렇다면 우리의 삶은 매우 불안할 것이고 살고 싶은 마음은 그만큼 줄어들 것이다. 신뢰는 우리가 안심하고 먹고 마시며 잠자리에 들 수 있게 해 주고, 상대방이 내 말을 충분히 이해하리라 생각하고 말을 주고받게 해 주는 바탕이 된다. 마찬가지로 희망도 일상의 삶을 떠받쳐 주는 바탕이 된다. 비록 미래를 완벽하게 예측하고 계산할 수 없다 하더라도 희망은 우리의 삶이 지금보다는 나으리라는 기대를 가지고 살 수 있게 해 준다. "둠 스피로 스페로"(Dum spiro spero, 내가 숨쉬는 동안 나는 희망한다)라는 라틴어 표현처럼 숨을 쉴 수 있는 한, 나에게 숨이 남아 있는 한, 나는 나의 삶을 헛되게 하지 않고 의미 있게 살아 보리라는 기대를 가질 수 있다. 사랑과 신뢰와 희망은 우리의 일상을 견고한 터 위에서 살아갈 수 있게 해 주는 삶의 방식이고 삶의 미덕이다. 우리의 삶은 독일어로 표현해 보자면 '가베'(Gabe, 선물)임과 동시에 믿음과 소망과 사랑을 바탕으로 살아 내어야 할 '아우프가베'(Aufgabe, 과제)이다.

일상의 삶이 궁극적으로 지향하는 삶의 상태가 무엇이냐고 나에게 묻는다면 나는 평화(Shalom)라고 말하겠다. 평화는 단순히 전쟁의 결여 상태가 아니다. 모든 사람이 각자 자신에게 주어진, 자신이 받은 선물을 선용하며 살아가는 삶의 상태가 평화일 것이다. 만물이 만물을, 각자가 각자를 존중하며 이 가운데서 참된 것(眞)과 좋은 것(善)과 아름다운 것(美)을 추구하며 이로 인하여 즐거워하는 삶이라면 이 삶을 일컬어 우리는 평화의 삶이라 할 것이다. 이러한 삶은 정의가 수립되지 않고서는 가능하지 않기 때문에 나는 평화와 더불어 정의가 우리 삶이 지향하는 가치라 말하고 싶다. 정의로운 사회, 정의로운 세상을 우리가 일상의 삶에서 이르고자 하는 목표로 설정하는 것이 얼마나 중요한가 하는 것은 일상의 각 주제와 관련된 윤리를 다룰 때마다 드러날 것이다.

일상의 주제들이 이 책에서 모두 논의되지는 않았다. 여기서 다룬 주제들 외에도 우리의 일상을 구성하는 삶의 계기와 삶의 내용은 많이 있다. 예컨대 보고 듣고 만지고 냄새 맡고 피부로 받는 느낌을 통해서 체험하는 일상의 경험, 읽고 쓰고 듣고 말하고 생각하는 삶, 가르치고 배우고, 돈을 쓰고, 성관계하고, 무엇을 욕망하고 사랑하고 우정을 나누면서 하게 되는 경험, 기도하고 예배드리는 행위, 선거에 참여하여 투표하고, 정치에 참여하는 일, 음악을 듣고 그림을 보거나 여행하면서 가지게 되는 체험도 마땅히 다루어야 할 주제들이다. 이 책에서 다룬 주제들은 이 가운데 몇몇에 지나지 않으며 이 가운데서도 가장 기본적이고 원시적이며, 앞에서도 표현했듯이, 심지어 동물적이기까지 하다. 그러나 먹고 마시고 집 짓고 깃들어 살면서, 그리고 타인과 더불어 일하고 휴식을 취하면서 인간은 동물과는 비교할 수 없는 탁월한 것들을 만들어 내었다. 인간은 먹되 그냥 먹지 않고, 자되 그냥 자지 않고, 일하고 쉬되 그냥 일하거나 쉬지 않는다. 아름다움과 거룩함이 이 가운데 드러난다. 동물 세계에서 볼 수 없는 불의와 추악도 이 속에 감추어져 있음 또한 사실이다.

인류의 역사는 끊임없이 일상을 초월하고자 하는 노력과 연관되어 있다(1강 서두, 3강 집 짓고 산다는 것 참조). 정치와 종교, 철학과 예술 등은 큰 이념을 통하여, 성스러움의 경험을 통하여, 시간을 초월하는 영원, 유한과 대비되는 무한, 상대 저편에 있는 절대의 경험을 통하여, 보이는 것으로 보이지 않는 것을 드러내 보고자 하는 노력을 통하여, 날마다 반복되는 지루하고도 하찮아 보이는 일상을 벗어나 보려고 꿈꾸었다. 이런 과정을 거치면서 인류는 이념과 성스러움, 영원과 무한과 절대, 비가시적인 것의 중요성을 보게 되고 이 땅, 이 시간을 뛰어넘어 그것들을 향해 진입하고자 하였다. 그러나 이것들이 빛을 발하고 의미를 생성하고 닫힌 것을 열어 주는 기능을 수행하는 곳은 일상을 떠난 자리가 아니라, 오히려 일상 속에 깊숙이 들어왔을 때임을 우리 인류는 이런저런 역사적 경험과 교육을 통하여 알게 되었다. 정치나 종교, 철학이나 예술이 일상의 정치, 일상의 종교, 일상의 철학과 예술이 될 때 이것들이 추구하던 초월적 가치들이 사실상 제대로 터 잡을 수 있음을 이제야 인류는 깨닫게 되었다. 정치도 일상을 돌보는 정치가 될 때 중요한 정치 이념들이 살아나며, 종교가 추구하는 영성도 일상의 영성일 때 힘을 발휘하며, 철학과 예술도 일상 속에서 숙고와 반성, 창의적 생산이 될 때 인간의 삶에 지적, 미적 삶의 차원을 구체적으로 열어 주게 된다. 그런데 일상 또한 일상을 초월하고 일상을 벗어나고, 일상이 아닌 삶의 차원을 필요로 한다. 초(超)일상, 탈(脫)일상, 비(非)일상은 일상의 깊이를 더하고, 일상의 삶을 더욱 선명하게 만들며, 일상의 제한을 체감하게 만든다. 그런데 오늘의 주류 문화는 이 면을 잊었거나 잃어버렸다. 하지만 우리의 삶, 우리의 일상은 초일상, 탈일상, 비일상과 맞닿아 있다. 이로 인해 일상은 더 넓어지며 더 깊이를 얻게 된다. 그러므로 우리 일상의 철학은 일상과 비일상, 일상과 초일상 사이의 일종의 변증법적 관계를 주시해야 함을 깨닫게 한다.

이 책은 2017년 5월과 6월 교육부가 주최하고 한국연구재단이 주관하고 인문학대중화위원회가 운영한 석학인문강좌에서 나누어 드린 강의 원고와 추가로 포함시킨 두 편의 원고를 기반으로 만든 것이다. 원래 강의는 1강 '일상의 성격과 조건', 2강 '먹고, 자고, 집 짓고 산다는 것', 3강 '일과 쉼, 그리고 타인의 존재', 4강 '질문과 답변'으로 구성되었다. 2강에 보충으로 '옷을 입는다는 것'과 3강 보충으로 '얼굴을 가진다는 것'을 덧붙였다. 2강 보충은 질문 시간에 '의식주' 가운데, '식주'는 다루고 왜 '의'는 다루지 않았느냐는 질문이 있었기에 넣었고, 3강 보충은 타인의 존재를 얼굴의 관점에서 좀 더 생각해 보도록 하기 위해 추가하였다(3강 보충은 프랑스문화예술학회 학술대회 초청 강연으로 읽은 원고이다). 이 책 4강 '질문과 답변'은 지정 대담자의 질문과 청중들의 질문에 답을 하는 시간이었다. 대담자로 수고하신 김기봉 교수와 질문을 해 주신 여러 선생님들께 감사를 드린다.

철학을 시작할 때부터 일상의 문제에 관심을 두었지만 실제로 다루어 보기는 서강대학교에서 1998년 2학기에 〈일상생활의 철학〉이란 이름으로 과목을 개설하여 강의한 것이 처음이었다. 이때는 주로 후설과 하이데거, 그리고 레비나스 철학에서 일상성의 문제를 다루었다. 이 책에서 다룬 몇몇 주제들은 2000년 이후 서강대학교에서 개설하였던 〈철학과 현실〉이란 과목을 진행할 때 토론 주제로 제시된 것들이다. 그러다가 막상 일상의 문제를 가지고 글을 쓰기 시작하기는 2008년부터였다. 부산에 있는 지성근 목사가 IVF 산하 일상생활사역연구소를 만들면서 연구소가 발간하는 『Seize Life』에 글을 실어 주도록 부탁하였다. 그리하여 2008년 6월 창간호부터 2014년 8월 12호까지 열두 차례에 걸쳐 '일상에 대한 묵상'이란 제목으로 글을 썼다. 이렇게 하여 나의 일상의 철학이 모습을 갖추기 시작하였다. 대중 앞에서 일상의 문제를 처음 다루게 된 것은 석학 인문강좌였다. 지난 학기에는 현재 머물고 있는 미국 미시간 칼빈 신학대학원의 요청으로 여기서 다룬 주제를 가지고 한 학기 동안 영어로 강의하였다. 일일이 성함을 적지 못하지만 이 모든 과정에 관여한 분들께 감사의 말씀을 올린다. 원고를 다듬어 책이 될 수 있도록 수고를 아끼지 않으신 세창출판사의 김명희 편집실장님과 강윤경 선생님, 참고문헌 정리와 색인 작업, 그리고 원고 교정에 시간을 내어준 칼빈신학대학원 박사과정의 김인배 목사와 석사과정의 신주영 목사에게도 감사를 드린다.

2018년 9월 미시간 그랜드 래피즈에서
강영안

제4강 토론 및 질의 응답

제 1 강

───────────

일상의 성격과 조건

1. 물음으로 등장하는 일상

밀란 쿤데라(Milan Kundera)의 작품 가운데 『생은 다른 곳에』(Life is elsewhere)라는 제목을 단 소설이 있다.[01] 젊은 시인 야로밀의 짧은 생애를 그린 작품이다. 소설의 제목은 랭보(Arthur Rimbaud)의 "참된 삶은 다른 곳에"(La vraie vie est ailleurs), "참된 삶은 부재중"(La vraie vie est absente)이라는 표현에서 빌려 왔다. 새로움이나 놀라움이 없이 어제나 오늘이 똑같이 반복되는 너무나 익숙하고 평범한 우리의 일상에는 참된 삶이 존재하지 않는다는 인식을 드러낸다. 그럼에도 일상과는 다른 참된 삶이 어디엔가 있으리라는 기대 또한 여기에 담겨 있다. 참된 삶이 여기에 없다는 의식은 좌절과 절망을 가져다주지만 어느 곳엔가 있으리라는 기대는 희망을 가지고 계속 움직이게 한다. 이러한 움직임, 이러한 동작을 에마뉘엘 레비나스(Emmanuel Levinas)는 '타자로 향한 초월'이라 부르고 인간에게 있는 '형이상학적 욕망'이 표현된 것이라 본다.[02]

어디 '형이상학적 욕망'만 참된 삶의 부재 경험에서 비롯되겠는가? 일상 안에 사는 사람 자체가 초월을 꿈꾼다. 초월을 형이상학이

---

01 Milan Kundera, *Life is elsewhere* (Harper Perennial, 2000).
02 Emmanuel Levinas, *Totalité et Infini* (Den Haag: Martinus Nijhof, 1961), p.3.

나 윤리학이나 신학의 의미로 제한해서 쓸 필요가 없다. 문자 그대로 '넘어감', '떠남'이 초월이다. 지금, 여기를 떠나 다른 곳으로, 더 먼 곳으로 옮아가는 행위를 우리는 '초월'이라 부를 수 있다. 만일 이것이 허용된다면 인류 역사는 거의 처음부터 초월의 역사라 볼 수 있다. 왜냐하면 인류의 역사는 '이주'(移住)의 역사이기 때문이다.[03] 거주하는 땅이 생존의 터전이 될 수 없을 때 인류는 끊임없이 다른 곳으로 이동하였다. 질병, 배고픔, 악천후, 전쟁, 이런 것들을 피해 더 나은 곳, 더 살기 좋은 곳을 찾아 이주를 시도한 것이 인류의 역사를 만들었다. 개별 국가가 성립되고 여권 제도가 도입되고 국경이 통제되고 이주민의 이동에 제한이 가해지기 시작한 것은 19세기 후반 20세기 초이지만 지구는 이미 그 이전부터 고산지대나 얼음 덮인 북극이나 남극 지대, 거주 불가능한 대양을 제외하고는 거의 모든 곳이 사람들의 거주처가 되었다. 참된 삶은 어디엔가 있으리라는 기대와 염원 없이 이주는 가능한 일이 아니었다.

사람들은 일상 속에 살면서 일상을 탈출할 수 있는 방법을 모색한다. 어떤 사람은 게임을 즐기기도 하고, 스포츠를 하기도 하고, 영화관으로 달려가기도 한다. 어떤 사람은 문학 작품 속에 담긴 이야기를 통해 오늘의 일상과는 다른 현실을 만나기도 하고, 음악을 통해 일상을 잊고 새로운 현실 속에 하나 된 기쁨을 누리기도 하고, 친구와의 만남을 통해 속 깊은 삶을 나누기도 하고, 기도와 찬송,

---

03 Yi-Fu Tuan, *Space and Place: The Perspective of Experience* (University of Minnesota Press, 1977); Yi-Fu Tuan, *Escapism* (Baltimore: The Johns Hopkins University, 2000), p.8 이하 참조.

예배를 통해 깨어진 현실 속에서 회복의 소망을 누리기도 한다. 어떤 사람은 짧게 또는 길게 여행을 떠나기도 한다. 지금, 여기에 부재하는 참된 삶을 잊기도 하고 실현 불가능한 삶을 대리 체험하기도 한다. 일상으로부터의 초월은 어떤 경우에는 일상을 망각하게 하고, 일상을 이야기의 틀에 넣어 다시 읽고 다시 보게 하고, 일상에 다른 색깔을 입히고 다른 목소리를 내게 하고, 어떤 경우는 일상 전체를 해석하고 평가할 틀을 제공하기도 한다. 그러므로 일상으로부터의 초월 수단이 모두 동일한 가치, 동일한 의미를 지녔다고 말할 수 없다.

그런데 일상으로부터 초월이 어떤 모습을 취하든지 누구나 다시 일상으로 돌아오기 마련이다. 이주(移住)는 거주(居住)를 전제해서 가능하다. 거주하러 떠나지 않는 이주는 없다. 그러므로 이주를 한다 해도 또 다시 거주라는 일상이 그곳에 기다린다. 새 땅에서도 사람은 먹어야 하고, 입어야 하고, 잠자야 하고, 일해야 하고, 타인들을 만나야 하고, 타인들과 갈등 속에 빠지기도 한다. 일상의 모습이 이주 전이나 이주 후나 똑같이 반복된다. 이렇게 되돌아올 수밖에 없는 일상은 우리의 삶이 유지되는 자리이자 한계이다. 좀 더 나은 삶의 환경이 되었다고 해도 시간의 흐름과 함께 새로운 현실, 새로운 환경은 같은 날이 반복되는 일상으로 변한다. 그래서 지리적 이주가 끝난 사람에게도 사회적, 심리적, 종교적 이주, 곧 초월의 갈망이 일어난다. '참된 삶은 어디엔가 …' 하는 갈망이 가슴 속에 다시 일어나고 부재중인 참된 삶을 꿈꾸게 한다.

그런데 막상 문제가 되는 것은 일상의 정체이다. 일상이 도대체 무엇인가? 철학자 레비나스와 절친한 친구이자 프랑스 소설가, 문학평론가인 모리스 블랑쇼는 "일상은 도망간다. 이것이 일상의 정의다"(Le quotidien échappe. C'est sa définition)라고 말한다.[04] 내 앞에 있는 사물을 잡는 것처럼 일상을 잡아 보려고 하면 일상은 손에 잡히지 않고 도망가 버린다. 그러므로 일상을 엄밀하게 정의하기보다는 차라리 우리의 삶을 이룬 계기들을 하나씩 들여다보는 것이 낫다. 우리의 삶은 일상을 떠나지 않는다. 일상을 떠나기는커녕 일상에 뿌리박고 일상에 몸을 기대고서야 살아 낼 수 있는 것이 우리 삶이다. 깊은 산중의 절간이나 수도원에서 수련하는 이들에게도 일상은 피할 수 없는 삶의 자리이다.

일상은 저녁에 자고 아침에 일어나고 세수하고 옷 입고 밥 먹는 일에서부터 시작한다. 직장에 출근하여 어제 하던 일을 다시 이어 오늘도 하거나 사람들을 만나거나 물건을 사거나 아니면 집에 머물러 이런저런 일을 하거나 사람마다 무엇인가를 하면서 움직이며 시간을 보낸다. 해야 할 일은 많으나 주어진 시간의 촉박함 때문에 시달리기도 하고 무료함에 주리를 틀기도 하고 뉴스를 통해 들려오는 소식에 분통을 터뜨리기도 하고 억울하게 죽어 간 사람들에 연민을 드러내기도 한다. 때가 되면 먹고, 가야 할 곳이 있으면 가고, 휴대

---

04 Maurice Blanchot, *L'Entretien infini* (Gallimard, Paris, 1969), pp.355-366. Michael Sheringham, *Everyday Life: Theories and Practices from Surrealism to the Present* (Oxford University Press, Oxford, 2006), p.16에서 재인용.

폰이 울리면 전화를 받고, 이런저런 얘기를 하다가 다시 일손을 움직인다. 저녁을 먹고 텔레비전을 보거나 책을 읽다가 씻고는 잠에 든다. 때로는 질병이 예기치 않게 찾아오기도 하고 가까운 사람의 부음을 듣기도 한다. 사는 모습이나 삶의 방향은 사람마다 다르지만 다른 사람들이 살아가는 것처럼 대체로 비슷하게 사람들은 일상을 살아간다. 일상의 존재는 부인할 수 없다. 그렇다면 우리의 삶의 자리요, 우리의 삶의 통로인 일상은 어떤 성질을 띠고 있는가? 일상은 우리에게 어떤 영향을 주고 어떤 결과를 가져오는가? 일상에 처한 인간의 삶의 조건은 무엇인가? 이 물음을 묻기 전에 먼저 철학과 일상의 관계를 잠시 생각해 보자.

2. 철학은 삶과 무슨 관계가 있는가?

철학은 예로부터 자신의 존재, 자신의 활동에 대해서 끊임없이 묻는 묘한 운명에 처해 있다. 과학이란 무엇인가? 수학이란 무엇인가? 예술이란 무엇인가? 이 물음은 과학과 수학, 예술 자체의 물음이 아니라 철학의 물음이다. 오죽했으면 소크라테스와 플라톤이 활동한 지 2,500년이 지나서, 그들의 도시 아테네에서 2013년 8월 4일부터 10일까지 23차 세계철학대회가 "탐구와 삶의 방식으로서의 철학"(Philosophy as Inquiry and Way of Life)을 큰 주제로 내걸고 열렸겠는가? 2008년 서울에서 열렸던 22차 대회 주제가 "오늘 철학을 다시 생각한다"(Rethinking Philosophy Today)였던 것을 생각하면 두 대회 사이에 주제의 연속이 있음을 우리는 곧장 알게 된다. 두 대회가 다같이 '철학'을 주제로 삼은 것은 어떤 징후적인 의미가 있지 않을까 생각해 볼 수 있다. 철학자들은 처음부터 ―'처음부터'라는 말이 적합하지 않다면 차라리 '오래전부터'라고 말해야 할 것 같다― 자신이 하는 활동에 대해 의식을 해 왔다. 철학이 무엇인지 묻고 생각하는 것은 철학 자체에 내재된 물음이다. 철학자들이 모여 철학에 대해 다시 말하고 철학이 무엇인지, 어떤 활동인지를 다시 묻는 것은 철학의 고유한 활동이다.

그런데 철학이 철학에 대해서 묻고, 다시 생각하는 까닭은 그 본성 자체와 관련해서 어떤 문제가 생겼거나 생기고 있기 때문이 아닌가 물어볼 수 있다. 자전거를 열심히 타는 사람은 자전거에 대해서 생각하지 않는다. 피아노 연주에 열중한 사람은 피아노에 대해서 묻지 않는다. 자전거는 잘 타면 되고 피아노는 잘 치면 된다. 그런데 철학은 이와는 다른 운명을 타고난 듯하다. 철학은 잘 된다고 해서 철학 자체에 대해 물을 필요가 없는 그런 활동이 아니다. 철학은 그 자체가 묻고 생각하는 활동이다. 철학을 한다면서 만일 묻지 않고, 생각하지 않으면 철학일 수 없다. 묻는 것은 철학의 운명이다. 『순수이성비판』(Kritik der reinen Vernunft) 1판 서문을 펼치면 칸트는 이렇게 말한다.

"인간의 이성은 어떤 종류의 인식에서는 특수한 운명을 가지고 있다.

인간 이성은 이성의 본성 자체로부터 부과된 것이기 때문에 물리칠 수
도 없고 그의 전 능력을 벗어나는 것이어서 대답할 수도 없는 물음들
(Fragen)의 짐을 짊어지고 있다."[05]

여기서 말하는 물음들은 물론 영혼 불멸성의 문제, 자유의 문제,
신 존재의 문제 등 형이상학적 물음들을 염두에 둔 것이다. 그런데
칸트의 물음은 여기에 그치지 않는다. 『순수이성비판』을 펼치면 우
리는 그가 던진 많은 질문들을 만나게 된다. "우리의 경험은 어떻게
가능한가?", "선험적 종합판단은 어떻게 가능한가?", "학(學)으로서
의 형이상학은 어떻게 가능한가?" 『순수이성비판』 읽기가 이제 방
법론으로 넘어가게 되면 다음 세 가지 물음을 만나게 된다.

"나의 이성의 모든 관심(곧 사변적 관심과 실천적 관심)은 다음 세 물음으
로 통합된다.
1. 나는 무엇을 알 수 있는가?
2. 나는 무엇을 행해야만 하는가?
3. 나는 무엇을 희망해도 되는가?"[06]

그런데 『순수이성비판』을 거의 마무리하는 자리에 가까워 오면
칸트는 철학의 존재에 대해서 묻게 된다. "철학은 어디 있는가, 누

05 Immanuel Kant, *Kritik der reinen Vernunft*, A vii.
06 Immanuel Kant, *Kritik der reinen Vernunft*, B 522-523.

가 철학을 소유하고 있는가, 어디서 철학을 알 수 있는가?" 앞의 두 질문도 중요하지만 이 세 번째 종류의 질문도 중요하다. 철학의 전환기마다 철학자들은 철학이 무엇이며, 철학이 하는 일이 무엇인지 물었다.

철학은 왜 묻는가? '철학'이 인간의 어떤 관심과 관계있는지 잠시 생각해 보자. 문학이나 역사, 종교나 언어, 또는 예술 연구와 관련해서도 동일한 질문을 제기할 수 있다. 이른바 '인문학'이란 이름으로 통칭(統稱)되는 학문들이 인간의 어떤 욕구를 충족시키는가? 인간은 무엇보다 활동하는 존재임을 누구나 수용한다. 인간의 활동은 관심, 동기, 그리고 목표 설정에 따라 수행된다. 무의식적 요인이 작용할 수 있지만 우리가 관찰할 수 있고 이해할 수 있는 인간의 관심과 동기와 목표는 늘 의식적이다. 활동을 통제하는 의식적인 관심을 우리는 적어도 세 가지 범주로 분류할 수 있다고 생각한다.

첫째, 사람들은 자기 자신의 존재 유지를 위해서 주변 세계를 이용한다. 사람들은 먹을 것을 얻기 위해서 노동하고 추위로부터 몸을 보호하기 위해 집을 짓는다. 이러한 관심을 우리는 '기술적' 관심이라고 부른다. 돌도끼부터 컴퓨터에 이르기까지, 도구를 만들어 내는 인간의 수고는 이러한 기술적 관심의 자극에서 비롯된 것들이다. 예일 대학교 철학과 출신으로 중국에서 영어를 가르치다가 제2차세계대전 중 산둥 수용소로 이송되어 몇 년간 지낸 경험을 한 랭던 길키(Langdon Gilkey)가 자신이 체험한 일들을 기록한 『산둥 수용소』(*Shantung Compound*)를 보면 인간은 함께 공동의 생활을 하는 데는 매우 미숙하지만 수용소 안에서조차도 생존을 위해 인간이 기술을 개발하는 데 발휘하는 창의성은 대단하다고 말한다.[07]

둘째, 유용성이나 도구적 가치와는 무관하게 사물과 사태를 알고자 하는 순수한 '인식적' 관심이 있다. 에드문트 후설(Edmund Husserl)의 표현대로 '어떤 관심도 가지지 않은 채'(다시 말해 어떠한 이익이나 손해를 고려하지 않고서) 무엇을 알고자 하는 관심은, 철학자와 과학자, 그리고 심지어는 어린아이들에게서도 발견된다.[08] 그리스 전통은 이러한 관심을 문자 그대로 '본다'는 뜻에서 나온 '테오리아'(theoria, 관조)라고 불렀다. 철학은 이러한 범주 속에서 가장 탁월한 활동으로 간주되었다.

세 번째로, '의미에 대한 관심'을 처음 두 가지와 구별할 수 있다. 의미에 대한 관심이 무엇인지 확인하기는 쉽지 않다. 하지만 이런 유형의 관심은 우리의 소망과 두려움, 기쁨과 슬픔을 특정한 의미 체계 속에서 읽고 이해하고자 하는 욕망과 연관된다고 나는 생각한다. 이것을 우리는 '의미에 대한 욕망'이라 부를 수 있다. 우리 인간은 사람들 사이에서, 우리 주변의 사물과 사건 사이에서, 우리 실존의 의미를 찾으려는 깊은 욕망을 가지고 있다. 이것은 우리의 존재, 우리의 고통, 우리의 욕망, 심지어는 우리의 의미 추구의 근거에 관

---

07 랜던 길키, 이선숙 역, 『산둥 수용소』(새물결플러스, 2014), 415-449면.

08 Edmund Husserl, *Die Krisis der europäischen Wissenschaften und die transzendentale Phänomenologie* (Den Haag: Martinus Nijhoff, 1962), p.331.

한 물음과 연관된다.[09]

　이러한 관심들 가운데 과연 어떤 관심이 철학과 관련될까? 철학으로부터 무엇을 기대하는가에 따라 이 물음에 대해서 다르게 답할 수 있을 것이다. 만일 철학으로부터 우주에 대한 지식, 인간에 대한 지식을 기대한다면 철학은 인식적 관심과 관련될 것이다. 그러나 철학으로부터 만일 의미와 방향, 근거에 대한 일종의 이해나 지침, 어떤 논의의 실마리를 기대한다면 의미 추구의 관심과 관련된 것을 철학이라 볼 수 있을 것이다.

　만일 나에게 철학과 관련된 물음을 열거해 보라면 다음과 같은 질문들을 목록에 올려 보겠다. 나는 누구인가? 나는 무엇을 해야 하는가? 어떻게 하는 것이 잘 사는 것인가? 신은 존재하는가? 우리의 세계보다 더 좋은 완벽한 세계가 존재하는가? 왜 고통이 존재하는가? 정의란 무엇인가? 옳고 그름, 참과 거짓, 선과 악을 구별할 기준은 있는가? 삶의 의미는 있는가? 삶은 살 만한 가치가 있는가?

　'철학'이란 학문의 엄격한 훈련을 받기 전에 이런 물음을 가지고 많은 사람들은 '철학의 문' 앞에 서성거린다. 오늘의 세대라고 해서 다르지는 않을 것이다. 기억할 수 없는 옛날부터 현 시대에 이르기까지 우리 인간은 거의 동일한 물음을 제기해 왔다. 이러한 질문에 대해서 어떤 해답을, 해답이 아니라 하더라도 스탠리 카벨(Stanley Cavell)이 말한 것처럼 최소한 어떤 '해답을 향한 지침'이라도 철학으

09　이 세 가지 관심은 다른 관심으로 환원할 수 없다. 이에 관해서는 Arnauld Burms & Herman de Dijn, *De rationaliteit en haar grenzen* (Assen/Maastricht: Van Gorcum, 1986), pp.1-12 참조.

로부터 듣고자 하는 기대가 누구에게나 있다.[10] 오늘 대학에서 연구하고 교육하는 철학이 처한 상황은 어떠한가? 이런 물음에 철학이 관여하고 있는가? 불행하게도 나의 대답은 긍정적이지 않다. 만일 철학에 실제 위기가 존재한다면 이 위기의 근원은 삶의 의미 추구와 연관된 물음에 철학이 별로 크게 기여하지 못했다는 사실에서 찾아야 하지 않을까 생각한다.

현대 철학은 삶의 의미에 대해서 그렇게 심각하게 묻지 않는다. 드러내 놓고 말은 하지 않지만 주류 철학은 이미 "삶에는 의미가 없다"는 전제를 가지고 철학하고 있지 않은가 생각해 볼 수 있다. '의미'라는 말은 현대 철학에서 여전히 쓰인다. 현상학, 철학적 해석학, 구조주의, 분석철학 등 현대 주류 철학 안에서 '의미'는 중요한 개념으로 취급된다. 하지만 '의미'의 의미에 대한 이 학파들의 논의를 보면 이들의 논의가 구체적인 삶의 물음과는 거리가 있다고 생각하지 않을 수 없다. 어떤 이는 현대 윤리학이 여전히 인간의 삶을 다루고 있지 않느냐고 반문하고 싶을 것이다. 하지만 내가 보기에는 인간의 삶의 물음은 윤리학에 제한되지 않는다. 우리는 누구인가? 신체는 우리 인간에게 어떤 의미를 갖는가? 자고, 먹고, 사랑하고, 물건을 사고팔고, 타인과 대화하는 것은 우리에게 어떤 의미를 갖는가? 고통과 죽음은 무엇을 의미하는가? 이 물음들은 동양은 물론이고 서양 현대 철학의 주류 학파들에게서 완전히는 아니지만 대체로 무

---

10 Stanley Cavell, *Themes out of School* (San Fransicso: North Point Press, 1984), p.9.

시되고 있다고 보아야 할 것이다. 나는 철학이 이러한 물음을 자신의 것으로 다시 가짐으로 철학의 참된 소임을 회복해야 한다고 생각한다. 왜냐하면 철학은 만일 그것이 단순한 지적 유희가 아니라 진정한 철학이라면 인간의 삶과 존재에 대한 반성이고 동시에 이 반성에 따라 삶을 살아가는 방식이기 때문이다.

잠시 멈추어 주류 철학이 삶을 기피하는 일이 왜 발생했는지 물어보자. 나는 철학이 지나치게 학문성을 강조했기 때문에 이런 일이 일어났다고 믿는다. 우리는 "윤리학자가 윤리적으로 반드시 올바르게 행동할 필요는 없다"는 말을 가끔 듣는다. 이론과 실천의 이분화가 여기에 전제되어 있다. 학문을 이렇게 보는 것은 마치 신학자가 자신이 이야기하는 하나님을 꼭 믿어야 하는 것은 아니라고 말하는 것과 같다. 윤리학이나 신학을 마치 물리학이나 생물학처럼 개인의 구체적이고 실제적인 삶과 동떨어져 할 수 있는 것처럼 생각하는 태도이다. 그런데 나는 온몸과 온 마음으로 물리학이나 생물학을 연구하는 사람이라면 그 연구가 정말 자신의 삶을 이해하고 삶을 살아가는 태도와 무관할 수 있는지 물어보지 않을 수 없다. 혼이 살아 있고 정열이 있다면 지적 관심을 쏟는 대상과 삶이 서로 무관할 수 있겠는가? 그러나 이러한 태도가 만연한 것은 '가치중립성'의 이상이 윤리학과 신학, 철학과 같은 지적 추구에 적용된 결과라고 보아야 할 것이다. 만일 이것이 참이라면 철학자는 과학자들이 하는 것처럼 문제를 해결하는 것으로 만족해야 한다. 철학자는 자신의 논문을 학술회의에서 발표할 수 있고 주어진 문제에 대한 해

법을 제시할 수 있으며 자신의 해법과는 무관하게 살아갈 수 있다. 이론과 실천, 삶과 지식의 거리에 관한 태도가 여기에 반영되어 있고 이것이 현대 학문이 빚고 있는 비극이 아닌가 생각한다.

그런데 한번 물어보자. 철학이 학문이기를 요구한 사람은 누구인가? 20세기 철학자 가운데 철학을 수학이나 자연과학과 같은 과학으로 만들고자 한 경우를 우리는 경험적 검증 방법으로 통합 학문을 구축하기를 꿈꾸었던 모리츠 슐릭(Moritz Schlick)과 루돌프 카르납(Rudolf Carnap) 같은 논리 실증주의자와, 현상학을 통해서 '엄밀한 학문으로서의 철학'(Philosophie als strenge Wissenschaft) 이념을 실현하고자 했던 후설에서 찾아볼 수 있다.[11] 이들의 이념은 데카르트와 칸트, 그리고 아리스토텔레스와 플라톤으로 거슬러 올라간다. 칸트의 말을 들어보자.

"따라서 우리가 [형이상학에 대한] 우리의 지식을 증명하건 무지를 증명하건, 우리는 우리 스스로 제기하는 학문의 본성에 관한 어떤 특정한 결론에 도달해야만 한다. 곧 이 문제와 관련해서는 도저히 현재의 발판에 머물러 있을 수 없다. 다른 모든 학문이 지속적인 진보를 이루는 동안, 스스로 지혜가 되기를 욕망하고, 모든 사람이 신탁으로 간주한 형이상학은, 더 이상의 진전이 없이 지속적으로 같은 자리를 향하는 우

---

11 특별히 후설의 학문 이념에 관해서는 Bong Ho Son, *Science and Person: A Study in the Idea of Philosophy as Rigorous Science in Kant and Husserl* (Assen: Van Gorcum, 1972) 참조.

스꽝스러운 상황에 처한 것처럼 보인다."[12]

칸트의 비판서가 지닌 가장 중요한 의도 가운데 하나는, 인간 이
성이 학문으로서의 형이상학을 형성하기 위한 적법한 권리와 힘을
가지는지를 탐구하는 것이었다. 칸트는 본질상 실천적인 인간 이성
의 '체계적' 성격을 기반으로 형이상학에 학문의 지위를 보장해 주
려고 하였다. 칸트는 자신의 철학이 일종의 전투장인 철학에 평화
를 가져다주었다고 생각했다.

데카르트는 자기 시대의 철학에 대해 칸트보다 훨씬 더 비판적이
었다.

"철학에 관해서 나는 다음과 같은 것만 말하고 싶다. 오랜 세월에 걸쳐
가장 탁월한 정신의 소유자에 의해 철학이 연구되었음에도 불구하고,
철학에는 논쟁의 여지가 없는 것이 하나도 없고, 그러므로 의심의 여지
가 없는 것이 하나도 없다."[13]

데카르트 이후 이제 철학은 명석하고 판명한 직관, 곧 참된 것에
서 출발하여 이제껏 알려지지 않은 것을 참된 것으로부터 추론하는

---

12 Immanuel Kant, "Prolegomena to Any Future Metaphysics," in: *Theoretical Philosophy after
    1781* (Cambridge: Cambridge University Press, 2002), p.53; Immanuel Kant, "*Prolegomena zu
    einer jeden künftigen Metaphysik, die als Wissenschaft wird auftreten können* (Hamburg: Felix
    Meiner, 1969), p.2.
13 René Descartes, "Discourse on Method," in: D. A. Cress (trans.), *Discourse on Method and
    Meditations on First Philosophy* (Indianapolis/Cambridge: Hackett, 1989), p.9.

일을 통하여 안전하게 전진해 가면서 자신과 다른 학문을 정초하는 학문이 되었다. 잘 알려진 대로 데카르트는 "나는 생각한다. 그러므로 나는 존재한다"는 명제로 주체 철학의 길을 열어 주었다. 하지만 그의 보다 포괄적인 관심은 프랜시스 베이컨과 마찬가지로, 학문을 통해서 인간의 행복을 가능케 하는 것이었다. 이는 철학을 나무에 비유한 것에 잘 나타나 있다. 나무에 비추어 보면 형이상학은 일종의 뿌리이고, 자연학은 줄기이며, 의학, 기계론, 도덕과 같은 실천 학문은 가지이다. 이로부터 우리는 학문과 기술의 열매(건강, 물질의 행복, 개인의 덕과 사회의 안전)를 얻을 수 있다.

데카르트의 궁극적 관심은 인간 지식의 전 영역을 확실하게 보장하여 모든 지식이 인류를 이롭게 하도록 만드는 것이다. 『철학의 원리』(Principia Philosophiae)는 이 점을 명백하게 보여 준다. 이 책은 인간 지식의 원리를 다룰 뿐만 아니라 물질세계(신체, 연장, 물질, 시간, 공간, 운동, 운동의 법칙), 가시적 세계(천체현상, 행성운동, 우주의 구조)의 원리, 대지와 대지 안에 있는 사물, 감각, 그리고 뇌와 정신의 관계를 다룬다. 데카르트에게서 철학은 완전한 지혜의 체계였고 인간이 알 수 있는 모든 것에 관한 지혜의 체계는 결국 인간의 행복을 가능케 하는 지식의 체계이다. 이런 점에서 철학은 여러 학문 가운데 하나이면서도 독특한 학문이기도 하다. 철학은 다른 모든 학문에 바탕을 제공하고 하나의 거대한 체계를 통해서 모든 학문을 총괄하는 학문으로 이해되었다. 철학의 생명은 전통, 편견, 그리고 권위에서 벗어나 사유하는 정신을 통해 유지된다. 우리는 여기서 한스게오르 그 가다머(Hans-Georg Gadamer)가 『진리와 방법』(*Wahrheit und Methode*) 에서 해석학적 이성으로 대체하고자 한 계몽주의적인 이성의 탄생 을 목도한다.[14]

데카르트에게서 볼 수 있는 문자(gramma)와 정신(pneuma), 의견 (doxa)과 참된 지식(episteme)의 대립, 다시 말해 학문(과학)과 인문학 의 대립은 철학과 수사학을 날카롭게 대립시킨 플라톤으로 거슬러 올라간다. 『고르기아스』(*Gorgias*)와 『파이드로스』(*Phaidros*)라는 대화 편에서 소크라테스라는 인물을 통하여 플라톤은 말과 문자에 의존 하는 수사학을 강하게 비판한다. 수사학에 대한 플라톤의 비판은 세 가지 요점으로 요약될 수 있다. 첫째, 플라톤은 언어에 내재하는 애매성을 강하게 의식한다. 언어는 인간을 올바른 방향으로 이끌 수 있지만 잘못된 방향으로 이끌 수도 있다. 강한 수사학적 힘을 가 진 말은 인간을 움직일 수 있고 설득시킬 수도 있다. 하지만 설득력 이 진리의 기준일 수는 없다는 것이 플라톤의 생각이다. 둘째, 시를 통해서 전달되는 말은 플라톤에게 오디세우스와 그의 동료들을 유 혹하는 세이렌들의 노래와 같은 것으로 받아들여졌다. 수사학자와 시인들이 하는 말은 너무 강력해서 오디세우스가 했던 것처럼 심지 어 속임수를 써야 할 정도라고 플라톤은 보았다. 셋째, 수사학자들 이 쓰는 단어는 폭력적일 수 있다. 플라톤은 언어를 통한 폭력을 담 은 모든 종류의 폭력을 제거하길 원했고, 인간이 이성의 지시를 따

---

14 Hans-Georg Gadamer, *Wahrheit und Methode* (Tübingen: Mohr, 1960), 2부 참조.

르게 하려고 했다.[15]

언어는 오도할 수 있고, 진리를 은폐시키고, 폭력적일 수 있다는, 이 세 가지 근거를 가지고 플라톤은 수사학자와 시인, 그리고 이들의 수단인 힘의 말에서 탈피하여, 진리를 배우고 나누는 가장 신뢰할 만한 수단으로 '살아 있는 대화'를 선택한다. 대화 속에서 우리는 물음을 제기하고 대답을 할 수 있다. 대답은 새로운 질문을 부르고 새로운 질문은 또 다른 대답을 통해서 응답된다. 대화는 영혼을 일깨워 비가시적이고 비감각적인 정신세계로 우리를 향하게 한다는 생각을 플라톤은 가졌다. 플라톤은 세계를 감각 세계와 지성 세계로 구별하는 데서 참된 말과 그릇된 말을 구별할 수 있는 기준을 얻었다. 감각 세계는 그런 것처럼 나타나 보이는 세계, 곧 의견의 세계인 반면 지성 세계는 그렇게 실재하는 세계, 곧 참된 지식의 세계이다. 두 세계와 두 가지의 다른 인식 방식에 관한 이러한 구분으로부터 참된 지식의 체계로서의 서양 형이상학이 탄생한다. 수사학과 대립된 지점에 선 철학은 여타의 인문학과 대조를 이룬, 학문의 모범으로 등장한다. 하이데거(Martin Heidegger)에 따르면 플라톤에게서 철학이 학문으로, 다시 말해 포괄적 지식으로 등장했을 때 '철학의 종말'이 이미 예고되었다.[16]

하이데거 철학은 20세기 철학 가운데 학이 되고자 하는 철학의 강박증에서 벗어나려고 애쓴 한 본보기가 될 것이다. 철학은 하이

---

15 플라톤의 수사학 개념에 대한 자세한 논의는 Samuel IJsseling, *Rhetoric and Philosophy in Conflict* (The Hague: Martinus Nijhof, 1976), pp.7-17 참조.

데거가 볼 때 학이 되었기 때문에 난관에 처했다. 하이데거의 노력은 학의 유혹에 빠진 철학을 구원하는 작업으로 이해될 수 있다. 하이데거의 '전회'는 '한 걸음 뒤로 물러남'(eine Schritte zurück)으로 이해할 수 있고, 이 물러남은 학이 되어 버린 형이상학으로부터의 물러남으로 이해할 수 있다.[17] 하이데거의 '형이상학과의 거리 두기'는 사실은 형이상학의 본질을 사유하는 것이었다. 형이상학의 본질을 사유하는 것은 형이상학 텍스트를 읽음으로써 가능하다. '지금까지의 존재론 역사에 대한 해체'란 말로 하이데거가 일컬었던 것이 바로 이것이다. 존재론의 역사를 해체하는 작업은 철학 텍스트를 읽어냄으로써 완수된다. 이것은 철학이 하나의 작품, 언어의 작품, 하나의 문헌 작품으로 이해될 수 있음을 함축한다. 만일 철학이 문헌과 떨어질 수 없다면 이 경우 철학함은 읽고 쓰는 일과 분리될 수 없다. 하이데거는 철학 텍스트를 읽는 일을 통해 이 작업을 실천에 옮겼다. 철학 텍스트를 읽는 과정을 통해 '사유되지 않은' 것이 드러나도록 하는 것이 그의 의도였다. 이것이 곧 '물러남'이자 존재론적 사유를 '해체'(Destruktion)하는 길이다. 철학 텍스트에 대해서 할 수 있는 일은 텍스트를 읽고 존재의 목소리에 귀 기울이는 것이다.

철학이 만일 하나의 '작품'이라면 그것은 하나의 '구성물'임이 논리적으로 따라온다. 철학이 만일 '구성물'이라면 '해체'의 대상이 될

---

16   Martin Heidegger, "Das Ende der Philosophie und die Aufgabe des Denkens," in: *Zur Sache des Denkens* (Tübingen: Max Niemeyer, 1969) 참조.

17   Samuel IJsseling, "Das Ende der Philosophie als Anfang des Denkens," in: F. Volpi et al., *Heidegger et l'idée de la phénoménolgie* (Den Haag: Kluwer), pp.285-299.

수 있다. 왜냐하면 구성된 것은 결국에는 해체될 수 있어야 하기 때문이다. '해체'를 하이데거는 전통을 부정하거나 파괴하는 것으로 보지 않는다. 해체는 전통을 그것이 유래한 기원으로 되돌리는 작업이다. 이런 점에서 해체는 '출생증명서'(Geburtsbrief)를 찾는 일이다. 하이데거는 해체의 의미를 『철학이란 무엇인가?』라는 글에서 다음과 같이 기술한다.

"해체는 폐기하거나 파괴하는 것을 의미하지 않는다. 오히려 해체는 철학사에 관한 단순한 주장을 풀어내고 분리하여 따로 구별해 내는 작업을 의미한다. 해체는 무엇이 철학사 속에서 존재자들의 존재로서 우리에게 말하는지에 귀를 기울이고 우리를 자유롭게 풀어 주는 것을 뜻한다."[18]

하이데거는 해체를 통해서 형이상학을 극복하고자 했다. 그의 방법은 해석학적이었다. 하지만 '텍스트의 의미'나 '저자의 의도'를 알아채는 것은 하이데거의 의도가 아니었다. 예컨대 하이데거가 칸트나 아리스토텔레스나 니체를 읽을 때 그의 관심은 이 철학자들을 정확하게 이해하는 데 있지 않았다. 그의 관심은 철학자들의 사유 속에서 존재 사건이 어떻게 일어나는지를 확인하는 것, 존재 자체의 은폐와 드러남을 감지하고 지각하는 데 있었다. 다시 말해 존재

---

18 Martin Heidegger, *Was ist das-die Philosophie?* (Pfullingen: Neske, 1956), pp.33-34.

자체가 철학자의 텍스트를 통해서 하는 말을 분별하면서 어떻게 존재가 그 자신을 보여 주고 은폐하는지를 이해하고자 했다.

하이데거가 20세기 철학의 역사에 기여한 것들 중 하나는 철학을 마치 수학이나 자연과학처럼 엄밀한 학으로 만들려는 시도에 쐐기를 박은 것이 아닌가 생각한다. 자크 데리다(Jacques Derrida)와 리처드 로티(Richard Rorty)는 이 점에서 하이데거의 길을 따라 걸었다. 이들은 철학이 과학의 반열에 가깝기보다는 오히려 인문학 속에 자리를 가진 지적 노력으로 보게 하는 데 기여하였다. 미국 철학자 힐러리 퍼트남(Hilary Putnam)은 『인간의 얼굴을 가진 실재론』이란 책에서 이렇게 말한다.

"내가 만일 데리다에게 동의하는 점이 있다면 그것은 바로 이것이다. 철학이란 글쓰기(writing)라는 것이다. 그리고 철학은 그것이 철학이기 때문에 그 권위를 물려받거나 수여받는 것이 아니라 언제나 새롭게 싸워 얻어야 하는 글쓰기임을 배워야 한다는 것이다. 철학은 결국 인문학 중의 하나이지 과학이 아니다."[19]

여기서 곧장 물음이 등장한다. 철학은 이제 인문학의 한 분야로, 여러 가지 글쓰기 방식 중에 하나의 방식으로 정착해야 하는가? 하이데거가 유일한 대안인가? 그가 말하는 이른바 '존재사유'

19 Hilary Putnam, *Realism with a Human Face* (Harvard University Press, 1990), p.118.

(das Denken des Seins)가 과학과 기술 시대에서 철학할 수 있는 유일한 길인가? 아마 교조적인 하이데거주의자들을 제외하고는 이 물음에 대하여 긍정적으로 답하기가 어려울 것이다. 퍼트남도 여기에 동의하지 않는다. 퍼트남은 이렇게 말을 잇고 있다.

> "철학은 결국 인문학 중의 하나이지 과학이 아니다. 하지만 그렇다고 해서 기호논리학이나 방정식, 논증이나 논문이 배제되는 것은 아니다. 우리 철학자들은 한 분야[훈련, 수행(discipline)]를 물려받은 것이지 권위를 물려받은 것이 아니다. 이것으로 충분하다. 수많은 사람들을 매혹시키는 것은 결국은 분야이다. 만일 우리가 우리의 엄격함이나 태도로 그러한 매력을 완전히 파괴하지만 않는다면 이것은 우리가 참으로 감사해야 할 그 무엇이다."[20]

만일 철학이 인문학 중의 하나로, 또는 글쓰기 가운데 하나로 간주될 수 있다면 이제 문제는 철학의 과제를 어떻게 확인해야 하는가 하는 것이다. 만일 우리가 철학자들이 시간을 어떻게 사용하는지 주의 깊게 살펴보면 이들은 학생들을 가르치고 학생들의 과제를 점검하는 일 외에는 대체로 많은 시간을 읽고 쓰는 데 보낸다는 사실을 발견하게 된다. 문제와 물음을 가지고 씨름하는 사람은 논문이나 책에서 읽은 문제와 물음을 가지고 씨름한다. 철학은 글로 된

---

20 Hilary Putnam, *Realism with a Human Face*, pp.118-119.

텍스트를 읽고 새로운 텍스트를 쓰는 일을 벗어나 생각할 수 없다. 이런 의미에서 철학은 텍스트와 밀접하게 연관되어 있고 텍스트의 그물이 없이는 존재할 수가 없다. 텍스트는 철학함을 위한 일종의 물질적 토대이다. 플라톤이 쓴 작품을 떠나서 우리는 어디서 플라톤의 철학을 찾을 수 있겠는가? 후설의 책, 논문, 편지들을 검토하지 않고서 후설 철학을 알 수 있는 방법이 어디에 있는가?

플라톤과 데카르트, 그리고 후설은 문자로 쓰인 텍스트를 신뢰하지 않은 사람들 가운데 대표적인 철학자들이지만 이들은 누구보다도 많은 글을 남겼다. 플라톤은 심지어 그의 대부분의 작품을 살아 있는 대화체로 썼다. "플라톤은 글을 쓰면서 죽었다"(Plato scribens mortuus est)는 키케로의 말은 플라톤이 얼마나 글을 쓰는 데 몰두했는지 말해 준다. 데카르트는 『방법서설』을 마치 '우화'(fabula)처럼 썼다. 그러나 데카르트 역시 글을 쓰지 않고서는 자신의 철학적 자각의 경험을 표현할 길이 없었다. 후설의 "문제 자체로 돌아가자"(Zu den Sachen selbst)고 한 말은 유명하다.[21] 원초적 직관이 다시 경험되지 않을 경우, 글로 쓰인 것이 오도될 수 있는 위험을 후설은 플라톤과 마찬가지로 간파했다. 하지만 후설은 엄청난 분량의 글을 남겼다. 글쓰기가 없다면 플라톤, 데카르트, 후설은 철학 자체를 할 수 없었다. 글을 넘어서서 진리의 본질로 곧장 들어가기를, 그리하여 선생이나 언어, 전통, 공통의 경험의 매개를 거치지 않고 진리와

---

21 Edmund Husserl, *Philosophie als strenge Wissenschaft* (Frankfurt a. M.: Vittorio Klostermann, 1965), p.27.

마주하기를 철학자는 꿈꾼다. 그러나 철학은 첫째, 살아 있는 말(말함과 들음, 논증과 토론)을 통해서, 그리고 둘째, 기록된 말(글, 논문, 책)을 통해서 실천되고 전승된다는 사실은 누구도 부인할 수 없다.

다시 칸트로 돌아가 보자. 앞에서 언급한 『순수이성비판』 마무리 부분에서 칸트는 철학의 두 가지 의미, 곧 객관적인 의미의 철학과 주관적 의미의 철학을 구별한다. 객관적인 철학은 "모든 철학적 인식의 체계"이며 "어디서도 구체적으로는 주어지지 않은" 철학의 원형(archetype)이다.[22] 주관적인 의미의 철학은 이 원형의 모형(ectype)으로 원형을 향한 인간의 노력이다. 칸트를 따르면 우리는 객관적 의미의 철학을 배울 수 없다. 왜냐하면 배울 수 있는 객관적인 의미에서의 철학이 존재하지 않기 때문이다. 철학은 이런 의미에서 "가능한 학문에 대한 하나의 단순한 이념"이며 우리는 다양한 길을 통해 이 이념에 접근할 수 있을 뿐이라고 칸트는 보았다. 칸트의 말을 들어 보자.

"이런 식의 철학은 어디서도 구체적으로는 주어진 적이 없는, 순전히 가능한 학문의 이념이다. 그러나 갖가지 방도로, 감성으로 뒤덮여 가려진 단 하나의 소로를 찾아내고, 그래서 이제까지 실패했던 모사를, 인간에게 허락되어 있는 한에서, 원형과 같게 만드는 일에 성공할 때까지

22   Immanuel Kant, *Kritik der reinen Vernunft*, A838/B866.

는, 사람들은 오래도록 갖가지 방도로 그에 접근하고자 추구한다. 그때까지는 사람들은 철학을 배울 수 없다. 도대체, 어디에 철학이 있는가? 누가 철학을 소유하고 있는가? 무엇에서 철학이 인식될 수 있는가? 사람들은 단지 철학함을 배울 수 있을 뿐이다. 다시 말해, 보편적 원리들을 준수하는 이성의 재능을 몇몇 눈앞에 있는 시도들에서 연습할 수 있다. 그것도 언제나 원리들 자체를 그것들의 원천에서 연구하고, 확증하며 또는 거부하는 이성의 권리는 항상 유보한 채 말이다."[23]

"사람들은 철학(Philosophie)을 배울 수 없다. 다만 철학함(philosophieren)을 배울 수 있을 뿐이다." 칸트의 이 유명한 말의 출처가 바로 여기이다. 이 말을 사람들은 보통 철학사의 도움을 받지 않고 사유하는 법을 배우는 일이 철학자에게 중요하다고 칸트가 말한 것으로 이해한다. 철학사와 과거의 철학 책이 전혀 무가치한 것은 아니라 해도, 그렇다고 그렇게 중요하지는 않다는 말로 사람들은 칸트를 이해한다. 그렇다면 우리는 과연 책과 글에 의존하지 않고 사유하는 법을 배울 수 있는가? 사람들은 이 말 다음의 구절을 거의 보지 않고 지나갔다. 칸트는 이렇게 말한다. "우리는 철학함을 배울 수 있을 뿐이다. 곧 보편적 원리들을 준수하는 이성의 재능을 연습할 수 있다." 만일 여기까지 읽었다면 사유함을 배운다는 것이 "보편적 원리들"을 가지고 사유함을 배우는 것이고 이것은 곧 논리적

23 Immanuel Kant, 같은 책, A838/B866.

으로 사유함을 배운다는 의미로 곧장 단정하고 말 것이다. 이럴 경우 철학함을 배운다는 것은 곧 논증하는 법을 배우는 것이라는 결론에 이를 수 있다. 체계를 세우는 것보다 논증이 철학함에 중요하다는 생각을 이 결론으로부터 추론해 낼 수 있다.

나는 이런 식의 독해가 완전히 틀렸다고 생각하지 않는다. 하지만 만일 이렇게만 읽으면 여전히 부분적인 이해에 머물고 만다고 생각한다. 칸트의 요점을 이해하자면 조금 더 뒤에 나오는 구절을 아주 천천히 읽어 나가야 한다. "보편적 원리들을 준수하는 이성의 재능을 [철학에 대해서] 우리 앞에 있는 몇몇 시도들을 통해서 연습할 수 있다." 이성의 재능을 연습하는 것은 논증에 한정되지 않는다. 그것은 "[철학에 대해서] 우리 앞에 있는 몇몇 시도들"과 관련되어 있다. 그런데 "[철학에 대해서] 우리 앞에 있는 몇몇 시도들"을 우리는 어디에서 발견할 수 있는가? 나는 이 시도들을 앞선 철학자들의 '글에서' 발견할 수밖에 없다고 생각한다. 『신학대전』과 『대이교도대전』을 떠나서는 신의 현존을 논증한 토마스 아퀴나스의 시도를 어디서 찾을 수 있겠는가? 『방법서설』과 『제일철학에 관한 성찰』을 보지 않고 데카르트가 시도한 방법적 회의를 어디서 찾아볼 수 있겠는가? 철학 텍스트는 물음을 제기하고 논증하고 반론을 찾는 방식으로 우리 이성의 재능을 연습할 재료를 제공해 준다. 이로부터 우리는 다음과 같은 결론을 얻을 수 있다. "철학을 하기 위해서는 한편으로 우리는 논증하는 법을 배워야 하며 다른 한편으로는 철학 텍스트를 읽어야 한다."

여기서 우리는 철학의 필요조건은 한편으로는 ① 철학 텍스트를 읽는 일이고 다른 한편으로는 ② 사유하고 논증하는 일이라 말할 수 있다. 몸과 영혼에 비유해서 말하자면 텍스트는 철학적인 사유와 논증을 위한 일종의 몸이며, 철학적인 사유는 텍스트를 위한 일종의 영혼이라 할 수 있다. 어느 것도 다른 하나가 없이 존재 의미를 가질 수 없다. 나는 여기에 하나의 필요조건이 더 고려되어야 충분조건을 만들 수 있다고 생각한다. 이미 앞에서 강조해서 말한 것처럼 철학 텍스트는 논증과 반론을 위해 직접 활용할 수 있는 '자료'이다. 전문적인 철학자의 작업은 대부분 철학 텍스트에 대한 사유와 반성으로 이루어진다. 그러므로 "철학은 어디 있는가?"라는 물음에 대해서 "철학은 텍스트 안에 있다"고 답하고 싶은 유혹을 받는다.

이 유혹을 물리치기 위해 한걸음 더 나아가 생각해 보아야 한다. 그것은 텍스트가 의미를 가지려면 읽는 사람, 곧 독자가 있어야 한다는 사실이다. 독자가 없다면 텍스트는 물리적인 실체를 가질 뿐 다른 기능을 할 수 없다. 독자가 되기 위해서 우리는 글 읽는 법을 배워야 한다. 그렇지 않으면 종이 위의 문자는 의미 없이 그냥 끄적거려 놓은 것에 지나지 않는다. 그런데 누가 독자, 누가 읽는 사람인가? 읽는 사람은 생각하고, 지각하고, 상상하고, 먹고, 자고, 고통을 느끼고, 괴로워하면서 삶에 대해 물음을 가진 사람이다. 삶에 관한 물음을 철학만이 던지는 것은 아니지만 삶의 물음들 가운데서 가장 난해하고 심각한 물음들을 철학이 던져 왔다는 것만은 아무도 부인하지 않는다. 삶은 철학적 물음의 원천이다. 여기서 나는 철학의 세 번째 필요조건을 찾을 수 있다고 생각한다. 그것은 다름 아니라 '삶'이다. 만일 삶을 무시하고 삶을 고려하지 않는다면 철학이 어떻게 성립할 수 있겠는가? 칸트를 다시 더 들여다보자.

칸트는 철학 개념을 '학교 개념'의 철학과 '세계 개념'의 철학으로 구별한다. '학교 개념'은 철학자들이 학문적으로, 전문적으로 하는 철학을 말하고 '세계 개념'은 '세계시민'의 관점에서 보는 철학이다. '학교'에 대한 언급은 이미 칸트의 젊은 시절 저작 가운데 나타난다. 칸트가 말한 '학교'는 오늘과 마찬가지로 철학을 전문적으로 가르치고 연구하는 '대학'이다. 칸트는 대학에서 당시 제도가 요구한 대로 출판된 책을 교과서로 삼아 강의했지만 그럼에도 철학자들의 학설을 가르치는 것을 그의 소명으로 삼지 않았다. 그는 젊은 철학 교수 시절에 이미 학생들이 '생각된 것', 곧 사상(Gedanken; thought)을 배우는 것이 아니라 '생각하기를 배우기'(denken lernen; learn to think)를 원했다. 철학을 가르칠 때도 학생들이 '철학을 배우는 것'(Philosophie lernen)이 아니라 '철학함을 배우기'(philosophiren lernen)를 원했다.[24] 그가 이렇게 말한 까닭은 선생이 학생들을 가르칠 때 학생들이 무엇보다도 가르치는 내용을 '알아듣는 사람', 곧 '이해하는 사람'이 되게 하고, '이성적으로 추론할 수 있는 사람'이 되어 마침내는 '학식 있는 사람'이 되도록 해야 한다고 보았기 때문이다. 이렇게 단계를 밟

---

24 Immanuel Kant, "M. Immanuel Kants Nachricht von der Einrichtung seiner Vorlesungen in dem Winterhalbenjahre von 1765-1766," *Kant's gesammelte Schriften* (Berlin: Königlich Preußischen Akademie der Wissenschaften, 1912), Bd.II, 306.

아 갈 경우, 학생들이 마지막 단계에 이르지 못하더라도 학교에서 배운 것을 통해서 "학교를 위한 것이 아니라 해도 적어도 삶을 위해서는 더 경험 있고 능력 있는 사람으로 성장할 것"(nicht für die Schule, doch für das Leben geübter und klüger geworden)이라고 칸트는 보았다.[25]

방금 논의한 부분에서 중요한 것은 '학교'와 '삶'의 대비이다. 칸트는 자신의 업적을 통해서 보여 주듯이 대학에서 일한 학자로서 학문적 완전성을 추구하는 데 게을리하지 않고 학자로서의 소명을 중시했다. 그런데 학자가 되기 전에 무엇보다도 알아들을 줄 아는 사람, 곧 이해하는 사람이 되어야 함을 강조한다. 만일 알아들었다면 스스로 추론하고 스스로 생각할 줄 아는 사람으로 성장해야 한다. 이렇게 생각하고 추론할 수 있는 능력을 키우기만 해도 삶 속에서 인간으로 제대로 기능하며 살 수 있다고 보았기 때문이다. 그런데 '학교'와 '삶'의 대비는 1760년대 저작뿐만 아니라 1775년에 발표한 『인종의 차이에 관해서』라는 글에서도 계속된다. 여기서는 '삶'과 '세계[대상]'가 거의 같은 말로 등장한다. 칸트는 자신이 대학에서 매년 한 학기를 할애해서 가르친 자연 지리학을 일컬어 '세계[대상] 지식의 선행 연습'(Vorübung in der Kenntnis der Welt)이라고 부르면서 이렇게 쓰고 있다.

"이 세계[대상] 지식은 모든 다른 획득된 지식들과 기술들에 **실용적인 것**을 제공해 주는 데 쓰이며, 이를 통해 이것들은 단지 **학교**뿐만 아니라 **삶**을 위해서도 유용하게 되고, 또한 이를 통해 준비된 학생이 그의 목적지인 세계[세상]에 인도된다."[26]

　'세계 지식'이라고 할 때 세계는 '물리학적 의미의 세계'와 '형이
상학적 의미의 세계'와는 달리 칸트가 자연 지리학을 통해 학생들
에게 가르친 세계, '사람들이 살고 있는 세계', 곧 '자연과 인간 세
상'을 뜻한다. 이것을 칸트는 『순수이성비판』 뒤에 쓴 「세계시민
적 관점에서 본 보편사에 대한 이념」(Idee zu einer allgemeinen Geschichte
in weltbuerglicher Absicht)(1784)에서 '세계시민' 개념으로 확장하고 『논
리학』과 『형이상학 강의』에서는 『순수이성비판』에서 썼던 '세계
개념을 따른 철학'을 '세계시민의 의미에서 철학'(Philosophie in dieser
weltbürgliche Bedeutung; Philosophie in sensu cosmopolitico)으로 바꾸어 사용
한다. 이제 『논리학』으로 가서 칸트가 두 철학 개념을 대비시키는
방식을 잠시 살펴보자.

　『순수이성비판』 「건축술」 부분과 『논리학』 서론에서 칸트가 두
개념의 철학을 대비시키는 방식은 큰 테두리에서는 대동소이하다.
칸트는 '학교 개념'의 철학 개념을 '철학적 지식 또는 이성 지식의
체계'라 말하고 '세계 개념'의 철학 개념은 '인간 이성의 최종 목적에
관한 학문'이라 정의한다. 그런데 『논리학』에서는 몇 가지 부연설
명이 첨가된다.

25　Immanuel Kant, *Kant's gesammelte Schriften*, Bd.Ⅱ, 305-306.

26　Immanuel Kant, "Von den verschiedenen Racen der Menschen," *Kant's gesammelte Schriften*
　　(Berlin: Königlich Preußischen Akademie der Wissenschaften, 1912), Bd.Ⅱ, 443.

첫째, '세계 개념'의 철학이 더 상위 개념이고 이 개념이 철학에 '존엄성', 곧 '절대적 가치'를 부여한다. 이런 의미에서의 철학은 내 적인 가치를 지니며 철학 외의 다른 지식에 비로소 가치를 부여한 다. 따라서 칸트는 학자로서 '학교 개념'의 철학을 추구하고 그 부분 을 최선을 다해 발전시켰지만 그럼에도 인간의 모든 인식을 인간의 최종 목적과 연관시키는 세계 개념으로서의 철학이 더욱더 존엄성 을 가진다고 본다. 이성의 관점에서 보자면 이러한 관점은 이론적/ 사변적 이성에 대해서 실천 이성이 우위성을 가진다는 생각과 일치 한다.

둘째, 『논리학』은 두 철학 개념이 각각 지향하는 목적을 구별한 다. '학교 개념'의 철학은 '기량' 또는 '숙련'을 목적으로 삼고 '세계 개념'으로서의 철학은 '유용성'을 목적으로 삼는다. 둘 다 실천적인 것과 연관되지만 기량 또는 숙련은 기술적인 실천과 연관되고 유용 성은 사람들과 함께 살아가는 세계[대상]에서 활용할 수 있는 실용 적 실천과 관련된다.

셋째, '학교 개념'의 철학은 일종의 '기량론' 또는 '숙련론'으로 기 량 내지 숙련을 키워 주는 이론에 머물게 되고 철학자를 기껏해 야 '이성의 기술자'로 만들지만, 세계 개념으로서의 철학은 '지혜론' 으로 철학자를 '이성의 입법자'로 만든다는 언급이 『논리학』에 나 온다. 『논리학』과 『순수이성비판』에서 다 같이 칸트는 이런 의미 의 철학자, 곧 '실천 철학자' 또는 '도덕가'야말로 '진정한 철학자'라 고 부른다. 하지만 칸트는, 철학은 연습, 훈련, 실천을 통해서 배우는 것이지 이론적 지식을 배우는 것이 아님을 『순수이성비판』보다 『논리학』에서 훨씬 더 강조한다. 실천을 통해서 '스스로 생각하는 법'을 배운 사람이야말로 '참된 철학자'이며, '참된 철학자'는 자신의 이성을 노예처럼 남을 흉내 내어 사용하지 않고 자유롭게 스스로 사용한다. 칸트는 학문으로서의 철학이라는 근대적 이념에 충실했고 인간의 모든 인식과 행위, 그리고 미적 취향을 선험적 원리를 토대로 제시하고자 한 전문적인 대학 철학자였지만 그럼에도 그는 삶의 방식으로서의 철학이라는 오래된 철학 이념을 간직하고 있었다.

세계시민 개념으로서의 칸트의 철학 개념을 확대해서 보면 철학은 삶을 토대로, 삶을 반성 대상으로, 삶 속에서의 실천 방식으로 삼아 한편으로는 이론적, 논리적 논의를 이어 가면서, 다른 한편으로는 끊임없이 텍스트와 씨름해 가는 활동이라고 정의해 볼 수 있다. 철학은 우리 자신의 삶과 분리될 수 없다. 동서양의 위대한 철학자들이 바로 이 지점에서 만난다. 철학은 하나의 학설, 하나의 가르침, 하나의 이론이 아니다. 철학은 삶의 방식이며 삶 자체이며 삶에 대한 반성이다.[27] '철학'이라는 이름이 동아시아에 알려지기 전에는 철학과 유사한 활동을 유학자들은 '도학'(道學)이라 불렀다. 도를 배우고 그 도를 따라 걷고자 했던 유학자들에게는 도와 멀찌감치 거리를 두고 초연하게 사는 삶이 있을 수 없었다. 삶 전체의 헌신과 참여, 투신이 여기에 요구된다. 나는 철학을 '삶의 방식', '삶의

---

27 Pierre Hadot, *La Philosophie comme manière de vivre: Entretiens avec Jeannie Carlier et Arnold I. Davidson* (Paris: Editions Albin Michel, 2001) 참조.

길'로 회복하는 일이 오늘날 철학자에게 주어진 급선무라고 생각한다. 이 속에서 자기 자신에 대한 인식, 삶의 애매성에 대한 인식, 자기 포기, 타인에 대한 배려, 참된 것, 아름다운 것에 대한 열린 태도가 자연스럽게 삶의 근본 태도로 자리 잡지 않을까 생각한다. 이제 이를 배경으로 일상을 생각해 보자.

3. 일상의 성격과 인간이 처한 조건

사람은 먹고, 마시고, 숨 쉬고, 잠잔다. 무엇을 좋아하고, 판단하고, 행동한다. 물건을 만들고, 사고팔고, 말을 주고받는다. 사람 가운데 어떤 사람은 그림을 그리거나 감상하고, 음악을 연주하거나 듣는다. 어떤 사람은 예배하고 기도하고 찬송 드린다. 이런 행위들은 일상을 떠나 일어나는 것이 아니라 일상 속에서, 일상을 통하여 일어나는 행위들이다. 사람이 행복해 하거나 불행해 하거나, 어떤 때는 행복해 하다가, 어떤 때는 불행해 하는 곳이 일상이다. 일상 속에서 웃고 울고, 일상 속에서 좌절하고 희망을 가진다. 일상은 사람이 삶을 살아가는 자리이며, 삶의 통로이며, 행복과 불행을 느끼는 대상이다. 그렇다면 일상은 무엇인가? 일상의 삶은 어떤 성격을 지니고 있는가? 만일 행복과 불행을 일상의 삶 속에서 찾아보려면 일상의 성격과 일상의 조건을 생각해 보지 않을 수 없다.

일상(日常)은 무엇인가? 일상은 문자 그대로 따라 읽자면 "늘 같은 하루"다. 잠을 자고, 일어나고, 먹고, 일하고, 타인을 만나는 일. 이렇게 동일한 행동이 반복되고, 유난히 두드러진 일이 없이 하루하루 지나가는 삶. 이것이 우리가 살아가는 일상이다. 사람이면 누구도 벗어날 수 없고(필연성), 진행되는 일이 이 사람이나 저 사람이나 비슷하고(유사성), 반복되고(반복성), 특별히 드러난 것이 없으면서(평범성), 어느 하나도 남아 있지 않고 덧없이 지나가는(일시성) 삶. 이것이 일상이요, 일상의 삶이다. 일상의 삶은 필연성, 유사성, 반복성, 평범성, 일시성의 성격을 띠고 있다. 이제 이것들을 그려 낼 수 있는 만큼 그려 내 보자.

1) 일상의 필연성

일상의 삶은 이 땅에 사람으로 태어났다면 누구도 벗어날 수 없는 삶이다. 누구나 잠을 자야 하고, 먹어야 하고, 타인을 만나야 하고, 기쁘거나 슬프거나 감정의 변화를 겪어야 하고, 결정해야 하고, 이것과 저것을 구별하여 판단해야 하고, 때로는 침묵해야 하고 때로는 말해야 한다. 만일 이러한 행위가 없다면 일상의 삶은 없고, 일상의 삶이 없다면 우리의 현세의 삶은 없다. 따라서 일상 속에서 살아가는 삶의 모습은, 사람 따라, 처한 상황 따라, 다르게 나타나지만 일상에서 하는 행위와 경험을 누구도 피할 수 없다. 이것을 일컬어 나는 '일상의 필연성'이라 부르고자 한다.

일상의 삶의 내용을 채우는 것들은 뜻하건 뜻하지 않건 중단될 수 있다. 예컨대 시각 장애나 청각 장애는 보고 싶어도 보지 못하고 들고 싶어도 듣지 못한다. 통증을 마비시키는 나병과 같은 질병을 앓는 사람은 일상의 신체적 고통을 체험하지 못한다. 슬픈 일을 보거나 안타까운 일을 볼 때, 전혀 느낌이 없는 사람도 있을 수 있다. 이런 것들은 일상의 삶이 지닌 여러 내용을 의도와 상관없이 경험하지 못하는 경우들이다. 의도적으로 일상적 삶의 여러 모습을 거부하거나 중단할 수도 있다. 예컨대 정치적 목적이나 종교적 목적으로 단식을 한다든지, 타인을 만나지 않고 홀로 거처한다든지, 침묵으로 일관할 수 있다. 일상을 떠남으로 일상과 다른 현실과의 만남을 추구하는 경우, 일상적 행위는 일시적으로 중단된다. 수도공동체에서 볼 수 있는 것처럼 일상을 떠나 일상의 의미를 훨씬 더 깊고 넓게 체험할 수도 있다. 일상의 필연성을, 말하자면 '필연적이 아닌 것'으로, '우연적인 것'으로 만듦으로 일상을 초월하여, 일상과는 다른 삶의 차원, 일상과는 다른 삶의 실재를 맛볼 수 있다. 그러나 수도자의 삶조차도 결국에는 일상으로 복귀한다. 수도자도 먹어야 하고, 자야 하고, 사람과 만나야 한다.

먹지 않고, 말하지 않고, 어떤 방식으로든 타인과의 접촉 없이는 삶이 가능하지 않다는 점에서 우리는 일상의 필연성을 말할 수 있다. 이 세계 안에서 타인과 더불어 몸으로 살아가는 사람이라면 일상의 필연적 조건들을 벗어날 수 없다. 나는 이것이 하나님이 인간을 만든 창조의 모습이라 생각한다. 천국도 일상인가? 나는 천국도 우리가 경험하는 일상의 필연성을 벗어난 곳이라 생각하지 않는다. 그곳에도 먹고 마시며, 그곳에도 생각하고, 이야기하고 찬송하는 일이 있을 것이며, 그곳에도 몸으로 움직이며 몸으로 하는 것들을 경험할 것이다. 현세의 우리 일상적 삶에 여러 결함이 있고 문제가 있더라도, 일상적 삶의 조건 자체를 천국은 완전히 소멸시키지 않을 것이다. 천국의 삶은 우리의 일상과는 완전히 다른, 전혀 상관없는 삶이 아니라 하나님은 하나님으로, 사람은 사람으로, 자연은 자연으로, 각자 자신의 자리 가운데 자립성과 고유성을 인정받으면서 삶의 충만을 소외 없이 함께 나누어 가지는 그런 장소, 그런 방식일 것이다. 이와 반대의 장소, 반대의 삶의 방식이 지옥일 것이다. 천국이 행복의 다른 이름이듯이 지옥은 불행의 다른 이름일 것이다.

2) 일상의 유사성

일상적 삶이 지닌 두 번째 성격은 유사성이다. 무엇을 먹는가, 어떤 옷을 입는가, 어떤 거처에서 사는가는 사람에 따라, 지역에 따라, 문화에 따라 다를 수 있다. 피자를 즐겨 먹는 나라 사람이 있는가 하면 된장국을 즐겨 먹는 나라 사람도 있다. 아파트에 사는 것을 즐기는 나라가 있는가 하면 단독 주택을 선호하는 나라도 있다. 그러나 땅 위에 사는 사람이면 무엇을 먹든지, 무엇을 입든지, 어떤 처소에 거하든지, 살아가는 모습은 비슷하다. 사람들이 고통 받는 모습을 보면 안타까워 하고, 아이들의 재롱을 보면 누구나 웃음을 보인다. 힘든 일을 하는 사람은 힘들어 보이고, 일 없이 한가하게 지내는 사람들은 얼굴이 맑고 가볍다. 가진 사람이든, 가지지 못한 사람이든, 배운 사람이든, 배우지 못한 사람이든, 남자든 여자든, 일상의 삶은 대개 비슷하다.

비슷함, 유사성이 있지만 차이 또한 부인할 수 없다. 어떤 처소에 든지, 사람이 거주한다는 점에는 비슷하지만, 어떤 사람은 부족함이 없이 안락하게 살아가고, 어떤 사람은 비바람을 염려해야 할 정도로 조악한 주거 환경에 살아간다. 어떤 사람은 거의 모든 것을 통제할 수 있는 것처럼 살아가고 어떤 사람은 자기 자신에게조차도 영향력을 행사하지 못하고 살아간다. 어떤 사람은 달마다, 주마다 음악회를 찾아가 즐기고 누리지만, 어떤 사람은 예술에는 아예 담을 쌓고 살아간다. 어떤 사람은 책을 즐겨 읽고, 책과 함께 생각하며 살아가지만, 책과 전혀 무관하게 살아가는 사람도 있다. 신앙을 가지고 사는 사람이 있는가 하면, 신앙에는 전혀 무관심하게 살아가는 사람도 있다. 이러한 차이는 사회적 차별이나 불평등에서 생기기도 하고, 개인적 취향이나 관심이나 삶의 지향에 따라 생기기도 한다. 어떤 차이는 삶을 힘들게 만들기도 하지만 어떤 차이는 살아가는 당사자에게 전혀 문제가 되지 않는다. 따라서 어떤 차이는 줄이거나 없애려고 해야 할 경우가 있는가 하면 어떤 차이는 더욱더 다양하게 나타나도록 권장해야 할 경우도 있다.

일상의 유사성으로부터 우리는 사람의 행복과 불행과 관련해서 두 가지를 추론할 수 있다. 첫째, 사람이면 누구나 비슷한 삶을 누릴 수 있도록 삶이 보장되어야 한다. 누구나 먹을 수 있어야 하고, 입어야 하고, 거처할 수 있는 곳이 있어야 하고, 타인과 더불어 각자의 은사대로 삶을 살 수 있도록 삶의 조건이 형성되어야 한다. 가난한 사람이라고 천대받고 부자라고 우대받는 사회, 배운 사람이 배우지 못한 사람보다 특권을 누리는 사회는 잘못된 사회일 것이다. 사람이면 사람으로 존중받는 점에서 비슷해야 한다. 둘째, 차별은 없애야 하지만 다양성으로 인한 차이는 존중되어야 한다. 왜냐하면 차별을 없앤다고 해서 모든 사람을 똑같이 살게 한다면 그것 또한 견딜 수 없는 삶이 될 것이기 때문이다. 모두가 축구를 해야 하고, 모두가 자전거를 타야 하고, 모두가 음악을 청취해야 하고, 모두가 교회를 가도록 강제화된 일상을 생각해 보라. 끔찍하기 짝이 없을 것이다. 이런 면에서는 다양화가 인정되고, 장려되어야 한다. 삶은 하나의 빛깔, 하나의 모습이 아니라 다양한 빛깔, 다양한 모습으로 드러나기 때문이다.

3) 일상의 반복성

일상의 세 번째 성격은 반복성이다. 먹고 자고, 일어나고, 사람들을 만나는 삶은 날마다 반복된다. 어제 했던 일을 오늘 하게 되고, 오늘 했던 일을 내일 또 하게 된다. 어제 학교 가느라 걸어간 길을 오늘 또 걸어가고 내일도 다시 걸어갈 것이다. 오늘 밥을 먹고, 내일도 밥을 먹고, 죽을 때까지 이렇게 밥을 먹는다. 먹는 밥, 하는 일, 만나는 사람, 곧 반복의 내용은 동일하지 않더라도 반복의 형식은 동일하다. 그러므로 일상적 삶은 끊임없는 반복으로 구성된다고 해도 틀리지 않는다. 반복하면서 익숙해 지고 익숙해 짐으로 인해 모든 일이 쉽게 진행된다. 만일 먹는 일, 자는 일, 사람들과 만나는 일,

타인과 더불어 사는 일이 전혀 반복 없이, 그때마다 새롭게 배워야 하는 일이라면 일상의 삶은 언제나 긴장이 연속되는 삶일 것이다. 반복은 약간의 학습 과정과 약간의 긴장으로 삶을 쉽게 영위할 수 있도록 도와준다.

반복은 또한 일정한 취향을 형성하고 습관을 만들어 낸다. 전혀 책을 보지 않는 사람은 책에 대한 취향을 얻을 수 없고 음악을 듣거나 그림을 본 경험이 전혀 없는 사람은 그림이나 음악에 대한 취향을 가질 수 없다. 사람을 멀리 떠나보내고, 다시 만나기를 반복하면서 기다림이 일종의 습관이 되고, 습관이 된 기다림은 또한 인내를 만들어 낸다. 다른 사람을 자신보다 존중하는 행동을 거듭하게 되면 이것은 습관이 되고, 이러한 습관은 겸손이라는 덕을 빚어낸다. 아리스토텔레스가 말하듯 같은 장소에서, 같은 일에 관심을 두면서, 같은 일, 같은 말을 반복하면서 일정한 시간을 보낸 사람들 사이에는 그렇지 않은 사람과는 다른 정(情, philia)이 생기며, 그로 인해 사람과 사람 사이에 감정을 민감하게 교류할 수 있는 감수성이 일정한 성품으로 형성된다.[28] 기도를 꾸준히 하는 사람은 기도하는 습관을 통해 예컨대 수용성이라든지, 신뢰라든지, 낙망하기보다는 희망을 가진다든지, 기뻐한다든지 하는, 일정한 성품이 형성된다. 한 번 행하는 일로 습관이 되지 않을뿐더러 성품이 형성되는 일은 일어나지 않는다. 인내, 겸손, 감수성, 희망, 기뻐함 등의 미덕은 반복

---

28 Aristotle, *Ethica Nichomachea*, 8, 3, 8 (1156a25-30).

된 생활을 통해 형성된 성품의 결과들이다. 일상의 반복 없이 성품이 형성되는 일은 일어나지 않는다. "한 마리의 제비가 봄을 만드는 것도 아니며 하루가 봄을 만드는 것이 아니듯이 하루나 짧은 시간이 지극히 복되고 행복한 사람을 만드는 것도 아니다"라는 아리스토텔레스의 말처럼 일상의 오랜 습관을 통해 형성된 성품 없이 우리는 일상의 삶에서 지속적인 행복을 누릴 수 있으리라 기대할 수 없다.[29]

그러나 일상의 반복성은 타성을 만들어 내고 지루함의 감정을 생산한다. 타성은 그때그때의 일을 새롭게 대하기보다는 기계적이고 자동적으로 행동하게 만든다. 긴장이나 책임, 사려나 되새김, 새로움이 이 가운데는 없다. 모든 것은 명백하고, 당연하고, 별다른 감정 개입 없이 진행된다. 병원 진료실에서, 관공서의 민원실에서, 심지어는 교실의 지식 전달에서, 밥을 하는 부엌에서, 이런 타성은 작동한다. 우리의 생존 본능은 일정 부분 타성을 필요로 하고, 타성을 바탕으로 신경을 곤두세움 없이, 쉽게 일들을 처리한다. 이것의 대가는 지루함이다.

일상의 반복은 지루함을 낳는다. 반복 가운데는 새로운 것, 관심을 끄는 것, 피를 뜨겁게 하는 것, 신경을 곤두세워 몰두할 수 있는 것이 결여되어 있기 때문에 지루함이 발생한다. 지루함은 시간이 없거나 일이 없기 때문이 아니라, 시간이 있되 너무 많이 있고, 일

이 있되 정신의 촉각을 세울 만큼 관심을 요구하는 일이 아니기 때문에 생긴다. 삶의 과정이 합리적이고 논리적으로 처리되기는 하되, 열정이 없고 고통이 없을 때 지루함이 발생한다. 그래서 간혹 사람들은 '지루한 천국'보다 '신나는 지옥'이 좋다고 말한다. 그런데 생각해 보라. '지루한 천국'은 형용사 모순이다. 마치 네모난 원이 원이 아니듯이 지루한 천국은 천국이 아니다. 좋은 것은 많되 관심과 사랑과 정열이 없다면, 따라서 지루하다면 그곳이야말로 지옥일 것이다. 불행을 느낄 수밖에 없는 삶의 방식과 삶의 장소를 '지옥'이라는 말 외에 달리 무엇이라 부르겠는가?

4) 일상의 평범성

평범성은 일상의 또 다른 특성이다. 일상의 삶에는 눈에 띄게 두드러진 것이 없다. 누구에게나 어디서나 공통으로 볼 수 있는 특별한 것이 없는 것이 일상이 지닌 특성이다. 그야말로 범용(凡庸)한 것이다. 일상적인 것의 이러한 특징을 영어로는 '오디너리'(ordinary)라고 부른다. '엑스트라 오디너리'(extraordinary), 곧 비상(非常)하고 특별하고 독특한 것과는 달리 '오디너리'한 삶, 이것이 일상이다. 그런데 보라. 범(凡)의 경우든, '오디너리'의 경우든 누구에게나 적용되는 공통의 질서가 이 속에 표현되어 있다. 일상을 어떤 정체(整體)가 없는 무질서로 보면 그것은 오해다. 일상이 일상인 것은 평범하면서도 그 가운데 질서가 담겨 있기 때문이다. 그렇지 않다면 일상은 삶의 장(場), 삶의 시간, 삶의 통로일 수 없다. 땅에는 차가 다닐 수 있는 길이 있고, 물에는 배들이 다닐 수 있는 뱃길이 있고, 돌은 쪼개면 일정한 방향으로 쪼개지고, 바람은 한번 불기 시작하면 어느 순간까지는 대체로 일정한 방향으로 분다. 일상이 누구에게나 통용되고, 누구에게나 공통적일 수 있는 것은 그 가운데 질서(길, 방향, 구조, 규칙, 이치)가 있기 때문이다.

질서는 일상의 삶을 유지하고 지탱하는 뼈대 같으면서도 동시에 소통을 가능케 하는 통로가 되어 준다. 일상의 질서는 자연의 질서와 맞닿아 있으면서 자연의 질서를 초월한다. 우리는 먹어야 하고, 자야 하고, 입어야 한다(그리고 결국 병들고, 늙고, 죽는다). 생로병사(生老病死)는 자연에 적용되는 일정한 법칙에 종속된다. 먹는 것은 모두 하나님이 자연에 정해준 법칙을 따라 생산된 것들이다. 입는 것도 자연에서 취해 가공한 것들이다. 자는 것도 자연에서 취한 재료를 가지고 일정한 공간을 만든 결과 가능하다. 물건을 사고파는 일, 사람들과 소통하는 방식, 이 모든 것들이 일정한 질서로 인해 소통이 가능하고 이것들은 또한 일정한 질서의 제한을 받는다. 국가 존재, 사회조직, 우리의 의식과 사고와 관습을 통제하는 문화도 일상의 삶을 평범하게 유지하고 통제하는 질서들의 중요한 축을 이룬다.

일상의 평범성은 반복성과 마찬가지로 일상의 삶을 도피 대상으로 만든다. 일상은 지겨워 지고 따라서 누구나 가끔 일상의 탈출을 꿈꾼다. 날마다 반복되는 일, 날마다 특별할 것이 없는 일을 떠나, 좀 신기하고 짜릿하며 새로운 자극을 줄 수 있는 일을 기대한다. 일정한 궤도, 일정한 질서, 일정한 길을 벗어나 특별한 경험을 해 보

고자 누구나 일상의 탈출을 꿈꾼다.[30] 새로운 것을 알거나 경험하고
자 하는 호기심, 기존의 관념이나 질서와 배치되는 행동이나 사고
양식의 추구나 표현 등은 일상의 평범성을 벗어나고자 하는 노력이
다. 낯선 곳으로의 여행은 일상의 평범성을 벗어나고자 하는 노력
가운데 가장 대표적일 것이다. 이러한 행동은 평범한 일상의 삶에
숨통을 터 주는 기능을 하고 기존의 질서를 수정하고 새로운 것을
발견하거나 발명할 수 있도록 유도한다. 수도원에도 일상이 여전히
찾아오듯이 관광 여행을 가서 일시적 행복을 맛본다 해도 역시 그
곳도 일상이다. "인간의 모든 불행은 단 한 가지, 자기 방에 조용히
머무를 줄 알지 못하기 때문에 생긴다"는 파스칼의 말을 우리는 이
대목에서 떠올리게 된다.[31] 일상을 떠나 행복을 찾아가지만 떠나간
곳도 일상이고 다시 평상시의 일상으로 누구나 돌아오기 마련이다.

5) 일상의 일시성

일상의 다섯 번째 특징으로 나는 일시성(一時性)을 들 수 있다고
생각한다. 우리의 삶은 반복되므로 같은 것이 언제나 머물러 있는
듯하지만 세월이 지나 뒤돌아보면 모든 것은 한정된 시간 안에 존
재할 뿐 결국 모두 지나가고 만다는 것을 깨닫게 된다. 아침에 일찍
일어나고, 온종일 땀 흘려 일한 것, 밤을 지새우면서 읽고 생각하
고 쓴 것들, 그토록 정을 쏟아 사랑한다고 생각한 것들, 즐거워했던

---

30 이런 관점에서 관광 여행의 문제를 철학적으로 다루고 있는 연구서로는 Ruud Welten, *Het ware
   leven is elders* (Zoetermeer, Klement/Pelckmans, 2013), 특히 pp.105-145 참조.

일, 이 모든 것들은 잠시 잠깐 주어질 뿐, 결국은 흔적 없이 사라지고 만다. 전도서 기자의 말처럼 모든 것은 헛되고 헛되며 바람을 잡으려는 것처럼 모든 수고가 아무런 유익이 없다(전 1:2-3). 모든 것은 아침 안개처럼 눈앞에 잠시 나타나지만 언제 사라졌는지도 모르게 사라지고 만다. 우리의 일상은 이처럼 무상하고 일시적이고 덧없이 지나간다. 일상의 무상성, 일상의 일시성은 사물의 질서와 밀접하게 관련이 있을 것이다. 해 아래 어느 것도 늘 같은 모습으로 머물러 있지 않다. 모든 것은 변하고, 모든 것은 흐른다. 우리는 시간이 지나감에 따라 늙어 가고, 병들고, 쇠하고, 죽고, 마침내는 살아 있는 사람들의 기억에서 사라진다.

삶의 일시성, 무상성은 사물의 질서뿐만 아니라 인간이 망각할 수 있는 존재라는 사실과도 관련이 있다. 만일 모두가 모든 일을 기억한다고 해 보자. 내가 쏟은 땀과 노력, 내가 경험했던 참혹한 일들을 하나도 잊지 않고 모두 기억한다고 해 보자. 그렇다면 삶은 더욱 의미 있고 아름다울까? 나는 그렇지 않으리라고 생각한다. 망각하고 사라지고 스러져 가기 때문에 지난 것들은 아름다운 기억으로 남아 있고, 새로운 것들이 옛것을 대신해서 자리 잡는다. 어떤 의미에서 우리의 성장은 쌓은 것들을 허물어 내고 모은 것들을 버리기 때문에 가능하다. 없앰이나 비움 없이 성장은 없다. 그러므로 일시

---

31 Blaise Pascal, *Pensées,* Édition présentée, établie et annotée par Philippe Sellier (Paris, Pocket, 2003), p.149: "[T]oute le malheur des hommes vient d'une seule chose, qui est de ne savoir pas demeurer en repos dans une chambre."

성, 덧없음을 한탄할 일이 아니다. 시작과 마무리가 없는 삶, 다시 새로운 시작을 기대할 수 없는 삶은 희망이 없는 삶일 것이다.

앞에서 우리는 일상의 삶이 지닌 성격을 생각해 보았다. 사람이면 누구도 벗어날 수 없고(필연성), 누구에게나 비슷하고(유사성), 반복되고(반복성), 드러난 것이 없으면서(평범성), 덧없이 지나가는(일시성) 삶. 이것을 나는 일상의 삶이 지닌 성격이라고 규정해 보았다. 배운 사람이나 배우지 못한 사람, 힘 있는 사람이나 힘없는 사람, 돈 많은 사람이나 없는 사람, 남자나 여자, 어른이나 아이, 미국 사람이나 인도 사람, 백인이나 흑인, 그리스도인이나 불자(佛者) 모두 구별 없이 사람이면 누구나 일상의 삶이 지닌 이 다섯 가지 보편적 특성을 벗어나지 못한다. 그런데 물어보자. 어느 누구도 일상의 삶이 지닌 보편적 특성을 벗어나지 못하는 이유가 무엇인가? 곧장 답하자면 사람은 누구나 동일한 삶의 조건에 처해 있기 때문이다. 사람이면 누구나 먹어야 하고, 입어야 하고, 둥지를 틀고 거주해야 하고, 배워야 하고, 일해야 하고, 사람들을 만나야 한다. 누구나 이러한 동일한 조건에 종속된다. 이러한 조건을 나는 '인간의 조건'이라 부르고자 한다.

인간은 누구나 동일한 조건에 처하지만 누구나 동일한 삶의 내용을 공유하지는 않는다. 어떤 사람은 풍요 속에서 배불리 살아가는가 하면 어떤 사람은 가난을 경험하며 타인과의 갈등으로 괴로워한다. 어떤 사람은 아무런 걱정 근심 없이 사는가 하면 어떤 사람은 마치 지옥에서 사는 것처럼 고통 속에 살아간다. 무엇이 이러한 차이를 가져오는가? 그렇게 많은 경우는 아니겠지만, 일상의 삶을 살아가면서 어떤 사람은 무의미한 반복으로 사는 것이 아니라 주어진 날을 날마다 새로운 날로, 새로운 과제와 도전으로 살아가는 까닭은 무엇인가? 이 물음의 답을 찾기 전에 '인간의 조건', 인간이 처한 삶의 조건을 먼저 그려 내 보자.

사람이면 누구나 동일하게 처하는 삶의 조건을 먼저 생각해 보자. 동일한 삶의 조건에 처해 있다는 것은 무엇보다 **인간의 신체성**과 관련이 있다. 창세기 2장에서 하나님이 사람을 만들 때 흙(adamah)으로 빚어 만들었다는 것은 인간이 이 땅에 속한 신체적 존재임을 보여준다.[32] 인간은 몸으로 세상에 존재하도록 지음 받았다. 그러므로 숨을 쉬어야 하고, 먹어야 하고, 입어야 하고, 어느 곳에 거주해야 한다. 우리 몸을 이룬 세포는 물과 음식물과 산소를 필요로 한다. 음식물과 물은 입을 통해서, 산소는 코와 입을 통해서 몸 안으로 들어온다. 먹지 않고서는 우리 몸을 지탱해 줄 영양소를 공급받을 수 없다. 생물학적 의미의 생명을 유지하는 동안 누구나 반드시 규칙적으로 반복해서 숨을 쉬고, 마시고, 먹어야 한다. 이런 의미에서 누구나 동일한 일상의 조건에 처해 있다. 무엇을 먹느냐, 무슨 물을

---

32 인간이 신체적 존재로 지음 받았다는 것을 반 퍼슨은 인간 존재의 일시성, 인간 존재의 부서지기 쉬움, 곧 연약성과 관련짓는다. C. A. van Peursen, *Ziel-Lichaam-Geest: Inleiding tot een wijsgerige anthropologie* (Utrecht: Bijleveld, 1978), p.84 이하 참조.

마시느냐 하는 것에 차이가 있을지라도 신체성으로 인해 먹고 마신다는 사실 자체는 누구에게나 동일하다.

사람이면 누구나 입어야 하는 조건에서도 동일하다. 소나 개나 돼지는 입을 필요가 없도록 아예 털과 가죽을 갖추고 있다. 하지만 사람은 아무리 조잡한 형태라 하더라도 옷이라는 것을 걸쳐야 한다. 그래야 겨울에는 추위를 피할 수 있고 여름에는 따가운 햇볕으로부터 몸을 보호할 수 있다. 옷은 가려야 할 곳은 가리고 노출시켜도 무방한 곳은 노출시킬 수 있도록 조절해 준다. 자연 조건에 따라, 문화에 따라 노출과 은폐는 다르게 나타난다. 옷은 외모를 치장하여 아름다움을 드러내고 신분과 취향을 드러내는 수단으로 쓰이기도 한다.

거주의 경우도 마찬가지다. 사람이면 누구나 비바람과 추위와 더위로부터 몸을 보호하고 잠을 자고 생활을 영위할 수 있게 해 주는 공간, 곧 집이 있어야 한다. 집을 중심으로 사람은 먹고, 마시고, 잠을 잘 뿐 아니라 일터로 나갔다가 되돌아온다. 집은 남자와 여자의 결합과 그로 인한 아이의 출산으로 형성되는 가족 공동체의 삶을 가능하게 해 준다. 주거 방식, 주거 형태, 집의 크기 등은 다를지라도 거주는 나와 다른, 나와 성적(性的)으로 다른 타인의 존재와 그와의 결합을 떠나 생각할 수 없다. 달리 말하자면 사람은 이 땅에 남자로 또는 여자로 그리고 남자와 여자의 성적 결합이 가능한 존재자로 태어났다. 창세기 1장은 하나님이 자신의 형상을 따라 사람을 지으시되 남자와 여자로 지었다고 말한다. 창세기 2장은 하나님이 사람을 지으시되 남자와 여자로, 땅을 가꾸는 존재로 지었음을 보여 준다. 먹고 입는 것과 마찬가지로 집과 거주와 떼어 생각할 수 없는 것이 노동이다. 노동은 땅 위에서 숨을 쉬면서 거주하는 인간이 먹고, 마시고, 입기 위해 필연적으로 의존해야 할 활동이다. 노동은 자연을 통하여 하나님이 베푸는 은총을 먹을거리의 모습으로 거두어들이는 방식이다. 그러므로 여기에는 필연성과 자유, 은총과 노력이 공존한다.

　인간의 신체성은 먹고, 마시고, 입고, 거주하고, 노동하는 일에만 관여하지 않는다. 이것들 이전, 이 모든 것에 앞서 우리는 모두 이 세상에 남과 구별되는 몸으로 태어났다. 나는 나의 몸을 통해 타인과 구별되는 존재다. 나의 몸은 타인의 몸이 아니고, 타인의 몸은 나의 몸이 아니다. 그러므로 나의 손에 가시가 박힐 때 나는 통증을 느끼지만 타인은 느끼지 못한다. 왜냐하면 나의 몸의 외벽을 이루면서 내가 고통을 인지하는 통로인 나의 살갗은 나를 타인과는 다른 개별자로 구획지우고 있기 때문이다.[33] 살갗은 나와 타인을 구별하는 경계선이다. 나의 눈, 나의 귀, 나의 손은 모두 살갗으로 이루어져 있다. 이것들을 통해 사물을 지각하고 타인을 바라보고 타인을 만난다. 나는 살갗을 통해 타인의 따스함을 느끼기도 하지만 살갗을 통해 타인으로부터 상처를 받기도 한다. 살갗은 사물들을 보

33　'살갗'(peau)은 레비나스의 두 번째 대작 『존재와 다르게, 존재 사건 저편에서』에 자주 등장한다. Emmanuel Levinas, *Autrement qu'être ou au-delà de l'essence* (La Haye, Martinus Nijhoff, 1974), pp.137-139 참조.

고, 만지는 통로이며 타인을 접촉하고, 애무하고, 얼싸안는 통로이고 타인이나 다른 사물에게 찔리고 상처받는 통로이기도 하다.[34]

우리가 각각 살갗으로 서로 구별된 존재로서 이 땅에 존재한다는 것은 무엇을 함축하는가? 이를 통해 인간의 삶의 조건을 추론해 낼 수 있는 것이 무엇인가? 살갗을 통해 우리는 우리 바깥의 사물과 타인을 접촉한다. 하지만 그럼에도 나는 타인의 살갗으로 침투해 들어갈 수 없고 타인 또는 타자가 나의 살갗으로 침투해 올 수 없다. 심지어 나와 타인 사이에 가장 친밀하게 나눌 수 있는 행위인 애무나 성관계를 통해서도 나는 타인의 살갗 안으로 침투하지 못할뿐더러 침투해 들어가려고 하지 않는다. 왜냐하면 아무리 친밀한 관계라 해도 살갗을 통해 나는 타인과 구별되기 때문이다.[35] 내가 만일 타인의 살갗 속으로 침투해 들어가고자 시도한다면 나는 타인의 살갗을 찢게 되고 그렇게 되면 피가 흐르고 이것이 심할 때는 결국 죽음을 가져온다. 그러므로 선의(善意)로 맺어진 관계에서는 아무리 친밀한 관계에서조차도 살갗을 침투해 들어가는 일이 없이, 살갗으로 인한 차이와 구별을 인정하고 존중한다. "살인하지 말라"는 여섯 번째 계명은 이런 방식으로 지켜진다.

"살인하지 말라"는 계명을 지키는 가장 원초적인 방식은 나와 타인의 몸으로 인해 발생한 **공간**의 간격을 존중하는 일이다. 나는 몸

---

34   레비나스는 『전체성과 무한』 2부에서 여기서 논의하는 내용을 훨씬 더 상세하고 풍부하게 서술하고 있다. Emmauel Levinas, *Totalité et Infini* (La Haye, Martinus Nijhof, 1962) 참조.

35   Emmanuel Levinas, *Le temps et l'autre* (Paris, PUF, 1979), p.77 이하.

으로 타인과 구별되는 공간을 점유한다. 내가 차지한 공간을 타인이 밀어내고 그 자리를 점유하면 나는 그 공간에서 밀려난다. 나와 타인은 인접 공간을 공유하지만 동일한 공간을 차지할 수는 없다. 따라서 나는 몸으로 타인과 나를 구별하며, 몸을 통해 내가 점유하는 공간을 의식한다. 공간은 나에 앞서, 나의 의식에 앞서, 선험적으로 주어져 있다. 하지만 나는 나와 타인이 인접해 있으면서도 완전히 공유할 수 없는 틈을 의식하면서 비로소 나와 타인에게 의미 있는 공간을 의식한다. 이렇게 의식된 공간은 유클리드 기하학으로 서술될 수 있는 공간이기보다는 '체험하는 공간'이며 나와 타인이 '관계된 공간'이며 '의미가 부여된 공간'이다. 신체로서 존재하는 인간이면 누구나 공간에서 주어지는 자유와 제한 조건에 종속된다. 기술을 통해 신체 기능이 확장되고 공간 점유의 가능성이 높아졌다고 해서 이 조건이 제거되지는 않는다.

타인과의 관계를 통해 구성되는 공간을 나는 두 가지 관점에서 구별해 보고자 한다. 하나는 나와 타인이 구별되면서도 완전히는 구별되지 않는 단계와, 구별이 완전히 발생하는 단계이다. 나와 타인이 구별되면서도 완전히 구별되지 않는 단계는 자궁 속의 태아와 어머니의 관계에서 볼 수 있다. 자궁 속에서 아이는 어머니의 몸속에 있다. 몸속에 있는 존재로서 태아는 어머니와 구별된다. 그러나 이 구별은 어머니 몸속에서 미분화된 구별이다. 그럼에도 어머니의 몸속에 생긴 틈 사이에 아이가 자리를 잡음으로 아이는 공간을 자신의 공간으로 점유한다. 이때의 공간은 '친밀성'으로 형성된 공간이며, 침해나 방어 이전의, 보호와 양육의 자리로 주어진 공간이다. 자궁 속의 공간은 '선물로서 주어진 공간'이요, 이미 '은총으로서 체험된 공간'이다. 출산과 더불어 어머니와 아이 사이에는 분명한 구별과 차이가 개입한다.

사실 모든 공간이 일차적으로 우리에게는 선물이다. 우리 가운데 누구도 공간을 창조하지 않았을뿐만 아니라 누구도 공간을 창조하지 못한다. 우리가 할 수 있는 것은 주어진 공간에 제한을 가하고 설계할 뿐이다. 제한되고 설계되는 공간은 모든 것에 앞서, 하나님께서 창조를 통해 우주 만물 안에 존재하는 모든 존재자들에게 존재의 공간으로, 운동의 공간으로, 삶의 공간으로 주신 공간이다. 그러므로 칸트가 말하는, 사물을 표상하는 감성의 형식으로서의 공간은 이미 선물로서 주어진 공간을 전제한다. 아이에게 은총으로 주어진 자궁뿐만 아니라 모든 공간은 살아 있는 존재자들에게는 값없이 은총으로 주어진 것들이다. 출산 이후 경험하는 공간도 그런 의미에서 선물로서의 의미를 여전히 소유한다. 왜냐하면 내가 나의 노동을 통해 획득한 것이 아님에도 공간은 나에게 자유롭게 활동할 수 있는 장소를 제공해 주며, 그 속에서 신체는 무엇에 얽매이지 않고 자유로움을 체험하기 때문이다. 양수 속에 감싸인 채 탯줄에 더 이상 매여 있지 않고 이제는 마음대로 손발을 움직이며 몸을 움직일 때 가장 원초적인 자유를 아이는 체험한다.

그러나 출산 후 경험하는 공간은 자궁의 안전함과는 다른 위험을 안겨 주는 공간이기도 하다. 추위에 시달려야 하고 비와 바람에 노출되어야 하고 타인의 위협을 두려워해야 한다. 그러므로 인간은 집을 짓고, 방을 만들어 그 안에 거주 공간을 따로 만든다. 그리고 이 속에서 누구나 비슷하고, 누구나 반복적인 삶을 살아간다. 그런데 여기에 작은 물음이 하나 등장한다. 단지 추위를 피하고 잠을 자기 위한 공간으로 집이 필요하고, 물건을 서로 교환하거나 사고파는 일에 필요한 정도의 도시가 있어야 한다면 오늘 우리가 보는 그런 집, 그런 도시는 인간에게 필요가 없지 않았을까 하는 물음이다. 인간이 서로 죽이고, 침입하고, 전쟁을 일으키기 때문에 외부의 위험으로부터 방어하기 위해 좀 더 크고 튼튼한 집과 좀 더 견고하고 방어하기 쉬운 성곽을 쌓았다고 추정해 볼 수 있다. 가인이 아벨을 죽인 뒤 가장 두려워했던 것은 타인으로부터 죽임을 당할 가능성이었다. 하나님께서 그를 보호하기 위하여 특별한 표시를 해 주셨는데도 그는 두려워한 나머지 마침내는 큰 성을 짓고 그 가운데서 안전과 평안을 찾고자 애썼다. 삶의 원천인 하나님과의 단절은 무엇보다 아담과 하와가 열매를 먹는 일로 발생하고(창세기 3장), 그 뒤로는 형이 아우를 죽이는 일과 죽음에 대한 두려움으로 인해 견고한 성을 쌓는 일로 귀결된다(창세기 4장).

인간의 신체성은 공간뿐만 아니라 시간과도 관련이 있다. 깨어 있는 동안, 일하는 동안 나는 시간을 의식한다. 하지만 시간을 가장 절실하게, 한 순간 한 순간 의식하는 순간은 예컨대 배고픔을 경험할 때이다.[36] 타인으로부터 폭력을 당할 때 나는 적어도 그 순간만은 시간을 의식하지 않는다. 시간을 잊고 오직 아픔만을 생각한다.

그러나 배고픈 순간, 그 순간에는 시간을 의식한다. 흐르지 않는 시간, 정체된 시간, 그럼에도 계속되는 고통을 안겨 주는 시간은 물리적으로 계산할 수 없는 시간이다. 그러나 상상해 보자. 만일 배고픔을 경험하는 내 몸이 과거의 기억을 갖지 않는다면 현재의 결핍만을 생각할 뿐 배고픔을 채워 줄 음식에 대한 생각을 할 수 없을 것이다. 현재의 결핍의 경험은 과거에 대한 기억, 그리고 미래에 대한 기대와 동일한 지평에 놓여 있다. 이것은 필연적으로 의식을 요구하며 의식의 주체로서의 영혼을 요청한다. 왜냐하면 아우구스티누스가 누구보다 분명하게 보여 주었듯이 만일 영혼이 없다면 우리는 어디서도 시간을 잴 수 없을뿐더러 시간의 흐름에 대해 얘기할 수 없기 때문이다.[37]

만일 그렇다면 시간을 통해 말할 수 있는 일상의 일시성, 일상의 덧없음은 의식 때문에 존재하는가? 우리가 의식을 통해, 의식 안에서 하나의 흐름으로 시간을 파악한다고 하더라도 그렇게 파악되는 시간은 현실적으로 나의 의식, 너의 의식에 선행하는 것이 아닌가? 우리 가운데 아무도 의식을 통해 시간을 창조하지 않았다. 시간은 아우구스티누스가 주장하듯이 창조주께서 우주를 창조하는 순간 공간과 더불어 창조되었다. 그러므로 시간도 나와 너의 의식에 앞서, 공간과 마찬가지로 '선물로서 주어진 것', '은총으로 체험되는

---

36 여기서 말하는 배고픔은 레이먼드 탈리스가 '1차 배고픔'이라 부른 것이다. Raymond Tallis, *Hunger* (Acumen, 2008), p.9 이하.

37 A. 아우구스티누스, 최민순 역, 『고백록』(바오로딸, 2013), 514면.

것'이라고 해야 할 것이다. 아무도 시간을 스스로 만들지 않았으며 아무도 시간을 자기 것으로 소유하거나 양도하지 못한다. 시간은 짧거나 길거나 우리에게 단지 주어진 것일 뿐이다. 그래서 시간을 잘 사용하거나 아니면 허비할 수 있을 뿐 시간을 누구도 자신의 것으로 소유할 수는 없다. 나의 관심과 노력과 무관하게 시간은 결국 흘러가고, 흘러간 시간은 기억과 기록을 제외하고는 다시 반복해서 경험할 수 없다. 미래 시간도 미리 앞당겨 상상하고 계획을 세울 수 있지만, 아무리 애쓴다고 해도 미리 앞당겨 가질 수는 없다. 시간은 나와 너에게 오는 것이고 나와 너를 떠나 지나가는 것이다. 일상의 성격 가운데 하나로 지목했던 일상의 일시성은 시간과 관련해서 인간의 삶의 조건이 가진 특성이다.

시간을 주체적으로 감지하는 의식(意識)은 각각 다른 신체 안에서 발생하는 점에서 신체와 마찬가지로 개별성을 갖는다. 나의 몸이 너의 몸이 아니듯이 나의 의식은 너의 의식이 아니다. 내가 보고 들은 것이 네가 보고 들은 것과 동일할지라도 너의 의식과 나의 의식은 구별된다. 나의 고통을 너의 의식 속에 담을 수 없고 너의 고통을 나의 의식 속에 고스란히 담을 수 없는 것처럼, 시간 의식의 주체는 나와 네가 서로 구분된 몸의 주체이며 몸을 떠나 따로 존재하지 않는다. 그러므로 배고픔 속에서 의식된 시간은 몸의 주체를 통해 의식된 시간이고 어떤 누구와도 바꿀 수 없는 고유성을 갖는다. 너와 나는 시간 의식의 주체로서 먹음의 주체요, 마심의 주체요, 잠의 주체이며, 고통의 주체이다. 이 가운데서 타인을 경험하고, 무엇보다도 먹을거리가 될 수 있는 주변의 사물들을 경험하며, 나처럼 배고프고 목마른 타인을 경험한다.

신체성, 노동과 거주, 나와 타인, 공간성, 시간성 밖에도 '인간의 조건'을 형성하는 요소들은 더 많이 존재한다. 사람이면 누구나 동일하게 처하는 물리적, 사회적, 경제적, 정치적, 문화적 조건들도 앞에서 생각해 본 것들 못지않게, 아니 그보다 사실은 훨씬 일상의 삶을 더 넓고 깊게 조절하고 통제하는 조건들이다. 주거지와 그것들 사이로 난 도로와 교통 체계, 운송 수단, 먹을거리와 입을 거리 등 일상용품을 사고파는 상점, 식당, 이것들을 소통시키는 거래 체계, 거래의 수단(화폐, 신용카드), 기업체, 이것들을 통제하고 관리하는 법과 행정 체계, 관공서, 정치 체제, 권력의 구조와 실행, 지식 전승의 장소인 학교, 이 모든 것의 소통을 가능케 하는 언어, 의미와 해석 체계, 이 가운데서도 삶의 진리를 말하는 종교 등 수없이 많은 것들이 삶의 조건을 형성한다. 신체 없이, 의식 없이, 나와 타인 없이, 공간과 시간 없이는 이것들이 가능하지 않지만 ―여기서 단지 언급만 할 뿐 논의조차 들어가지 못한― 일상의 물리적, 사회적, 정치적, 경제적, 문화적 조건 없이는 우리의 일상은 제대로 작동되지 않는다. 이 두 그룹의 조건들이 함께 하나의 거대한 그물 조직으로 연결된 것이 일상의 현실이다. 이 조건들이 함께 일상의 성격들을 빚어낸다. 만일 이러한 조건들을 제거한다면 일상도 없고, 일상의 특징적인 성격도 없을 것이다.

만일 지금까지 논의를 수용한다면 우리가 그 안에서 행복할 수도 있고 불행할 수도 있는 일상의 구조는 하나의 좌표계로 그려 볼 수 있다. 무엇보다 일상의 삶이 영위되고 수행되는 바탕과 진행 과정은 하나님께서 인간에게 창조를 통해 주신 **공간과 시간**이라고 말해야 할 것이다. 공간은 크게 보면 우주이고, 훨씬 더 좁혀서 보면 지구, 곧 이 땅이고 좀 더 좁히면 각자 부모를 통해 태어난 곳, 자란 곳, 하나의 특정한 언어를 모국어로 쓰면서 사는 곳이다. 물론 이 가운데 우리는 수없는 이동을 체험하며 다른 언어들을 경험한다. 공간이 하나의 축을 이룬다면 삶의 다른 축은 시간이 될 것이다. 시간 축은 태어남에서 죽을 때까지 매우 한정된 트랙으로 구성된다. 우리 각자는 의식을 지닌 신체적 존재로 이 두 축 가운데서 여행한다.

인간은 적어도 원칙적으로는 공간과 시간 안에서 자유롭게 삶의 길을 따라 걸어가지만 그러나 현실적으로는 수많은 제약과 수많은 조건에 종속된다. 예컨대 근대 민족국가가 출현한 후로는, 이제 지구상에 태어난 사람은 누구나 각각 자신이 속한 국가에서 발급한 여권을 소지한다. 따라서 누구도 남의 나라를 허가 없이 출입하거나 장기간 체류할 수 없다. 하지만 태어난 사람은 누구나, 비록 제한이 있기는 하지만, 자신에게 주어진 시간과 공간 안에서 삶의 길을 따라 걸어간다.

공간 축과 시간 축을 일상적 삶의 좌표계로 삼아 우리는 **각자 나**로서 먹고 마시고, 잠자고, 교육받고, 일하고, **타인**을 만나고, 사랑을 나누고, 아이를 낳고 키우며, 미래를 설계한다. 때로는 타인과 어울려 하나의 목표를 두고 함께 일하는가 하면, 때로는 싸우고 등을 돌리고 헤어지기도 한다. 어떤 사람은 오직 정치에 관심을 두고 모든 관심을 쏟는가 하면 어떤 사람은 오직 돈 버는 일에만 관심을 둔다. 어떤 사람은 오직 쾌락에 몰두하는가 하면 어떤 사람은 목표를 달성하기까지는 모든 쾌락을 유보하기도 한다. 우리는 물적, 영적, 지적, 사회적, 문화적, 그 외 모든 자원과 선물을 활용하여 누구나 서로의 유익을 먼저 생각하면서 충만하고 번성한 삶을 살도록 지음 받았다. 이 땅에 태어난 이상, 모두 이 은총을 동일하게 받은 존재들이다. 어느 누구도 여기서 제외될 수 없다. 하나님의 창조 질서를 따르면 누구나 동일하게 하나님의 형상으로 지음 받았고, 누구나 동일하게 하나님의 형상을 드러내면서 자신에게 주어진 은사와 선물(Gabe)들을 활용하면서 삶을 살도록 과제(Aufgabe)를 받았기 때문이다.

4. 일상 속에서의 행복과 불행

그럼에도 어떤 사람에게는 이러한 조건들 아래 움직이는 일상의 삶이 은총으로 경험되는가 하면, 어떤 사람에게는 무거운 짐으로 경험되는 까닭은 무엇인가? 어떤 사람에게는 삶이 천국이지만 어떤 사람에게는 지옥이 되는 까닭은 무엇인가? 모두 동일한 인간의 조건에 처해 있지만, 시간과 공간, 사물과 타인은 사람에 따라 각각 다르게 체험되는 까닭은 무엇인가? 일상의 삶이 끊임없이 반복되고, 덧없이 지나가지만 때로는 새롭고, 예기치 않은 기쁨을 체험하고, 새로운 모험을 시도하는 까닭은 무엇인가? 일상의 성격이 모든 이에게 동일한 강도로, 동일한 성질로 경험되지 않고 오히려 그 반대 경우가 있는 것은 무슨 까닭인가? 한 문장으로 줄여 묻자면 왜 어떤 사람은 삶을 행복 가운데 살아가는가 하면, 어떤 사람은 불행 가운데 살아가는가?

가장 가까운 곳에서 형식적으로 답을 찾아보자면 우리는 이렇게 말할 수 있다. "사람은 다르기 때문"이라고. 우리 모두는 타인들이다. 나는 나이고, 너는 너이다. 나는 너가 아니고, 너는 나가 아니다. 나는 너와 다르고, 너는 나와 다르다. 나는 나대로 하나의 개체이고 너는 너대로 하나의 개체이다. 우리의 삶은 설사 집단적으로 같은 상황에서, 같은 조건으로, 같은 내용을 체험한다고 해도 체험 자체는 각자, 타인과 서로 분리되어 따로 이루어진다. 나는 나의 삶을 체험하고 너는 너의 삶을 체험한다. 체험의 차이는 체험의 주체인 나와 너가 서로 다른 개체이기 때문에 발생한다.

그런데 개체의 차이는 어디서 오는가? 피부, 곧 살갗이 너와 나를 구별 짓는 경계선임을 우리는 앞에서 살펴보았다. 살갗을 통해 너와 나는 구별된다. 좀 더 정확하게 말하자면 살갗이 밖으로 서로 이어져 쌀이나 보리를 담는 자루처럼 신체를 에워싸고 있기 때문에 나와 너는 구별된다. 만일 너와 내가 친근한 사이라면 서로 살갗을 마주 대고, 부비고, 따스함을 나눌 수 있을 것이다. 그러나 나와 너는 살갗을 뚫고 들어가서 하나로 융합되지는 않는다. 같은 마음을 가지고, 같은 생각을 가질지라도 살갗은 여전히 그대로 남아 있고 몸은 역시 다른 몸이다. 살갗의 구별, 몸의 차이를 통한 개체의 구별은 나의 개별 신체가 소멸되기까지는 계속 유지된다.

그런데 살갗만이, 신체만이 나와 너를 구별하는 조건인가? 그렇지 않다. 나와 너는 서로 다른 몸으로 개체를 형성한다고 하더라도 만일 우리가 '마음'이라 부르는 실체가 없다면 우리는 우리 개체 신체를 통해 타인과 다르게, 타인과 구별해서 체험을 할 수 없을뿐더러, 체험을 했다고 하더라도 그 체험을 '나의' 체험으로 확인하고 수용할 수 없다. 마음은 내부 세계와 외부 세계로 연결하는 통로가 될 뿐 아니라 내가 내 신체를 통해 개별적으로 지각하고 경험한 것을 조직하고 통합한다. 마음 때문에 나는 타인과 다르게, 타인과 구별해서 내가 보고 느낀 것을 내 자신의 체험으로 인식하고 이해한다. 그러므로 삶에 대해서 다르게 체험하고, 다르게 평가하게 되는 근거는 무엇보다도 신체를 매개로 한 각각의 '마음의 차이' 때문이라고 말할 수 있다. 마치 나의 몸은 너의 몸이 아니듯이 나의 마음은 너의 마음이 아니다. 나는 나대로, 너는 너대로, 서로 떨어져서 무엇을 의식하고 무엇을 판단한다. 각각의 마음의 차이가 삶의 체험을 다르게 할 수 있는 근거가 된다.

그러면 다시 물어보자. 사람이 신체와 마음으로 타인과 분리되어 있다는 사실이 체험의 차이를 가져오는가? 나는 나로서, 너는 너로서 각각 하는 체험을 두고 말하자면 "그렇다"고 답할 수밖에 없다. 우리는 각자 몸으로, 마음으로 분리된 개체들이다. 그러므로 너의 체험은 나의 체험과 다르다. 설사 체험의 내용이 같다고 할지라도 나의 체험은 내가 하는 체험이고 너의 체험은 네가 하는 체험이다. 두 체험은 체험의 주체가 다르므로 같은 체험이라 할 수 없다. 그런데 체험의 다름이 사람을 행복하게 또는 불행하게 만드는 근거가 되는가? 나는 그렇지 않다고 생각한다. 왜냐하면 일상의 삶을 행복하게 또는 불행하게 판단하는 것은 삶의 수용과 평가, 곧 삶을 어떻게 받아들이느냐에 달려 있기 때문이다. 삶의 수용과 평가에는 주어진 조건의 좋음과 나쁨이 중요한 요인으로 작용하지만 유일한 요인이 되지는 못한다. 만일 어떤 사람에게 주어진 조건이 좋다면 그 사람은 언제나 행복할 것이고 주어진 조건이 나쁘다면 그 사람은 언제나 불행할 것이다. 그런데 삶의 실상을 돌아보면 삶의 조건이 나쁘면서도 행복하게 살아가는 사람이 있는가 하면 삶의 조건이 좋으면서도 불행하게 살아가는 사람도 있다. 그러므로 삶의 조건을 두고 우리는 행복과 불행을 말할 수 없다.

행복과 불행의 갈림길을 만드는 것은 역시 마음이다. 너무나 당연한 얘기이지만 사람에게는 마음이 있다. 마음이 없다면 삶의 행복과 불행을 말할 수 없다. 마음이 없는 돌이나 바위에게는 '행복하다'거나 '불행하다'거나 하는 술어는 의미가 없다. 행복과 불행은 마음이 느끼고 마음이 판단한다. 그런데 마음에는 한 가지 기능만 있는 것이 아니다. 소리를 듣고, 색깔을 보는 감각 작용이 마음에 있다. 갓 죽은 사람에게도 눈이 있고 귀가 있지만 신체가 아니라 이미 시체가 된 인간의 몸으로는 보지도 못하고 듣지도 못한다. 왜냐하면 그곳에는 마음이 없기 때문이다. 살아 있는 신체, 살아 있는 몸에서만 우리는 이렇게 보고 지각하는 마음을 이야기할 수 있다.

마음에는 사물에 대한 관념을 서로 결합하고 조합하는 상상의 능력이 있다. 상상을 통해서 과거를 떠올리고 현재를 포착하고 미래를 그려 낸다. 마음에는 또한 개념 능력이 있다. 내가 보는 개는 서로 다른 모습을 가진 개이지만 그것들을 '개'라는 하나의 개념을 통해, 생긴 모습도 다르고 크기도 다르고 색깔도 다른 개에게 동일하게 적용한다. 마음에는 이렇게 지각하고 판단하는 작용이 있다. 이것을 일컬어 우리는 '지성'이라 부른다. 그런데 마음에는 무엇을 욕구하고 의욕하고 추구하는 능력도 있다. 이를 일컬어 우리는 '의지'라고 부른다. 마음에는 또한 '아름답다', '추하다', '좋다', '나쁘다'고 판단하는 능력이 있다. 이를 일컬어 우리는 '감정'이라 부른다. 사물을 이해하고 파악하는 인지 능력, 무엇을 추구하고 의욕 하는 의지 능력, 쾌락과 고통을 느끼고 판단하는 감정 능력이 누구에게나 있다. 마음의 이 능력들은 하나님이 사람에게 주신 선물이다. 삶이 행복하다거나 불행하다는 것은 만일 사람에게 이런 능력이 결여되어 있다면 가능하지 않은 판단이다.

삶을 행복하다고 보거나 불행하다고 보는 것은 **삶을 수용하는 방식이고 평가하는 방식**이다. 그러면 이러한 평가는 어떻게 가능한가? 사람이 사물에 대해서 판단하는 방식은 대상에 따라 다르다. 예컨대 내 앞에 장미꽃이 있다고 하자. 나는 저 장미꽃을 보면서 "저것은 장미꽃이다"라고 진술한다. "저 장미꽃은 붉다", "저 장미꽃은 향기가 진하다" 등 장미꽃을 보면서 이렇게 저렇게 술어를 붙여 장미꽃에 대해서 진술할 수 있다. 이렇게 진술하는 것을 우리는 '사실판단'이라 부른다. 만일 내가 장미꽃에 대해서 "저 장미꽃은 아름답다"라고 말한다면 나는 '가치판단'을 하고 있다. 장미꽃에 관한 나의 사실판단은 장미꽃이라는 하나의 사물을 두고 그 사물이 지닌 속성들과 성질들을 서술하는 행위이다. 이와 달리 "저 장미꽃은 아름답다"고 말할 때 나는 장미꽃에 대한 나의 느낌, 나의 감정을 표현한다(시든 장미꽃을 보고는 "아름답다"고 얘기하지 않을 테니, 내가 "저 장미꽃이 아름답다"라고 말하는 것이 정말 가치판단이기만 한 것인지 당연히 물어볼 수 있다). 내가 "저 장미꽃은 아름답다"고 말할 때 나는 장미꽃이 참으로 아름답다는 사실을 말하고자 하지만 나는 나에게 나타나고, 나에게 보이는 장미꽃에 대한 나의 느낌과 나의 평가를 말하고 있다. 그런데 삶에 관해서 내가 행복하다거나 불행하다거나 할 때, 나는 어떻게 판단을 하게 되는가?

다시 '판단'에 대한 이야기로 돌아가 보자. 내가 장미꽃에 대해서 이렇게, 또는 저렇게 말할 수 있는 근거가 무엇인가? 내가 장미꽃을 보고 있다는 사실이다. 장미꽃은 하나의 사물로서 내 앞에 주어져 있고, 하나의 사물로서 속성을 지니고 있다. 그러므로 장미꽃을 두고서 사실판단을 할 수 있다. 장미꽃에 대해서 아름답다고 하는 경우에도 장미꽃은 적어도 나에게는 그렇게 나타나거나 그렇게 보인다. 그렇지 않다면 나는 보이지도 않는 것에 대해서 그것이 아름답다거나 못생겼다고 말하는 셈이 된다. 장미꽃에 대한 가치판단은 나에게 나타난 장미를 두고 내리는 판단이다. 나에게 보이는 것, 나에게 나타난 것에 대해서 나는 그 사실을 판단하거나 그 가치를 판단한다. 그런데 삶도 그렇게 판단할 수 있는가? 삶을 행복하게 보거나 불행하게 보는 것도 나에게 보이는 것, 나에게 나타난 것을 두고 판단하는가? 내가 내 앞에 있는 장미꽃을 두고 판단하듯이 삶도 그렇게 판단을 내릴 수 있는 대상인가?

생각해 보자. 삶을 대상으로 삼는다고 하지만 삶이 장미꽃처럼 내 앞에 주어져 있는가? 나는 삶에 대해서 몇 가지 특정한 속성을 지닌 사물처럼 서술하고 판단할 수 없다. 왜냐하면 삶은 눈앞에 주어져 있지 않기 때문이다. 삶은 눈앞에 주어져 있지 않을뿐더러 내가 내 손 앞에 있는 도구처럼 이렇게 저렇게 사용할 수 있는 것도 아니다. 삶은 눈앞에 주어져 있지 않기 때문에 처음부터 끝까지 전체를 눈앞에 두고 지각하거나 판단할 수 없다. 따라서 우리는 각자 우리 자신의 삶을 두고 이렇게 말할 수 있을 뿐이다. "나는 태어났고, 살고 있고, 언젠가는 죽을 것이다." 나는 내가 태어났다는 사실을 알 뿐 태어난 순간을 경험하지 못했으며, 나는 언젠가 죽게 될 것이지만 죽음 자체를 체험하지는 못할 것이다. 나는 삶에 대해서 "나는 지금 살고 있다"고 말할 수 있을 뿐이다. 물론 이 가운데는 과거에 대한 기억과 판단들이 포함된다.

그렇다면 나는 나의 삶에 대해서 어떻게 평가할 수 있는가? 삶이 전체로서 나에게 나타나지 않는다면 내가 삶에 대해 판단하더라도 나의 판단은 '삶에 대한 단편적인 판단'에 지나지 않는다. 아니, 나의 판단은 '단편적인 삶에 대한 판단'이라고 말하는 것이 더 정확할 것이다. 나는 먹고, 일하고, 잠자고, 사람들을 만난다. 나는 가족들과 삶을 나누며 살아간다. 나는 친구들을 만나고, 책을 읽고, 생각하고, 글을 쓴다. 내가 삶에 대해서 사실판단을 내리거나 가치판단을 내릴 때, 나의 판단의 근거가 되는 것은 이렇게 먹고 마시고, 잠자고, 일하고, 사람들을 만날 때, 그때마다 느끼는 나의 감정들이다. 나는 일이 잘 풀릴 때는 기뻐하고, 일이 잘 풀리지 않을 때는 힘들어 한다. 어떤 사람을 만날 때는 기쁨이 있지만 어떤 경우에는 그렇지 않다. 삶이 행복하다고 느끼거나 불행하게 느끼는 것은 이러한 순간들에 의존한다. 우리가 '은총의 순간'으로 경험하는 시간은 드물게 찾아올 뿐, 대부분의 시간은 그저 평범하게 별다른 감정 없이 경험된다.

삶에 대한 우리의 판단에 커다란 영향을 주는 것은 타인과의 비교 감정이다.[38] 앞에서 우리는 사람에게 마음이 있다고 했다. 마음에는 인지 기능과 의욕 기능, 감정 기능이 있다. 그러므로 상황을 인지하고, 무엇을 하고 싶어 하고 무엇을 가지고 싶어 한다. 상황에 대해서 좋다거나 싫다거나 일정한 감정을 표현한다. 그런데 우리는 홀로 사는 것이 아니라 타인들과 살고 있기 때문에 삶에 대한 우리의 판단은 타인과 비교해서 이루어진다. 내가 가지고 싶으나 가지지 않은 것을 타인이 가지고 있을 때, 내가 하고 싶은 것을 하지 못

---

38 칸트는 비교 감정과 이성을 밀접하게 연결시킨다. Immanuel Kant, *Die Religion innerhalb der Grenzen der blossen Vernunft, Kant's Gesammelte Schriften*, A.A., VI, 26-7.

하나 타인은 할 때, 내가 성취하고 싶은 꿈을 이루지 못하고 있으나 타인이 성취했을 때, 나는 행복을 느끼기보다 오히려 불행을 느낀다. 행복과 불행의 감정은 대체로 타인과의 비교 감정에서 비롯된다. 타인과의 비교 기준은 부의 소유, 지식의 소유, 권력의 소유 등 세속적인 소유 관념과 관련되어 있다.

삶에 대한 나의 판단이 삶을 전체로 파악한 것에 기초하지 않고 단편적인 경험에 기초한 것이고, 내 자신의 주체적인 인식에 기초한 것이 아니라 타인과의 비교에서 발생한 감정에 기초한다면, 이로부터 예상될 수 있는 결과는 두 가지이다. 삶에 대한 판단이 일상의 단편적인 경험에 근거한다면 행복과 불행의 상호 교차 외에 삶을 달리 평가할 수 있는 방법이 없다. 때로는 행복하고 때로는 불행하게 살아가는 것이 우리 삶이고, 우리는 이렇게 행복과 불행이 서로 교차하는 가운데서 때로는 기뻐하고 때로는 슬퍼하는 삶을 살수밖에 없다. 두 번째 결과는 삶을 경쟁으로 보는 것이다. 내가 행복한가, 불행한가 하는 삶에 대한 평가가 만일 타인과의 비교에 기초한다면, 나는 타인을 나의 경쟁자로밖에 볼 수 없다. 타인보다는 조금 더 가져야 하고, 타인보다는 조금 더 인정받아야 하고, 타인보다 조금 더 나은 위치에 있어야 한다. 타인은 두 팔꿈치로 밀어 내고 앞으로 치고 나가야 할 존재일 뿐, 어깨동무를 하고서 함께 걸어가야 할 길동무(道件)로 볼 수 없게 된다.

생각해 보자. 우리 자신의 삶, 전체로서의 삶에 대한 판단이 가능하려면 전체적 관점을 얻을 수 있는 지점을 확보해야 하지 않겠는가? 만일 나의 삶, 타인의 삶에 대한 판단이 한 시점에 제한되어 있다면, 그리고 한둘의 특정한 경험에 제한되어 있다면 그 삶의 행복 또는 불행을 판단하기가 쉽지 않을 것이다. 또한 이렇게 경험된 행복은 그때그때의 행복일 뿐 스피노자가 말하듯 '영원토록 즐거워할, 지속적이고 최상의 기쁨'으로부터 오는 행복이 아닐 것이다.[39] 그렇다면 여기서 시도할 수 있는 것은 후설이 말하는 일종의 '태도 변경'이다. 칸트 방식으로 말한다면 경험을 뛰어넘어, 경험과 독립해서 판단할 수 있는 '선험적 관점'을 확보하는 것이다. 그런데 어디서 삶을 전체적으로 볼 수 있는 그런 관점을 얻을 수 있는가? 삶을 전체적으로 보는 관점을 우리는 '세계관'이라 부른다. 월터스의 정의를 따르면 세계관은 '사물에 관한 기본 신념들의 포괄적 틀'이다.[40] 만일 이것이 생소하고 많은 물음을 제기한다면 '판단의 틀'이라고 불러도 좋다고 생각한다. 그렇다면 삶을 전체로 볼 수 있는 판단의 틀을 우리는 어디서 얻을 수 있는가? 이것은 물음으로 남겨두자.[41]

39 Baruch de Spinoza, *Tractatus de intellectus emandatione*, *Spinoza Opera*, Carl Gebhardt (ed.), II, pp.5-40. 이 가운데 첫 절.
40 Albert M. Wolters, *Creation Regained*, with a postscript coauthored by Michael W. Goheen (Eerdmans, 2005), p.2.
41 이 물음에 대한 답은 3강 끝부분에서 다시 짧게 논의한다.

5. 일상을 어떻게 바라볼 것인가?

우리는 지금 일상을 묻고 있다. 그런데 철학과 일상이 무슨 상관이 있는가? 철학은 언제나 불변하는 것, 본질적인 것, 보편적인 것을 생각하지 않았는가? 과거의 철학을 보면 이러한 물음은 정당해 보인다. "캐묻지 않는 삶은 사람에게 살 만한 가치가 없다"고 말한 소크라테스조차도 사람이 갖추어야 할 미덕과 관련해서, 예컨대 안다는 것은 무엇인가, 경건이란 무엇인가, 정의란 무엇인가, 용기란 무엇인가를 물었지만 우리가 먹고, 자고, 일하고, 쉬는 것이나, 남자와 여자로 사람이 만나 함께 삶을 누리고 즐기는 것이 무슨 의미가 있는지, 무슨 가치가 있는지를 묻지 않았다. 소크라테스는 우리가 육신을 가지고 하는 일시적이고 가변적이며 상대적인 행위에 대해서 관심을 보이지 않았다. 심지어 '삶의 의미'에 대한 질문을 소크라테스는 하지 않았다. 신학자 한스 큉(Hans Küng)을 따르면 서양 전통에서 삶의 의미에 관해 최초로 질문한 이는 칼빈이었다.[42] 칼빈은 『제네바 교리 문답』(Cathechisme de Geneve, 1542)에서 목사가 첫 물음으로 "인생의 제일 되는 목적이 무엇인가"(Quelle est la pincipale fin de la vie humaine?)라고 묻도록 하고 교리문답을 배우는 학생은 "하나님을 아는 것"(C'est de connaître Dieu)이라고 답하도록 만들었다.

---

42 Hans Küng, *Was Ich Glaube* (Piper, 2009), 4장 참조.

그러면 일상의 삶을 어떻게 생각하고 다가갈 수 있을까? 나는 질문이 무엇보다 앞서야 한다고 생각한다. 물어야 한다. 묻지 않고서는 무엇을 캐낼 수 없다. 묻는 일은 병원의 진찰실과 경찰서의 조사실, 대학의 실험실에만 한정되지 않는다. 철학자들에게 유일한 실험실인 삶의 현장에서도 묻지 않고는 아무것도 캐낼 수 없고 캐내지 않고서는 아무것도 알 수 없다. "캐묻지 않는 삶은 사람에게 살 만한 가치가 없다"고 말한 소크라테스가 해답의 명수가 아니라 질문의 달인이었던 까닭은 그가 앎을 이미 지닌 지자(知者, sophos)가 아니라 앎을 추구하는 사람, 곧 철학자(philosophos)였기 때문이다. 앎을 추구하면서 묻지 않는 것은 앞을 향해 달리기를 하려는 사람이 발을 내밀지 않고 한 자리에서 계속 서서 뛰고 있는 것과 같다. 질문을 통해서 우리는 일상이 무엇인지, 일상 속에 살고 있는 우리의 삶이 무엇인지, 우리의 삶을 추동시키는 원천과 바탕, 목표가 있다면 그것이 무엇인지, 삶에는 과연 의미가 있는지 알아볼 수 있다.

질문을 가지고 우리가 할 수 있는 일은 무엇인가? 질문 속에 담긴 단어를 분석하고 개념을 따져 보는 것인가? 무엇보다 앞서 할 수 있는 일은 자세히 들여다보는 일이다. "생각하지 말아라, 보아라!" (Denk nicht, sondern schau!)라고 비트겐슈타인은 말한다.[43] 생각은 개념을 만들어 내고, 개념과 개념이 이어지면 일정한 판단이 형성된다. 어떤 판단을 가지고 삶을 재단하고 결합하고 판정할 경우, 삶은 그

---

43 Ludwig Wittgenstein, *Philosophische Untersuchungen* (Oxford: Wiley-Blackwell, 2009), §66.

모습을 드러내기보다 오히려 자취를 감춘다. 그러므로 생각으로 틀을 짜서 삶을 찍어 내려고 하기보다는 주어진 삶을 먼저 자세하게 들여다보는 일이 앞서야 한다.

찬찬히 들여다보면 삶은 여러 모양으로, 여러 색깔로, 여러 차원으로 모습을 드러낸다. 언제나 한 지점에서, 하나의 입각점에서 보고 인지할 수밖에 없는 우리 자신의 지각의 특성과 한계 때문에 삶을 통째로 한꺼번에 볼 수 있는 가능성이 우리에게는 없다. 그러므로 보되 넓고 먼 지평을 배경으로 삼아 옆에서도 보고 돌려서도 보고 뒤집어서도 보아야 한다. 삶을 온전한 전체로 한꺼번에 볼 수 없지만 그럼에도 볼 만큼 보면서 삶을 그려 내고 추적하고 추론해 보는 수밖에 없다. 삶을 살아가는 동안 우리에게 무엇이 나타나는가, 무엇이 드러나는가, 무슨 일이 벌어지는가 묻고 따져 보면서 그 모습을 포착해 보아야 한다. 이것을 나는 '일상의 현상학'이라 부른다.

그런 다음에는 의미를 묻고 행동 방향에 대해 숙고하는 일이다. 우리의 삶은 수많은 동작과 행동, 여러 갈림길에서 끊임없이 계속 선택해야 할 일들로 구성되어 있다. 그것들 각각이 무엇인지, 그것들이 어떻게 서로 연관되는지 자세히 들여다보고 드러내고 그려 내는 과제가 첫 과제라면, 그것들 각각이 지닌 의미가 무엇인지, 다른 행위와 행동들과 관련해서 빚어내는 의미가 무엇인지 따져 보고 묻는 일이 두 번째 과제이다. 이것을 나는 '일상의 해석학'이라 부른다. 이와 아울러 물어보아야 할 것은 삶의 태도, 삶의 방향과 관련된 것이다. 이것을 나는 '일상의 윤리학'이라 부른다. 이런 방식으로 삶을 접근해 보면 삶의 구조와 의미 연관, 삶의 윤리가 어느 정도 드러날 것이라 우리는 기대해 볼 수 있다. 일상의 현상학과 일상의 해석학, 일상의 윤리학을 시도한다는 점에서 나의 작업은 일상의 문제를 다룬 저자들과 구별된다. 2강과 3강에서 먹고 마시고, 잠자고, 집 짓고, 옷을 입고, 일하고 쉬고, 타인과 만나는 행위를 들여다보고 묻고 생각하고, 우리가 어떻게 살아야 할 것인가에 대한 생각을 통하여 나의 고유한 방법이 어떻게 실현될 수 있는지를 보여줄 것이다.[44]

---

[44] 그 사이 일상 철학에 대한 시도가 없지 않았다. 그러나 대부분의 일상의 철학은 내가 시도하는 것처럼 일상의 삶, 이 가운데서도 매우 구체적인 일상의 행위들을 자세히 들여다보기보다는 일상 생활 속에서 철학적으로 살아가는 삶에 관심을 두고 있다. 나는 이런 의미의 일상의 철학은 '일상의 삶을 위한 철학'(Philosophy for Everyday Life)이라 보고 내가 시도하는 '일상의 삶에 관한 철학'(Philosophy of Everyday Life)과 구별한다. '일상의 삶을 위한 철학'의 일환으로 대중을 겨냥해서 제시된 저술로는 예컨대 Roger-Pol Droit, *Astonish Yourself: 101 Experiments in the Philosophy of Everyday Life* (London: Penguin, 2003); Robert Rowland Smith, *Breakfast with Socrates. An Extraordinary (Philosophical) Journey Through Your Ordinary Day* (New York: Free Press, 2009); Trevor Curnow, *Philosophy for Everyday Life. A Practical Guide* (London: Penguin Books, 2012) 참조.

제 2 강

먹고, 자고, 집 짓고
산다는 것

이제는 일상을 이루는 한 부분, 한 계기에 우리의 관심을 쏟아 보자. 일상이 가진 특성 가운데 만일 반복에 강조를 두면 가장 먼저 다가오는 주제가 먹고 마시는 일일 것이다. 생각해 보면 우리의 일상 가운데서 먹고 마시고 숨을 쉬는 만큼 자주, 쉬지 않고 거듭해서 하는 행위가 없다. 반복이 싫다거나 귀찮다는 이유로 이것들을 그만두면 우리의 삶도 그와 함께 끝이 난다. 사람이면 누구나 먹어야 하고 마셔야 하고 숨을 쉬어야 한다. 그렇지 않고서는 삶을 지탱할 수 없다. 먹는다고 사는 것은 아니지만 먹지 않고서는 살 수 없다.

먹는 것 못지않게 자는 것 또한 우리의 일상에서 중요하다. 일상의 삶 가운데 누구도 벗어날 수 없고 누구나 어김없이 반복하는 행위를 보면 숨 쉬고, 먹는 것 다음으로 우리가 자주 하는 일은 아마 자는 것이 아닐까 생각한다. 숨을 쉬는 일은 매 순간 하지 않고서는 살 수 없고 먹는 것도 하루 세 끼는 챙겨야 하듯이 하루에 한 번은 자야 한다. 그것도 한두 시간에 그치지 않고 여섯 시간에서 여덟 시간은 잠을 자야 우리의 생명이 유지된다. 우리 인간의 한평생을 육십 년으로 잡고 하루에 잠을 자는 시간을 여덟 시간으로 잡는다면 이십 년이라는 세월을 우리는 잠자는 데 보내는 셈이다. 삶의 삼분의 일을 차지하는 잠을 자는 행위가 우리 인간에게 무엇인가 묻고 생각해 보는 일은, 깨어 있는 동안 하는 일들이 어떤 의미가 있는가 묻는 것 못지않게 중요하다.

무엇을 먹든지 우리는 먹어야 하고 잠의 품질이 어떠하든 우리는 자야 한다. 음식과 잠이 우리의 삶에 필연적 요소임을 인정하면서도 먹고 자는 것을 삶의 수단에 지나지 않는다고 보는 사람들이 의외로 많다. 사람은 먹기 위해서 사는 것이 아니라 살기 위해서 먹고, 자기 위해서 사는 것이 아니라 살기 위해서 잔다고 사람들은 말한다. 사람이 단지 잠자기 위해서 살고, 단지 먹기 위해서 사는 것이라면 분명히 이런 삶은 문제가 있다. 이런 방식으로 산다면 풍성한 삶, 의미 있는 삶, 사람다운 삶을 살 수 없는 것은 분명하다. 왜냐하면 좀 더 풍성하고 의미 있는 삶은 먹고 자는 것뿐만 아니라 일한다든지 사랑한다든지 남에게 유익을 끼친다든지 하는 것들도 포함하기 때문이다. 그러나 그렇다고 해서 사람이 살기 위해서 잔다고 하는 것도 문제가 없지 않다. 왜냐하면 우리가 먹고 자는 것은 살기 위한 수단 행위가 아니라 그 자체가 바로 '사는 것'이기 때문이다. 우리는 숨 쉬면서 살고, 먹으면서 살고, 자면서 산다. 먹는 것과 자는 것은 삶의 수단이 되거나 삶에 앞서 갖추어야 할 예비 단계가 아니라 이 자체가 이미 삶의 한 부분이며 삶의 내용이다. 그러므로 어떻게 먹고 어떻게 자는가 하는 것은 삶의 의미와 관련해서 매우 중요하다고 나는 생각한다.

그런데 물어보자. 우리는 어디서 먹고, 어디서 자는가? 우리는 집에서 먹고 집에서 잠을 잔다. 하지만 근대화된 현재 우리가 살아가는 모습을 보면 이 답은 더 이상 그렇게 당연한 답이 아니다. 왜냐하면 집에서 먹기보다는 식당에서 먹는 경우가 많으며 집에서 잠을 자기보다는 여관이나 호텔에서 자는 경우가 꽤 많아졌기 때문이다. 예컨대 새벽 일찍 집을 나섰다가 저녁 늦게 돌아오는 젊은 직장인에게는 집이란 한낱 숙박소에 지나지 않는 경우가 허다하다. 그럼에도 우리가 먹고 마시고, 잠자는 곳은 집이라고 답할 수밖에 없는 것은 인류가 공동생활을 하기 시작한 이래 먹고 자는 곳으로 널리 이용한 공간으로 집을 따를 만한 곳이 없기 때문이다. 집은 우리 인간에게 삶의 공간이고 거주 공간이다. 그렇다면 거주한다는 것, 집 짓고 산다는 것은 무엇인가? 우리 삶의 가장 기초적인 내용이요 토대라 할 수 있는 이 세 가지 주제, 먹고 마시고, 자고, 거주하는 것에 대해 생각해 보자.

1. 먹고 마시고, 잠자고, 거주함의 현상

먹는다는 것이 무엇인지 물어보기 전에 우리가 먹을 때 무슨 일이 일어나는가 물어보자. 우리가 식탁에서 밥을 먹을 때, 무슨 일이 일어나는가? 생각하지 말고 그냥 자세히 보자. 허기를 느낄 때 우리는 식탁에 앉는다. 허기가 없는 데도 먹을 때가 되었기 때문에 먹는 경우도 허다하다. 그러나 어떤 경우에는 먹고 싶은 마음이 없어도 몇 술 뜨려고 식탁에 앉는다. 무엇을 먹을지 생각한다. 국을 먹을지 반찬을 맛볼지를 생각한다. 선택과 동시에 숟가락이나 젓가락에 손이 간다. 반찬을 먼저 먹고 싶어 했다고 가정해 보자. 그러면 젓가락을 손에 잡는다. 젓가락을 든다. 반찬을 본다. 먹고 싶은 반찬에 시선을 보낸다. 반찬을 집는다. 입으로 가져온다. 입을 벌린다. 입에 넣는다. 혀로 받아들인다. 씹는다. 씹으면서 맛을 본다. 충분히 씹었을 때 목으로 보낸다. 삼킨다. 삼킨 음식은 나의 의지와 상관없이 식도를 통해 위로 전달된다.

식탁에 차려진 음식을 먹는 일을 우리는 '먹는다'는 하나의 동사로 표현한다. 하지만 자세히 들여다보면 여러 동작으로 구성된 복합 행위라는 사실이 드러난다. 밥을 먼저 한술 뜰 것인지, 국을 한 모금 먼저 맛볼 것인지를 선택해야 하고, 선택을 했으면 먹고 싶은 밥이나 국, 아니면 반찬을 보아야 하고, 보았으면 그 가운데서 하나를 골라야 하고, 골랐으면 숟가락이나 젓가락으로 집어야 하고, 집었으면 가져와야 하고, 가져왔으면 입을 벌려야 하고, 입을 벌렸으면 넣어야 하고, 넣었으면 받아들여야 하고, 받아들였으면 씹어야 하고, 씹으면서 맛을 보아야 하고, 맛을 보았으면 삼켜야 한다. 먹는다는 것은 적어도 열 가지가 넘는 동작과 행동으로 이루어져 있다. 먹는다는 것은 이렇게 보면 온몸, 온 마음을 다해서 하는 행동이다. 우리의 지성과 의지, 우리의 감성, 우리의 몸이 여기에 모두 관여한다.

너무나 자명한 사실이지만 몸의 개입부터 먼저 보자. 음식을 보고, 집고, 가져오고, 입에 넣고, 씹고, 삼키는 일은 모두 몸으로 하는 동작들이다. 눈과 손과 팔, 입과 치아, 그리고 혀와 식도 근육이 모두 관여하여 비로소 우리가 '먹는다'고 서술할 수 있는 복합 동작이 일어난다. 여타의 복합 동작과 마찬가지로 시간 순서를 따라, 순차적으로 이루어진다. 젓가락을 집어, 입에 넣으려다가 다시 되돌려 놓을 경우는 있지만 집는 동작 없이 가져올 수 없고, 가져오지 않고서는 씹을 수 없다. 먹는 행위는 단계를 밟아 하나의 완결된 동작으로 이루어진다. 이 동작들은 반복된 학습과 연습을 통해 가능하다. 수많은 실패를 거쳐 성공에 이르지 않고서는 먹고 싶은 음식을 입에 넣을 수 없다. 젓가락 사용법을 보라. 얼마나 힘들게 배웠는가. 부모의 도움과 꾸지람, 나의 반복된 노력과 시도가 없이는 젓가락질을 할 수 없었다.

우리의 학습 과정이 보여 주듯이 신체 동작은 마음의 활동 없이 가능하지 않다. 그 가운데도 먹고 싶은 마음, 그리고 이것과 저것 가운데 어느 것을 골라 먹고 싶은 의지(意志)가 여기에 개입된다. 예컨대 숨을 들이쉬고 내쉬는 일에는 의지가 개입하지 않는다. 내가 살아 있는 동안 나는 숨을 쉰다. 아마도 단전호흡을 일부러 하는 경우를 제외하고는 우리는 애써 숨을 쉬려고 하지 않는다. 내 의지와 상관없이 내가 살아 있는 동안 숨은 저절로 쉬기 마련이다. 연기나 다른 물질의 방해로 인해 숨을 쉴 수 없는 상황이 되면, 그때는 숨을 제대로 쉬려고 애쓴다. 숨을 들이쉬고 내쉬는 것과 달리, 허기는 일정 시간 사라졌다가 되돌아온다. 다른 동물들의 경우와 마찬가지로 허기는 식욕을 조장한다. 그러므로 배가 고플 때 무엇을 먹고자 하는 의지가 발동한다.

배고픔을 면하려는 의지가 일차적이라면, 여러 가지 음식 가운데서도 이것이나 저것을 골라 먹고 싶은 생각이나 이 식당보다는 저 식당에서, 이 사람보다는 저 사람과 어울려 먹고 싶은 의지는 이차적이다. 일차 의지가 생존의 필연성에서 비롯된 의지라면 이차 의지는 선택의 자유를 가진 의지이다('일차적'이라 부른 의지조차도 사실은 이보다는 좀 더 근원적인 '살고자 하는 의지'에 근거하고 있음은 물론이다). 음식을 먹을 때는 생존의 필연성과 함께 선택의 자유가 개입한다. 생존의 필연성 때문에 먹는 행위가 짐승들이 먹는 것과 마찬가지로 자연에 가까운 행위라면 선택의 자유를 가지고 먹는 행위는 인간 고유의 문화에 가까운 행위이다.

의지뿐만 아니라 지성(知性)도 먹는 행위에 개입된다. 뭐가 뭔지도 모르면서 먹는 경우가 전혀 없는 것은 아니다. 배고픔이 극도에 이르렀을 때는 무엇인지도 모르고 입에 그냥 "쑤셔 넣을" 수 있다. 그러나 이것은 극히 드문 경우이다. 대개의 경우는 밥인지 국인지 반찬인지를 구별하고 반찬 가운데도 시금치인지 콩나물인지 알아보고 먹게 된다. 이렇게 알아보고 구별하는 행위는 지성의 개입으로 가능하다. 그럼에도 예컨대 둘 곱하기 둘은 넷이라는 사실을 배우거나 저기 밤하늘에 떠 있는 물체가 별임을 배우는 경우와는 지성의 활동 방식이 다르다. 셈을 배우거나 별에 관해서 배울 때는 내가 배우는 것을 대상화한다. 머리를 통해 수 개념을 익히거나 눈을 통해 별을 보는 행위는 수와 별을 나의 인식 대상으로 삼는다. 대상은 그것을 대상화하는 주관과 일체가 되지 않는다. 먹을 때는 다르다. 내가 보는 밥, 내가 마시는 국, 내가 먹는 반찬은 나에게 대상 세계가 아니라 나에게 '먹을거리'로 주어진 것들이다. 먹는 행위를 통해서 나는 내가 몸담고 있는 세계를 대상화 이전의, 먹을거리들의 세계로 체험한다. 내가 먹는 밥, 내가 먹는 미역의 구성 성분, 열량, 생산지와 생산가를 따지기보다는 먼저 그것들을 먹고 본다. 내가 먹은 음식을 연구하고 따져 보는 일은 그다음 일이다. 미식가와 영양학자는 이 점에서 서로 다르다.

먹는 행위에는 의지와 지성뿐만 아니라 감성(感性)도 개입한다. 숟가락이나 젓가락으로 음식을 입으로 가져와, 입속에 넣을 때, 그때 입에서 느끼는 부드러움이나 딱딱함, 뜨거움이나 차가움, 시원함이나 텁텁함, 그리고 씹을 때 생성되는 여러 가지 맛의 체험은 나의 감각을 통해 가능하다. 음식의 색깔이나 모양, 음식을 담는 그릇, 음식을 입으로 옮기는 수저의 색깔이나 모양, 질감은 우리의 시각을 통해 보고 체험하는 미적 경험이다. 음식은 몸에 영양을 제공해 줄 뿐만 아니라 먹는 사람에게 그것이 지닌 색깔과 모양, 그것이 지닌 독특한 맛으로 인해 감각적 만족을 준다.

음식을 먹는 일은 우리의 온 마음(지성, 의지, 감성)이 개입한다는 뜻에서 단순한 신체 활동이 아니라 정신 활동이다. 벌써 먹는 것에서부터 신체와 정신, 몸과 마음의 분리는 이론이나 개념으로 하는 구별일 뿐 실제 구별일 수 없음이 드러난다. 음식을 먹는 우리 사람 자체가 몸과 마음이 하나로 통합된 존재이기 때문에 먹는 행위도 신체와 정신의 통합으로 수행(修行)된다. 수행을 할 때, 먹는 것에 특별히 관심을 많이 쓰는 까닭도 먹는 것이 단지 신체 행위가 아니라 정신적 행위이기 때문이다. 어떤 마음을 가지는가, 어떻게 마음을 쓰는가 하는 것은 무엇을 얼마나 먹는가 하는 것에 달려 있기 때문에 먹는 시간, 먹는 횟수, 먹는 분량이 제한된다. 금식은 그 가운데서도 아마 가장 극단적인 경우일 것이다. 인간에게 가장 기본이 되는 욕구와 필요에 제한을 가함으로, 주희(朱熹)가 자주 쓴 표현을 쓰자면, 주일무적(主一無適), 곧 마음을 하나에 집중하여 흩어지지 않게 노력하는 것이다.

* * *

잠은 어떤가? 내가 잠을 잘 때 무슨 일이 일어나는가? 먹는 행위를 다시 생각해 보자. 먹을 때 무슨 일이 일어나는가? 1인칭 관점에서 서술하자면 "음식을 입에 넣고 씹어 소화시키는 행위를 나는 하고 있다"고 말하거나 3인칭 관점에서 "음식이 내 입을 통해 들어와서 소화되는 일이 일어난다"고 말할 수 있다. 먹는 행위에는 먹는 주체가 있고 먹히는 대상이 있다. 그러므로 먹는다는 현상을 서술할 때는 먹는 이의 활동과 먹을거리의 성격을 자세히 보는 것으로 먹는다는 것이 무엇인지를 그려 볼 수 있었다. 그런데 내가 잠을 잘 때 주체와 대상의 구별이 있는 것인가?

잠은 분명히 내가 잔다. 마치 목이 마를 때 내가 물을 마셔야 하고 배가 고플 때 내가 먹어야 하듯이 잠도 어느 누가 대신해 줄 수 없다. 아무도 나를 대신해서 먹어 줄 수 없고 잠을 자 줄 수 없다. 만일 우리가 타인에게 관심이 있다면 목마른 사람에게 물을 가져다 줄 수 있고 배고픈 사람에게 먹을 것을 가져다줄 수 있고 졸음이 오는 사람에게 잠자리를 마련해 줄 수 있다. 우리가 할 수 있는 일은 여기에 그치지 않는다. 만일 배고픈 아이를 안고 있는 어머니라면 자신의 배고픔을 참으면서 배고파 하는 아이에게 먹을 것을 줄 수 있다. 극심한 피로로 인해 잠이 필요한 동료를 대신해서 졸음이 오는데도 불구하고 그를 위해서 불침번을 서 줄 수 있다. 이렇게 타인을 위해서 배고픔을 감수할 수 있고 졸음을 물리치고 대신 깨어 있어 줄 수 있지만 타인을 대신해서 먹어 줄 수가 없고 타인을 대신해서 내가 잠을 자 줄 수는 없다.

생각해 보자. 잠자는 사람은 나 자신이라 하지만 그렇다고 해서 음식을 내 입으로 가져와 먹듯이 그렇게 잠을 내 몸으로 가져와서 내가 잘 수는 없다. 잠은 내가 손으로 집을 수 있는 대상처럼 여기 또는 저기에 있지 않다. "잠이 온다"고 우리는 말한다. 잠이 만일 오는 것이라면 주도권은 나에게 있지 않다. 그런데 궁금하지 않은가? 잠이 만일 온다면 어디서 오는 것일까? 우리는 "잠에 든다"고 말한다. 내가 잠잘 방은 저기 있으므로 나는 그리로 걸어가면 된다. 그런데 잠은 어디에 있기에 우리는 "잠에 든다"고 말하는가? 잠이 어딘가에 있어서 그것이 나에게 찾아오거나 아니면 내가 그리로 들어가는 것인가? 잠이 어디에선가 오는 것처럼, 잠드는 이가 어딘가로 들어가는 것처럼 표현하게 된 것은 잠이 어디 있는지, 어디서 오는지 모르기 때문일 것이다. 잠은 "여기 있다", "저기 있다" 말할 수 있는 것이 아니며 내가 이렇게 또는 저렇게 할 수 있는 것이 아니다. 잠은 나의 통제와 지배를 벗어나 있다. 온다면 잠이 나에게 스스로 내어 주기 때문일 것이요, 내가 들어가는 것이라면 잠이 나를 받아 주기 때문일 것이다. 자는 사람은 나이지만 나는 잠의 주인이 아니다. 잠은 나에게 주어지는 것이고, 잠이 나를 들어오도록 받아 주어야 나는 잘 수 있다.

음식을 포함해서 우리 주변 사물들은 우리에게 대상이 될 수 있다. 우리는 그것을 만질 수 있고, 조작할 수 있고, 우리가 원하는 대로 어느 정도는 우리 자신의 처분에 따라 이렇게도 저렇게도 할 수 있다. 만일 처분의 관점에서 보자면 잠도 우리의 처분에 달려 있다는 인상을 받는다. 나는 잠을 자려고 할 수도 있고 잠을 자지 않고 버틸 수도 있다. 잠을 자려고 할 경우에는 어디에 머리를 기대거나 누우면 된다. 그러면 잠은 '오고' 나는 잠에 '든다'. 잠을 자기 싫다면 잠에 들 수 있는 자세를 취하지 않으면 된다. 계속 서 있다든지 앉아 있더라도 윗몸을 곧장 세운다든지 하여 잠을 쫓을 수 있다. 그런데 이 경우조차도 내가 내 뜻대로 처분할 수 있는 것은 잠이 아니라 나의 몸일 뿐이다. 나는 나의 의지를 통해서 내 몸을 잠들기 쉬운 상태로 이끌 수 있지만 그렇다고 곧장 내 의지대로 잠을 잘 수 있는 것은 아니다. 만일 그렇다면 불면증이라는 현상은 없을 것이다. 이렇게 보면 몸을 통해 어느 정도 잠을 대상화할 수 있다고 하더라도 잠 자체는 역시 대상화를 벗어나 있다. 그것이 나에게 오지 않는 한, 그것이 나를 받아 주지 않는 한, 나는 잠의 세계로 들어갈 수 없다.

잠시 다시 내가 내 처분에 맡길 수 있다고 여기는 몸을 생각해 보자. 무엇보다 몸에는 근원적인 한계가 있다. 우리 몸을 이루고 있는 물질 자체가 예컨대 쇠나 나무보다는 훨씬 연약하고 상처받기 쉽다. 외부세계와 경계를 이루는 우리의 살갗은 머리끝부터 발끝까지 쉽게 상처를 받을 수 있다. 우리의 눈이나 귀, 우리의 팔이나 다리, 우리의 뇌의 활동 범위나 영역에도 한계가 있다. 우리는 동시에 여러 곳에 있을 수 없다. 우리는 너무 높은 곳에 올라갈 수가 없고 너무 깊은 곳에도 내려갈 수 없다. 이렇게 몸에는 시간과 공간의 제한이 있다. 근원적 한계에도 불구하고 우리가 몸으로 할 수 있는 활동은 많이 있다. 우리는 들을 수 있고 볼 수 있고 생각할 수 있고 힘을 쓸 수 있다. 우리는 이동할 수 있고 스포츠를 즐길 수 있다. 남을 위해서 땀 흘릴 수 있다. 우리는 몸으로 사랑할 수 있다. 우리가 가진 지적 능력과 감성, 우리의 의지는 몸을 통해 움직이고 몸을 통해 능력을 발휘한다. 그러므로 몸을 통해 우리는 '나는 할 수 있다'(Je peux; 메를로퐁티)는 의식을 갖는다. 이 의식은 주체의 의식을 강화시키고, 주체의 의식이 강화되면 될수록 힘이 미칠 수 있는 삶과 존재 지평을 점점 더 넓혀 나간다. 비록 근원적 유한성을 안고 있지만 몸은 이 유한성 안에서 거의 무한에 가까운 힘을 발휘하는 장소이자 수단처럼 보인다.

그런데 생각해 보자. 깨어 있을 때의 몸, 주변 사물과 사람을 대상화하고 삶과 존재 지평을 자신의 권한과 힘 안에 포섭하는 몸에 대해서 잠은 한계를 설정하지 않는가? 몸의 물질성이나 몸의 공간적, 시간적 한계가 한편의 한계라면 잠은 그와 구별된 다른 한쪽 편의 한계를 설정한다. 어떻게 이것이 발생하는지 우리가 잠드는 현상을 들여다보자. 예수는 "여우도 굴이 있고, 하늘을 나는 새도 보금자리가 있으나 인자는 머리 둘 곳이 없다"(마 8:20)고 말한다. 예수조차도 잠을 자려면 어느 한곳, 어느 한 자리를 머리 둘 공간으로 얻지 않고는 잠들 수 없다. 공간을 얻을 때 나는 그곳에 가서 먼저 엉덩이를 붙인다. 다리를 뻗는다. 윗몸을 뒤로 젖히고 등을 바닥에 댄다. 머리를 바닥이나 베개에 얹는다. 눈을 감는다. 눈의 긴장이 풀리고 몸의 근육이 이완된다. 얼마 동안 이런저런 생각에 잠긴다. 그러다가 서서히 눈동자가 풀리면서 잠에 빠진다.

잠을 연구하는 수면 의학은 우리의 잠을 크게 두 단계로 구분한다.[01] 눈의 빠른 움직임[REM(Rapid Eye Movement)]이 있는 얕은 잠과 눈의 빠른 움직임이 없는[NREM(Non-Rapid Eye Movement)] 깊은 잠을 구별한다. 성인 전체 수면의 20-25%로 차지하는 것으로 보이는 렘수면 단계에는 기억을 되살릴 수 있는 꿈을 꾸고 발기 상태가 발생하는 단계이기도 하다. 미국 수면 의학 연구원(American Academy of Sleep Medicine)이 2007년에 내놓은 분류를 따르면 눈의 움직임이 없는 수면 단계는 다시 세 단계로 구별된다. 알파파(8에서 13 헤르츠)에서 세타파(4에서 7 헤르츠)로 이행하는 N1 단계, 그리고 성인 수면의 45%

---

01 Steven W. Lockly & Russell G. Foster, *Sleep. A Very Short Introduction* (Oxford: Oxford University Press, 2012), pp.29-40 참조.

에서 50%를 차지하는 N2 단계, 그리고 저주파 상태인 델타파가 많이 발생하는 N3 단계가 있다. 대부분 사람은 이른 밤에는 렘이 없는 깊은 잠을 자다가 잠을 깰 시간이 가까워질 때는 렘수면을 취하는 것으로 알려져 있다. 잠의 단계 구분을 통해 우리가 배울 수 있는 것은 잠은 동일한 상태로 지속되는 것이 아니라 변화의 단계를 거친다는 것이다. 깊은 잠을 자는 동안은 꿈 없이 자거나, 만일 꿈을 꾸었다고 해도 기억할 수 없이 그냥 지나가지만 얕은 잠의 경우에는 꿈을 꾸면서 잠을 계속 유지한다. 이런 현상이 우리 자신의 인간됨과 무슨 관련이 있는가? 다시 앞의 논의로 돌아가 보자.

언제 우리는 잠자리를 찾는가? 잠이 오거나 잠을 자야 할 시간일 때 우리는 잠자리를 찾는다. 대부분은 이 둘이 겹친다. 잠을 자야 할 시간이고 잠이 오기 때문에 우리는 잠자리를 찾는다. 나의 의지와 상관없는 생체리듬의 흐름과 잠을 자야 하기 때문에 잠을 자기로 마음먹는 나의 의지가 함께 작동한다. 그러나 잠은 내가 자고 싶다고 찾아오는 것이 아니다. 잠이 찾아와 주어야 한다. 잠이 들기 전에는 나는 내 몸을 마음대로 할 수 있다. 팔을 움직일 수 있고 눈을 뜨고 무엇을 볼 수도 있다. 그러나 일단 잠에 들게 되면 그때부터 나는 나의 의지로 내 몸을 마음대로 할 수 없다. 근육은 이완되고 뇌의 활동도 줄어들고 호흡이나 장기 활동도 최소화된다. 이를 통해 근육이 힘을 얻고 신경조직은 활력을 찾고 뇌는 필요한 힘을 얻는다. 깨어 있을 때의 몸은 능동성을 잃고 수동성의 상태로 이행하면서 잠자는 몸 자체가 스스로 주인이 된다. 의식은 무의식의 상태로 이행하고 무의식 상태의 몸이 자신의 세계를 만들어 간다. 이 때 잠을 자는 나는 나인가?

데카르트의 '과장된 의심' 방법에 따른 실험을 보자. '나는 누구인 가' 하는 물음으로 데카르트는 나는 생각하는 사람, 생각하는 정신, 곧 의식이라는 답을 얻었다. 생각하는 동안, 내가 의식하는 동안, 내가 의식한다는 사실을 의식하는 동안 나는 존재한다. 만일 내가 생각하지 않는다면, 내가 무엇을 의식하지 않는다면 나는 존재하지 않는다. 그런데 잠을 자는 동안, 그 가운데서도 꿈조차 꾸지 않고 잠을 자는 동안에는 나는 생각하지도 의식하지도 않는다. 그렇다면 꿈이 없는 깊은 잠을 자는 동안 나는 존재하지 않는다고 해야 하지 않는가? 만일 이것이 참이라면 나는 어디서 다시 의식의 주체로 돌아오는가? 이 문제를 제기했던 피에르 가상디에게 데카르트는 다음과 같이 답한다.

"정신이 신체에 결합되는 한, 과거에 가졌던 생각을 정신이 기억하려면 생각들의 어떤 흔적들이 뇌에 각인되어 있어야 합니다. 뇌에 각인된 흔적들에 돌아감으로써 정신은 기억을 하게 됩니다. 그렇다면 깊은 잠에 빠졌을 때는 사람의 뇌가 이 흔적들을 담기에는 적합하지 않다는 것이 그리 놀라운 일입니까?"02

---

02 René Descartes, *Oeuvres de Descartes*, Ch. Adam & P. Tannery (ed.) (Paris: Vrin, 1964-76), vol. VII, p.357.

데카르트는 알려진 바대로 신체와 정신은 각각 서로 환원할 수 없는 다른 실체로 이해한다. 신체는 연장하는 실체, 공간을 차지하는 대상이고, 정신은 사고하는 실체, 의식의 주체이다. 그런데 과거 일을 기억하고 미래를 기대하는 우리의 정신 활동은 어떤 이미지를 통해서 생각할 수밖에 없고 이미지는 신체와의 결합을 통해 기억 속에 재현된다. 기억 속에 과거의 경험이 재현되려면 그것은 뇌 속에 마치 문자가 인쇄되듯이 미리 각인되어야 한다. 그런데 꿈조차 없는 깊은 잠 속에서는 신체와의 결합이 단절된 순수 실체로서의 정신이 모습을 드러낸다. 그러므로 잠 속에서 정신이 의식으로 깨어 있을지라도 그것이 뇌에 어떤 방식으로 각인되지 않기 때문에 잠을 깬 뒤에도 전혀 기억을 해낼 수 없을 뿐 정신은 멈추지 않고 계속 의식 실체로 존재한다. 데카르트의 이론을 따르면 우리가 잘 때도 의식은 여전히 활동한다. 우리 몸은 잠에 들지만 우리 의식은 여전히 깨어 있다. 우리 몸은 잠을 자지만 우리의 혼, 우리의 정신은 자지 않는다.

로크 같은 경험론자는 데카르트의 생각에 당연히 반대한다. 로크는 묻는다. 내가 자는 동안 내 속에서 생각한 그 사람은 누구인가? 로크는 답한다. 그것은 나일 수가 없다. 왜냐하면 그 사람의 생각과 현재 나의 생각 사이에는 어떤 연속성이 없기 때문이다. 로크에 따르면 기억은 개인의 인격적 동일성을 구성한다. 만일 과거의 생각과 지금 생각 사이에 어떤 연속성이 없다면 기억이 없는 것이고, 기억을 통해 과거와 현재가 연결되지 않는다면 과거의 그가 지금의 나라고 부를 수 있는 근거가 없다. 잠자는 동안 나의 의식은 작동하지 않는다. 만일 나의 나됨을 구성하는 조건이 기억이고 꿈조차 꾸지 않는 깊은 잠을 자는 동안에 대해서 내가 전혀 기억할 수 없다면 잠을 자는 동안 나는 내가 아니라고 해야 한다. 만일 잠이 나와 무관하다면 자기 전의 나와 깨어난 뒤 나를 동일하게 지속시켜 주는 것은 무엇인가? 만일 로크의 생각이 옳다면 나는 깨어 있을 때만 나 자신이고 깊은 잠에 빠졌을 때, 곧 의식이 잠시 나갔을 때는 나 자신이 아니다. 그렇다면 나의 삶은 나 자신 고유의 삶과 나 자신이 아닌 낯선 삶을 다 같이 안고 사는 삶이 된다. 인생살이 육십 년으로 본다면 나는 깨어 있는 사십 년을 나 자신으로, 그리고 잠으로 보내는 이십 년은 나 자신과 무관하게 보낸 셈이 된다. 잠자는 동안에 나는 없다.

데카르트와 로크의 극단을 우리가 반드시 선택해야 하는가? 그럴 필요가 없다. 왜냐하면 우리가 잠을 자는 동안, 그것도 얕은 잠이 아니라 꿈조차 꾸지 않는 깊은 잠을 자는 동안 나의 의식은 거의 무의식에 가까운 상태로 전환되고 나의 몸은 나의 의식과 상관없이 그 자체의 최소한의 활동으로 몸의 상태를 유지한다고 생각할 수 있기 때문이다. 나는 깨어 있음과 잠을 통해 능동과 수동 양면의 교차점을 갖는다. 잠자는 동안 나의 의식은 데카르트가 생각한 것처럼 반짝반짝 깨어 있지도 않을뿐더러 로크가 생각한 것처럼 전기가 완전히 나가 버린 것처럼 깜깜하지도 않다. 이 점에서 라이프니츠가 옳을 수 있다. 나의 의식 활동은 잠을 자는 동안에는 단계에 따라 거의 무에 가까울 정도로 활동이 약화되어 혼미한 상태로 떨어졌다가 깨어남과 함께 다시 서서히 명증한 상태로 되돌아오는 것으로 볼 수 있기 때문이다. 만일 이렇게 본다면 나의 정신은 깨어 있지만 몸만 잠에 든다든지 나의 몸이 잠들 때 정신은 완전히 작동 중지한다고 주장하지 않고 깨어 있음과 잠 사이를 밝음에서 혼미 상태로, 그리고 다시 밝은 상태로의 이행 과정으로 이해할 수 있을 것이다. 그렇다면 이렇게 이해해 가는 과정은 어떤 의미가 있는가? 이 물음을 잠시 접어 두고 우리의 세 번째 주제인 집 짓고 산다는 것이 어떤 현상인지 살펴보자.

* * *

이제 집 짓고 사는 것을 들여다보자. 우리가 몸담고 살아가는 집은 무엇보다 '거주 공간'이다. 그런데 시대와 지역에 따라, 서 있는 위치와 주변 환경과의 관계, 건물의 모양, 내부 배치, 색깔, 건축 양식, 사용된 재료에 따라 집은 서로 다르다. 현재 우리에게 익숙한 집의 형태만 해도 다양하다. 단독주택이 있는가 하면 공동주택이 있다. 단독주택만 해도 전통 한옥이 있는가 하면 양옥이 있다. 이 가운데도 사용된 재료에 따라 목조 주택이 있는가 하면 콘크리트 주택이 있다. 공동주택의 경우도 아파트나 연립주택, 고급 빌라와 같이 넓이와 내장과 관리 형태에 따라 다양하다. 그럼에도 에스키모의 이글루에서 수백억 원이 넘는 고급 주택에 이르기까지 집이라고 부를 수 있는 건물은 '거주 공간'이란 점에서 동일하다.

어떻게 집이 거주 공간으로 기능할 수 있는가? 집이 가진 물리적 속성은 집이 거주 공간일 수 있는 일차 조건을 제공한다. 몽고인들의 게르나 우리의 전통 가옥, 그리고 지금은 도시 인구 절반이 넘는 사람들이 입주해 살고 있는 아파트는 형태가 서로 다르다고 해도 모두 땅을 바탕으로 자리 잡은 바닥이 있고, 바닥 위에 세워진 벽이 있고, 사방의 벽을 덮고 있는 지붕이 있고, 바깥과 소통할 수 있는 문이 있다. 수상 주택이라고 해도 집이 서 있는 곳이 물일 뿐 그곳에도 바닥이 있고 외부와 차단하는 벽이 있고 지붕과 문이 있다는 점에서 여느 집과 다르지 않다. 집은 이렇게 공간을 안과 밖으로 나눔으로 추위와 더위, 비와 바람, 외부 사람과 짐승들로부터 몸을 막아 준다. 집은 바깥과 차단함으로 그 안에 들어 사는 사람들을 보호해 주며 안락하게 지낼 공간을 내어 준다.

자연과의 관계에서 보면 집이라는 거주 공간은 몇 가지 특성을 지닌다. 무엇보다도 집은 자연의 터 위에 자연과 소통하면서 서 있다는 사실이다. 집은 땅(地)을 바탕으로 서서 비바람으로부터 막아 주며 바깥바람(風)을 소통시키고 물(水)을 안으로 들여와 씻고 마실 뿐 아니라 태양 자연광이나 난방(火)을 통해 따뜻한 공간을 만들어 낸다. 말하자면 지수화풍(地水火風)과 밀접한 연관을 맺은 공간이 집이다. 더울 때는 열기를, 추울 때는 냉기를 차단해서 그 안에 들어 사는 사람은 공기 소통을 통해 숨을 쉬고 물을 끌어들여 음식과 수분을 섭취한다. 거주 공간으로 집이 지닌 두 번째 특징은 안과 밖을

114

만들어 준다는 것이다. 안과 밖의 구별은 이푸 투안(Yi-Fu Tuan)의 표현을 빌리자면 '자연으로부터의 도피'를 가능하게 해 준다.[03] 자연은 인간에게 언제나 우호적이지는 않다. 집은 외벽과 지붕과 바닥을 통해 자연으로부터 우리의 몸을 차단시켜 준다. 세 번째, 집이라는 공간은 인류의 역사에서 보듯이 점점 형태의 진화를 통해 정신적, 심리적 내면의 공간을 만들어 낸다. 그러면서 서서히 자연을 담은 정원을 만든다든지 화초를 집안 공간으로 들여놓는다든지 그림을 벽에 건다든지 하여 자연을 다시 내면 공간으로 끌어온다.

그런데 생각해 보자. 집이 물리적 조건을 갖추었다고 해도 곧장 거주 공간이 되는 것이 아니다. 너무나 자명한 말이지만 만일 사람이 살지 않으면 집은 거주 공간의 기능을 잃어버린다. 집이 여타의 공간과 구별되는 것은 누군가 그 안에 살고 있다는 사실이다. 그러나 이것만으로 충분하지 않다. 집은 거주 공간으로, 거주 가능한 공간으로 주어질 뿐 '거주'는 그 안에 거주자로 들어 사는 사람이 어떻게 사느냐에 달려 있다. 이렇게 보면 집은 거주의 필요조건일 뿐 충분조건은 아니다. 그렇다면 우리가 따져 보아야 할 것은 거주한다는 것은 무엇인가 하는 물음이다. 집이라는 필요조건이 갖추어 졌다고 하자. 다시 말해 집이 주어졌다고 하자. 그러면 우리는 어떻게 거주하는가? 우리가 거주할 때 무슨 일이 일어나는가? 우리의 일상에서 거주한다는 것은 어떤 의미가 있는가? 만일 제대로, 의미 있게

03 이푸 투안, 구동회·심승희 역,『공간과 장소』(대윤, 2007), 167면 이하 참조.

거주하는 일이 우리의 삶에서 중요하다면 어떻게 거주해야 제대로 거주하게 되는가? 거주는 우리 자신의 인간됨, 사람됨과 무슨 관계가 있는가?

순전히 현상의 측면에서 우리가 집에 거주할 때 무슨 일이 일어나는지 그려 보자. 우리는 집을 중심으로 활동한다. 안과 밖의 경계는 우리의 삶의 공간을 공적 공간과 사적 공간으로 구분해 준다. 시내 한복판 커피숍에서도 몇몇 동료나 친구들과 어울려 사적 공간을 만들 수 있고 심리적으로 이것이 가능하나, 물리적으로나 사회적으로 여전히 그곳은 공적 공간일 뿐 사적 공간이 아니다. 왜냐하면 관공서 건물이나 지하철 내부뿐만 아니라 백화점이나 커피숍, 우리가 걸어 다니는 거리는 공적 공간이기 때문이다. 그러므로 저녁이 되면 마치 비둘기가 칸막이 집에 들어가듯이 각자 집을 찾아 들어가는 것을 우리는 '공적 공간에서 사적 공간으로의 이동'이라 이름 붙일 수 있다. 만일 이 공간 이동이 없다면 집 없는 사람, 홈리스, 곧 노숙자가 된다. 집은 활동의 중심이고 공간의 사적 성격을 빚어 주는 육화(肉化)된 장소이다. 이웃을 알아 가고 그들과 드나들고 같이 먹고 마시고 얘기를 할 때 사적 공간은 한 개인의 집에만 머물지 않고 주변으로 범위를 넓혀 나간다.

집이라는 내면의 공간은 삶의 공간이다. 이 가운데서 나는 책을 읽고 글을 쓰는 지적 활동을 한다. 여기서 나는 먹고, 화장실에 가고, 씻고, 잠을 잔다. 말하자면 중요한 생식 활동이 집이라는 공간에서 수행된다. 집은 또한 가족들을 보고 얘기하고, 전화나 전자

메일을 통해 타인들과 연결하는 소통의 공간이기도 하다. 아무도 대신해서 먹어 줄 수 없고, 아무도 대신해서 잠을 자 줄 수 없다는 점에서 먹고, 쉬고, 잠을 자는 집이라는 공간은 나 자신의 자신됨(ipseity)을 만들고 확인하는 공간이기도 하다. 그러면서도 내가 아닌 타자를, 완전히 남일 수 없는 타인인 가족들을 만나고 삶을 공유하는 공간이기도 하다. 삶을 나누는 타인과의 관계, 타인과의 경험을 우리는 민콥스키와 레비나스가 즐겨 쓴 '친밀성'이란 말로 표현해 볼 수 있다.[04]

방금 이야기한 현상을 조금 더 자세히 들여다보자. 나는 거주할 때 집 '안에' 들어 산다. 집 안의 공간은 나를 수용한다. 응접실, 식당방, 부엌, 침실, 공부방, 화장실, 이렇게 분할된 공간을 따라 집 안에서의 나의 일상 활동이 진행된다. 이 공간 안에 있는 소파, 식탁, 숟가락과 젓가락, 내가 사용하는 칫솔, 수건, 벽에 걸린 그림, 산책하거나 뉴스를 들을 때 사용하는 라디오, 이불, 그리고 내가 읽는 책, 이 모든 것들은 나에게 친숙한 것들이다. 가족들도 마찬가지다. 오랫동안 함께 지냈고 동고동락한 사람들이다. 갈등도 있고 애환도 있고 사랑도 있고 미움도 있다. 그러나 해가 지면 다시 모여들어 같이 밥을 먹고 시간을 보내고 잠을 자고 다시 일어나 여느 때처럼 일상을 살아간다. 나처럼 이미 어른일 뿐 아니라 삶의 후반기에 들

---

04 강영안, 『타인의 얼굴: 레비나스의 철학』(문학과지성사, 2005), 4장; E. Minkowski, "Espace, intimité, Habitat," in: *Situation*, J. H. van den Berg, F.J.J. Buytendijk, M.J. Langeveld, J. Linschoten (eds) (Utrecht/Antwerpen: Spectrum, 1954), pp.172-186 참조.

어선 사람에게는 공간과 공간 안에 있는 사물들이 주는 인상이 별로 크지 않다. 더구나 여러 차례 이사를 다닌 뒤로는 공간으로서의 집은 기억 속에 크게 남아 있지 않다. 그러나 어린아이일수록, 사물을 처음 경험할수록 집 안의 공간, 어느 구석, 어느 모퉁이, 그곳에 놓여 있는 물건, 그리고 가지고 놀던 장난감은 기억 속에 오래 남아 있고, 향수를 느낄 때 늘 이들을 함께 기억에 떠올린다. 집은 단순한 건축물이 아니라 가스통 바슐라르(Gaston Bachelard)가 누누이 강조하듯이 우리의 상상력을 자극하고 상상력 안에 여러 색깔과 냄새와 모양으로 살아 있는 친숙하고도 안락한 공간이다.[05]

거주를 통해 얻는 친밀성 가운데 가족 간의 친밀성만큼 우리의 인간됨에 소중한 것은 없다. 친밀성의 경험에는 집이 그 속에 트인 공간으로 인해 나를 받아 주는 경험, 곧 나를 환영하고 환대해 주는 경험도 소중하다. 그러나 이 경험은 나의 부모와 형제가 나를 받아 줄 때, 나를 영접하고 나에게 기대를 가져 줄 때 비로소 환대의 경험으로 살아난다. 집의 환대는 무엇보다 가족의 일원으로 태어날 때 경험하는 환대이다. 환대의 경험은 친밀한 눈빛과 얼굴빛, 친밀한 목소리와 말투, 그리고 필요할 때 내미는 손으로 경험된다. 나의 오감이 모두 친밀성을 경험하는 통로가 된다. 환대를 통한 친밀성의 경험을 통해 나는 춥고 어둡고 비바람 치는 세상에서 버텨 낼 수 있는 뿌리를 이 땅에 내리게 된다. 집을 짓고 그 안에 산다는 것은

---

05 Gaston Bachelard, *La poétique de l'espace* (Paris: PUF, 1961), 이 가운데 특히 1장 참조.

그러므로 단순히 돌멩이 하나가 연못 속에 떨어지듯이 그렇게 우연히 공간 속에 편입되는 것이 아니라 하이데거가 지적한 것처럼 그 속에 존재하고, 그 속에서 안정과 평안을 누리고 그 속에 뿌리를 내리는 것이다. 따라서 거주는 가족과 더불어 안거(安居)할 때, 그때 비로소 완성된다고 할 수 있다. 우리의 실제의 삶은 얼마나 이것과 거리가 먼가? 심리적인 이유든, 정치적, 경제적 이유든 아니면 가족 간의 관계 때문이든 편안히 거주하지 못하는 사람들이 얼마나 많은가? 우리가 살고 있는 사회는 환대의 공간이 되기보다는 모두가 홈리스처럼 되고 있지 않은가?

생각해 보자. 사람이 늘 동일한 방식으로 사는가? 거주는 생산 양식과 문화에 따라 다르다. 우리는 우리 할아버지와 아버지가 살았던 방식으로 살지 않는다. 우리의 자녀들은 농경 사회와 산업사회, 정보사회를 한 생애 주기 안에 한꺼번에 경험한 우리 세대와는 다르게 거주한다. 우리의 거주만큼 일상 가운데 근대화와 세계화의 큰 소용돌이를 거친 것은 없다. 무엇보다 주거 방식의 변화는 우리 삶을 크게 바꾸어 놓았다. 전통 속의 집은 3대가 함께 사는 대가족의 '주거 공간'이자 장을 담고 타작을 하는 '생산 공간'이고 절기를 따라 제례를 올리는 '예배 공간'이었다.

오늘의 집은 나처럼 집에서 책을 읽고 글을 쓰는 사람이나 재택 근무를 하는 사람을 제외하면 더 이상 생산 공간이 아니라 주거 공간에 제한된다. 주거 공간이라 해도 가족들이 같이 밥을 먹고 같이 삶을 나누는 시간은 점점 줄어들었다. 홀로 밥 먹는 일이 얼마나 자주 일어나는가. 서울 주변 도시들이 단순한 베드타운으로 전락하듯이 집도 이제는 베드하우스로 전락한 상황이다. 더구나 이동이나 여행, 이주는 과거보다 잦아져서, 자기가 태어난 집에서 평생을 사는 사람은 우리 가운데서 이제 거의 없다. 한 곳에 정주(定住)하는 사람보다 이주(移住)하는 사람들이 훨씬 많이 늘었다. 모두가 유목민이 된 것처럼 한곳에 뿌리를 내려 살지 못하고 강북에서 강남으로, 일산이나 분당으로, 다시 분당에서 강남으로 쉽게 이주하는 현상을 목격한다. 어디에서도 마음 붙일 '참된 집'을 갖지 못하고 "내 집은 어디엔가…" 하는 희망을 품고 사람들은 오늘도 살 곳을 찾아 다닌다.[06]

2. 먹고, 자고, 집 짓고 살아가는 것의 의미

앞에서 우리는 먹는다는 것에 대해 '먹는 사람'으로서의 우리 자신의 행위를 보았다. 이제 우리가 먹는 음식에 초점을 맞추어 보자. 우리는 무엇을 먹는가? 우리는 식탁에 놓인 음식을 먹는다. 그것들은 '먹을 수 있는 것들'이다. '먹을 수 있다'는 서술은 두 가지를 함축한다.[07]

---

06 거주와 관련된 탁월한 논의는 오토 프리드리히 볼노, 『인간과 공간』(에코 리브르, 2011); 강학순, 『존재와 공간』(한길사, 2012) 참조.

07 Leon R. Kass, *The Hungry Soul: Eating and the Perfecting of Our Nature* (New York: The Free Press, 1994), p.129 이하 참조.

첫째, '먹을 수 있다'는 말은 우리가 씹고 삼키고 소화시킬 수 있는 것을 두고 하는 말이다. 채소, 고기, 계란, 우유 등 우리가 입에 넣어 씹을 수 있고 씹어 잘게 만든 뒤 목구멍을 통해 식도로 내려보낼 수 있는 것들이다. 그러나 생각해 보면 사실은 모든 것이 먹는 것들에 들 수 있다. 금을 가루로 만들어 케이크에 뿌려 먹는가 하면, 나무를 쪼개 약재로 삼아 물에 넣어 끓인 다음 마시는 것을 보면 우리가 삼킬 수 있고 씹을 수 있는 것이라면 어떤 것이나 먹는 것들 가운데 포함된다. 쇠나 나무, 가죽처럼 주어진 상태로는 먹을 수 없는 것들이나, 오랜 학습 과정을 통해 독이 들어 있는 것으로 알려진 것들을 제외하고는 내 몸에 영양을 공급해 줄 수 있는 것이면 무엇이나 먹을거리가 된다. 이 점에서 우리 인간은 무엇이나 먹는(omnivorous) 동물이다.

둘째, '먹을 수 있다'는 말은 어떤 것이 먹을 수 있는 것으로 허용되었다는 뜻으로도 이해된다. 예컨대 사람은 여기서 배제된다. 사람은 고기로 제공될 수 있다 하더라도 먹을 수 있는 것에 속하지 않는다. 살생을 금하는 불교문화에서는 고기를 먹는 것 자체가 원칙적으로 금지된다. 채소와 곡식만이 먹을거리에 들어간다. 유대교는 코쉐르, 곧 먹어도 되는 음식과, 예컨대 돼지나 낙타처럼 먹어서는 안 되는 음식을 '정결한 것'과 '부정한 것'이라는 이름으로 구별한다. 먹을 수 있는 것과 먹을 수 없는 것은 사람이 사는 곳이면 어느 곳이나 문화적, 사회적, 종교적으로 엄격하게 규제된다. 사람은 먹을 수 있다고 해서 모두 먹지는 않는다. 먹는다는 것은 이렇게 보면

단순히 생물학적 활동이 아니라 사회적이고, 문화적이며, 심지어는 종교적으로 의미가 있는 활동이다.[08]

먹을 수 있는 것들은 우리의 신체가 수용할 수 있고 소화할 수 있는 것이라는 점에서, 한편으로는 자연적 조건에 종속되면서, 어떤 것은 먹을 수 있고 어떤 것은 먹을 수 없는 범주로 분류되는 것을 보면 문화적 조건에 종속된다. 먹는 행위는 이렇게 보면 자연과 문화의 결합으로 발생한다고 말할 수 있다. 이 점을 좀 더 생각해 보자.

우리가 먹는 것들은 어디서 오는가? 내 자신과 내 자신에서 나오는 것들은 먹을거리가 되지 않는다. 나는 내가 아닌 것들을 먹는다. 내가 아닌 것은 모두 자연으로부터 오는 것들이다. 자연은 나에게 숨 쉴 수 있는 공기뿐만 아니라 물과 더불어 온갖 먹을거리를 제공해 준다. 우리 몸은 자연의 일부이기 때문에 우리 몸에 필요한 것을 우리는 자연을 통해서 섭취할 수밖에 없다. 우리 몸은 단백질과 탄수화물, 지방, 여러 미네랄과 비타민, 그리고 산소를 요구한다. 이것들은 태양광을 통해 광합성 작용을 하는 채소들과 이를 양식으로 삼는 동물들을 통해서 섭취하는 것들이다. 이렇게 보면 나는 곧 내가 먹은 것들의 총체이다.[09] 겉으로 보기에는 쌀도, 배추도, 콩도 사람들의 눈에 보이지 않지만 나는 내가 먹은 것들로 이루어져 있다.

---

08 무엇을 먹느냐 하는 것과 관련해서 먹을거리의 생산과 유통 과정의 정당성 문제도 (여기서는 다루지 못했지만) 심각한 문제로 등장한다. 이 문제와 관련해서는 엘리자베스 T. 그로프, 홍병룡 역, 『먹고 마시기. 모두를 위한 매일의 잔치』(포이에마, 2012) 참고. 특히 27-70면 참고.

09 이와 관련해서 인체 체계, 음식, 지구를 통해 제공되는 여러 요소들의 관계를 해명해 보려는 노력은 1881년에 출판된 Albert Bellows의 연구에서 볼 수 있다. Albert Bellows, *The Philosophy of Eating* (Boston: Houghton, Mifflin and Company, 1881) 참조.

루드비히 포이어바흐가 말한 대로 "사람은 곧 그가 먹는 것이다"
(Der Mensch ist was er ißt).[10] 먹는 것을 떠나 우리가 존재할 수 없으므로
먹는 재료들, 먹는 물질로 우리가 존재한다고 말하는 것은 타당하
다고 해야 할 것이다. 우유를 먹는다고 소가 되는 것이 아니며 계란
을 먹는다고 닭이 되는 것이 아니라는 것은 명백한 사실이다. 음식
물을 먹은 뒤에는, 이 음식물로부터 우리 몸에 필요한 기본 영양소
를 흡수하는 동화(同化) 과정이 발생한다. 그러므로 음식을 먹는 이
의 입장에서 보면 음식을 보고 입에 넣어 씹어 삼키는 일이 먹는다
는 행동의 전 과정이지만 몸에 들어간 음식의 관점에서 보면 씹어
삼킨 음식물이 위에 들어가 위산이 분비되면서 분해 과정을 거치기
시작할 때 그때 비로소 '먹는다'는 말을 쓸 수 있을 것이다. 이때 '먹
는다'는 것은 영양 공급원이 될 수 있는 음식을 몸에 필요한 영양소
로 전환시키는 활동이다. 나의 의지와 상관없이 몸은 밖에서 들어
온 물질을 자신의 것으로 만드는 동화작용을 한다.

먹는다는 것은 이렇게 보면 몸에 대해서 타자(他者)인 것을 몸 자
신의 일부로 동화하는 과정이다. 음식은 타자로서의 성격을 상실하
고, 나에게 동화되어 몸에 필요한 영양소를 공급하게 된다. 이를 통
해 나는 생명 유지와 활동에 필요한 에너지를 공급받는다. 만일 동
화작용이 불가능하다면 몸에 에너지를 공급하는 일은 가능하지 않
을 터이고, 에너지 공급이 불가능하면 생명 유지와 활동은 불가능

---

10 Ludwig Feuerbach, "Das Geheimnis des Opfers oder der Mensch ist was er ißt"(1830), *Ludwig Feuerbach Sämtliche Werke* (Stuttgart: Fromman, 1960) Bd.X, pp.41-67.

하다. 이런 의미에서 생명은 매우 좁은 범위에서 보자면 타자를 자신으로 동화시켜 자기 자신을 유지하는 과정이라고 볼 수 있다. 여기서 동화되지 않은 나머지 것들은 몸에서 분리되어 몸 밖으로 배출된다. 배출된 것은 다시 피조 세계, 곧 우리가 자연이라 부르는 세계로 돌아가게 된다. 이처럼 피조 세계로부터 흡수한 음식이 소화되고 배출되는 과정을 거쳐 일부는 몸에 남고 일부는 몸을 떠나 피조 세계로 돌아가는 과정을 밟는다. 이를 일컬어 우리는 '물질 순환' 또는 좀 더 익숙한 용어로 '신진대사'(新陳代謝)라고 부른다.

여기서 우리는 타자의 희생이 먹는 일에 전제되어 있음을 알게 된다. 내가 먹는 생선, 내가 먹는 채소는 그 나름대로 물에서, 땅에서 생명을 유지하며 개체로서 자라고 생존하던 것들이다. 그것들이 내 식탁에 오름으로 나의 밥이 되고 나의 반찬이 되므로, 나는 나에게 필요한 에너지를 얻어 삶을 영위하게 된다. 그런데 생각해 보라. 내가 먹는 생선과 채소가 언제 한번 나에게 선뜻 자기를 내어 놓은 적이 있는가? 우리는 이런 과정을 거치지 않고 시장이라는 매개 제도를 통해 어부가 잡았거나 농부가 키운 것을 상인들에게 값을 치르고 사서 먹게 된다. 우리의 먹는 행위는 개체로서의 생선과 채소의 죽음으로 가능하다. 그들의 주검을 우리는 먹는다. 그러므로 먹는 행위는 타자를 나에게 동화하는 과정이라는 면에서 보면 타자에게 일종의 폭력을 가하는 행위가 된다. 개체의 동의 없이 우리는 그것들을 먹고 그것들로 삶을 유지한다. 먹는 행위를 일종의 폭력 행위라고 본다면 채식주의와 육식 허용론자의 논쟁은 폭력의 정도 차

이에 관한 논쟁일 뿐 본질의 차이에 관한 것은 아니라는 주장도 가능하다.[11]

창세기 1장을 보면 살아 있는 것들에게 푸른 풀을 먹을거리로 하나님이 주셨고(창 1:30), 홍수 뒤에는 노아에게 "무릇 산 동물들은 너희의 식물들이 될지라"라고 이르셨다. 푸른 풀뿐만 아니라 동물까지도 사람의 양식으로 허용되었다는 말이다. 이를 배경으로 해서 보면 동물들은 살아 있는 것들의 삶을 위해 희생을 치르는 것으로 이해할 수 있다. 우리의 삶의 질서는 살아 있는 개체로서의 식물과 동물의 죽음을 바탕으로 삶을 유지할 수 있는 것으로 짜여 있다. 죽은 것들을 먹지 않고서는 살아 있는 것들은 살 수 없다. 우리가 식탁에서 음식을 먹는다는 것은, 이렇게 보면 죽은 것들을 기리고 감사하는 일이다.

신약성경을 보면 유대 전통에 따라 먹을 수 있는 것과 먹을 수 없는 것을 두고서 교회 안에 분쟁이 있었던 것을 알 수 있다. 베드로의 환상의 경우나 바울의 가르침, 그리고 복음서 전체의 메시지를 통해 보면 예수 그리스도의 복음은 무엇을 먹을까, 무엇을 마실까 하는 구별 자체를 철폐했다. 중요한 것은 무엇을 먹는가, 먹지 않는가 하는 문제가 아니라 어떻게 먹는가 하는 문제로 전환된다. 모든 것을 먹을 수 있으되, 어떻게 먹느냐가 중요하다. "식물(食物)은 하

---

11 이 문제와 관련한 최근의 논의는 *Philosophy Comes to Dinner. Arguments about the Ethics of Eating*, Andrew Chignell, Terence Cuneo, Matthew C. Halteman (eds.) (London: Routledge, 2016); Stephen H. Webb, *Good Eating* (Grand Rapids: Brazos, 2001) 참조.

나님이 지으신 바니 믿는 자들과 진리를 아는 자들이 감사함으로 받을 것이니라 하나님이 지으신 것이 선하며 감사함으로 받으면 버릴 것이 없나니 하나님의 말씀과 기도로 거룩하여짐이라"고 바울은 디모데에게 가르쳤다(딤전 4:3-4).[12]

우리의 먹을거리를 두고 식탁에서 우리가 하나님께 감사(eucharistia)를 드리는 것은 모든 것이 하나님의 은혜, 하나님의 은총(charis)으로 주어진 것으로 알고 그 은혜를 말로 표현하는 것이다. 그러므로 영어로 식사 기도를 '세잉 그레이스'(saying grace, 직역하면 '은혜를 말하다')라고 표현하는 것은 이런 배경에서 이해할 수 있다.[13] 만일 이렇게 보는 것이 옳다면 예수의 피와 살을 함께 나누는 일뿐만 아니라 우리의 통상적인 식사도 비록 밥과 국 한 그릇을 두고 하는 것이라 하더라도 이것도 일종의 성찬(聖餐, the eucharist)이다. 죽은 것들의 희생을 감사하며, 그 희생과 사랑을 기리면서 삶을 하나님으로부터 값없이, 은혜로 받은 선물로 여기고 감사를 드리면서 살 수 있는 근거를 우리는 음식 먹는 행위에서 찾을 수 있다. 좀 더 신학적으로 표현하자면, 먹어야 할 것과 먹어서는 안 될 것에 걸려 넘어진 첫 인간들의 실패는 예수 그리스도의 순종으로 극복되었다. 이제 중요한 것은 무엇을 먹느냐 하는 것이 아니라 어떻게 먹느냐 하는 것이

---

12 Craig L. Blomberg, *Contagious Holiness. Jesus' Meals with Sinners* (Downers Glove, Illinois: IVP, 2005); Jane S. Webster, *Ingesting Jesus. Eating and Drinking in the Gospel of John* (Atlanta: Society of Biblical Literature, 2003) 참조.

13 Norman Wirzba, *Food and Faith: A Theology of Eating* (Cambridge: Cambridge University Press, 2011), p.179 이하 참조.

다. 무엇이나 감사함으로 먹고 마시되, 모든 것을 하나님의 영광을 위해서 먹고 마시며 무엇보다 형제와 이웃의 유익을 생각하면서 먹고 마시라는 것이 바울의 가르침이다(고전 10:31-33). 밥을 먹고 물을 마시는 우리의 일상적 행위는 이처럼 거룩한 의미를 띠게 된다.

교만, 탐욕, 시기, 분노, 색욕, 나태와 더불어 서양 중세에 '일곱 가지 큰 죄'(七大罪) 가운데 하나로 거론된 '탐식', 또는 '폭식'(gula)에 관해서 잠시 생각해 보는 것도 유익할 것이다.[14] 먹기를 탐하고 자기 배를 채우는 일에만 관심을 두는 것이 악한 일임을 신약성경은 지적한다(롬 16:18; 빌 3:19). 중세 전통은 여기서 한 걸음 더 나아가 탐식을 좀 더 세분해서 보았다. 토마스 아퀴나스에 따르면 너무 빨리 먹거나, 너무 비싼 것을 먹거나, 너무 많이 먹거나, 너무 열심히 먹거나, 너무 맛있는 것만 먹거나, 너무 거칠게 먹거나 하는 것들이 모두 폭식에 속한다.[15] 그러므로 먹되, 적당한 속도로, 검소하게, 적당한 양으로, 약간은 거리를 두고, 조금은 맛없는 것이라도, 단정하게 먹어야 한다는 생각이 여기 드러나 있다. 만일 먹는 것이 거룩한 일이 아니라면 먹는 것에 대해서 이토록 깊이 생각할 필요가 없다. 우리가 먹기를 원하되, 탐식하거나 거식(拒食)하지 않고, 적당하게, 남과 더불어, 천천히 먹는 것은 우리가 익혀야 할 덕(德) 가운데서도

---

14 Rebecca DeYoung, *Glittering Vices: A New Look at the Seven Deadly Sins and Their Remedies* (Grand Rapids, MI: Brazos, 2009), p.139 이하 참조.

15 Thomas Aquinas, *Summa Theologiae, Secunda Secundae*, Q 148 (Lander, Wyoming: The Aquinas Institute for the Study of Sacred Doctrine, 2012), p.417 이하. 특히 이 가운데서 Art.4 답변 부분(p.421) 참조.

절제(節制, temperance)의 덕을 키워 가는 길이 된다.

***

이제 잠의 의미를 생각해 보자. 잠을 잘 때 우리는 무엇을 하는가? 차라리 이렇게 묻는 것이 나을지 모른다. 잠을 잘 때 우리는 무엇을 하지 않는가? 만일 이것이 옳다면 이렇게 묻는 것도 옳다. 잠을 자지 않을 때 우리는 무엇을 하는가? 잠을 자지 않을 때 우리는 깨어 있다. 깨어 있다는 것은 우리 바깥에 일어나는 일이나 우리 안에서 일어나는 일을 지각하고 반응하고 대처할 수 있다는 말이다. 눈에 무엇이 보이면 눈에 보이는 것이 무엇인지 알고, 소리를 들으면 그 소리가 무엇인지를 안다. 누가 나에게 말을 걸면 누군가 나에게 말을 거는 줄 안다. 그러나 잠을 잘 때는 이러한 행위를 하지 못한다. 눈이 있어도 보지 못하고 귀가 있어도 듣지 못한다. 보고 들으려면 잠에서 깨어나야 한다. '깨어남' 또는 '깨어 있음'은 만일 반응이 필요하면 어떤 방식으로나 반응을 할 수 있다는 말이다. 그렇다면 잠을 '잔다는 것'은 '깨어 있음'과 반대 상태라고 일단 말해 볼 수 있다. 아리스토텔레스가 일찍이 잠(hypnos)을 '깨어 있음의 결여'(sterēsis tēs egrēgorseōs)라고 소극적인 방식으로 정의한 것도 이 때문이다.[16] 질병이 건강의 결여이고, 어둠이 밝음의 결여이며, 청각 장

---

16 Aristotle, *De Somno et Vigilia*, 1. 453b26-27.

애가 들음의 결여이고, 약함이 강함의 결여이듯이, 잠은 깨어 있음의 결여라는 것이다. 그렇지만 질병보다는 건강을, 약함보다는 강함을, 어둠보다는 밝음을 우리가 추구한다고 해서 잠보다 깨어 있음을 늘 추구해야 한다는 말은 아니다. 잠 없이 깨어 있음이 가능하지 않다는 것을 아리스토텔레스는 누구보다 잘 알았다. 사람을 포함해서 살아 움직이는 동물은 언제나 깨어 있거나 언제나 잠잘 수 없다. 깨어 있음과 잠은 서로 교차해서 발생한다. 잠은 살아 움직이는 존재에게 필연적(anankaion)이다. 시간의 양에는 차이가 있지만 모든 동물은 잠을 자야 한다. 신체 기능의 회복뿐만 아니라 의식 작용을 제대로 하기 위해서 인간을 포함한 모든 동물은 잠을 자야 하고 잠에서 깨어나야 한다. 왜냐하면 살아 움직이면서도 잠자지 않는 존재는 의식을 계속 유지할 수 없고, 다시 깨어나지 않는 잠은 죽음이기 때문이다.

우리는 이 맥락에서 잠이 우리 의식의 가능 조건임을 다시 한 번 생각해 보아야 한다. 앞에서 잠시 보았듯이 우리는 의식을 명증적 사고와 동일시할 필요가 없다. 의식은 순수 지적 활동을 할 수 있는 수준에서 감각의 도움을 얻어 상상력을 펼칠 수 있는 수준으로, 밑바닥으로 가면 갈수록 개념으로는 포착할 수 없는 활동의 수준까지 다양한 층위를 가질 수 있다. 적어도 우리 인간의 의식에는 라이프니츠가 '라 아페르셉시옹'(la apperception, 통각)이라고 이름 붙인 '자기의식'의 층에서부터 '라 프띠트 페르셉시옹'(la petite perception, 미세 지각)이라 이름 붙인 거의 무의식 수준의 의식 활동이 가능하다고 본다면 잠을 의식과 대립 관계로 설정할 필요가 없다. 오히려 잠은 우리의 의식 활동이 가능할 수 있는 조건이므로 만일 잠을 자지 않는다면 의식은 깨어 있는 의식으로 작동할 수 없다고 말할 수 있다. 따라서 "항상 깨어 있어야 한다"는 충고를 문자 그대로 수용할 수 없다. 왜냐하면 만일 이 충고를 따른다면 우리의 의식은 푸르름을 잃고 곧장 늙음의 그늘 아래 들어가 무덤으로 갈 수밖에 없기 때문이다. 잠은 레비나스가 강조하듯이 우리의 의식이 그것으로부터 깨어남으로 다시 의식 활동을 시작할 수 있는 조건이다.[17] 만일 잠이 없다면 깨어남이 없고, 깨어남이 없다면 사물을 명료하게 지각하고 판단하는 의식은 가능하지 않을 것이기 때문이다.

이제 잠자는 모습을 보자. 우리 인간은 잠을 자되, 똑같이 자지 않는다. 어떤 이는 사지(四肢)를 활짝 펴고 자는가 하면 어떤 이는 새우처럼 웅크리고 잔다. 어떤 이는 엎드려 잔다. 죽은 시체처럼 반듯이 잠들었다 해도 잠의 진행과 수면의 깊이에 따라 자세가 여러 차례 바뀐다. 어떤 이는 대궐처럼 넓은 방에서 혼자 자는가 하면 어떤 이는 제 한 몸을 겨우 눕힐 수 있는 좁은 공간에서 잔다. 어떤 이는 침대를 사용해서 자는가 하면 어떤 이는 방바닥에 요를 펴고 잔다. 신문지나 골판지를 깔고 지하철 통로에서 자는 이도 있다. 전통 가옥이냐 아파트냐에 따라, 경제 여건에 따라, 또는 취향에 따라 방의 크기나 침구 종류, 침소가 다르다. 어떤 이는 혼자 자는가 하면

17 강영안, 『타인의 얼굴』, 3장 참조.

어떤 이는 다른 사람들과 한 방에서, 한 침대에서 잠을 자기도 한다. 방의 수에 따라, 결혼 여부에 따라, 성인이냐 아니냐에 따라, 형제냐 남이냐에 따라서 어떤 이는 홀로, 어떤 이는 같이 잠을 잔다. 한번 잠에 들면 도중에 깨지 않고 아침까지 자는 이가 있는가 하면 하룻밤에도 몇 번이나 깨는 이도 있다. 하루에 여덟 시간 이상은 잠을 자야 정상적으로 생활하는 사람이 있는가 하면 네다섯 시간으로도 수면이 충분한 사람도 있다. 인공조명이 발달한 근대화된 지역에서처럼 한번 자면 뒷날 아침까지 자는가 하면, 원시사회처럼 초저녁에 잠이 들었다가 깨어나서 동네 사람들과 어울리거나 일을 하다가 새벽 무렵에 잠을 다시 자는 경우도 있다.

잠자는 방식과 잠자는 모습의 다양성에서 우리는 한두 가지 사실을 읽어 낼 수 있다. 첫째, 잠의 다양성에서 읽어 낼 수 있는 것은 잠도 먹는 것과 마찬가지로 인간의 사회적, 경제적, 문화적 조건과 매우 밀접하게 연관되어 있다는 것이다. 전통 주택에서 자는가, 새롭게 도입된 아파트에서 자는가 하는 것은 예컨대 전통 고수냐 변화의 수용이냐 하는 원칙의 문제일 수도 있고 선호의 문제일 수 있으나 경제적 조건이 여기에 더 크게 작용한다. 큰 방에서 혼자 자는가, 아니면 좁은 방에서 여러 사람과 자는가 하는 것도 선호보다는 경제적 조건이 더 크게 작용한다. 경제적 조건에 따라 어떤 사람은 편히 잠드는 데 도움이 될 푹신한 침구를 사용할 수 있는가 하면 어떤 사람은 사시사철 이불 한 채를 덮고 자야 할 경우도 있다. 이스라엘 전통을 보면 가난한 사람에게 겉옷을 담보물로 잡고 돈을 꾸어 줄 경우 해가 넘어가기 전에 돌려주라는 명령이 있다. "너희가 정녕 너희 이웃에게서 겉옷을 담보로 잡거든, 해가 지기 전에 그에게 돌려주어야 한다. 그가 덮을 것이라고는 오직 그것뿐이다. 몸을 가릴 것이라고는 그것밖에 없는데, 그가 무엇을 덮고 자겠느냐? 그가 나에게 부르짖으면 자애로운 나는 들어주지 않을 수 없다"(출 22:22-23). 가난한 사람이 겉옷조차 없어 추위에 떠느라 잠들지 못할 정도로 이스라엘 사람들이 불의를 행할 때 하나님이 징벌하겠다는 말이다. 잠자는 문제는 먹는 것과 마찬가지로 정의(正義)의 문제와 직결되어 있다는 사실을 이 맥락에서 읽어 낼 수 있다.

잠자는 방식의 다양성을 통해서 우리가 읽어 낼 수 있는 것은, 두 번째로, 잠은 그럼에도 살아 있는 존재에게는 필연적 현상이라는 사실이다. 고대광실 같은 집에서 자든지 한 평도 안 되는 좁은 방에서 웅크리고 자든지 큰 대(大)자 모양으로 사지를 펼치고 자든지 새우처럼 자든지 사람은 누구나 잠을 잔다. 충분한 잠을 자고 일어나 맑고 깨끗한 정신으로 새날을 시작하거나 무겁고 혼미한 상태로 다시 일상을 살아갈 수도 있다. 어떤 경우든 조건이나 상황의 차이에도 불구하고 누구나 잔다. 부자든 가난한 사람이든, 힘 있는 사람이든 힘없는 사람이든 가리지 않고 누구나 잠을 자되, 잠의 품질은 서로 다르다. 부자라고 잘 자고 가난한 사람이라고 못 자는 것이 아니다. 많이 배웠다고 잘 자고 그렇지 않다고 못 자는 것도 아니다. 오히려 역(逆)이 참일 수 있다. 가난한 사람, 못 배운 사람, 좁은 방에서 여러 식구와 옹기종기 모여 자는 사람들이, 큰 방, 안락한 침대에서 푹신한 오리털 이불을 덮은 사람보다 더 꿀맛 같은 단잠을 즐길 수 있다. 그러나 모든 경우에 그런 것도 아니며 오늘 잘 잤다고 해서 반드시 내일도 잘 자리라는 법이 없다. 대체로 평소에 잠을 잘 자는 사람이 잘 자고 그렇지 않은 사람은 못 자는 것이 일반적이지만 여기도 철칙은 없다.

어떤 모습으로 자든지, 어떤 잠의 질을 갖든지, 우리는 잠자는 동안 세계의 일부를 고정된 한 자리에서 차지한다. 아니, 세계의 일부가 나에게 선물로 주어진다고 하는 것이 차라리 옳을 것이다. 잠을 잘 수 있는 공간은 내가 확보한 것이지만 나의 잠자리가 들어선 공간은 결국 땅을 딛고 서 있다. 단단한 땅이 떠받쳐 주지 않는다면 나의 머리를 덮고 있는 지붕, 나의 침대를 지탱하는 방바닥, 내가 그 안에 들어가서 삶을 살아가는 거주 공간은 지반을 잃는다. 땅은 나를 떠받쳐 주고 나의 활동을 가능케 하는 지반이되, 나는 땅에게 기여한 것이 아무것도 없다. 땅을 지반으로 해서 나는 잠을 잘 뿐 아니라 땅에서 나오는 것들로 먹고 땅에서 나오는 물을 마신다. 땅은 내가 있기 전에 있었고 내가 활동하기 이전에 나의 활동 공간을 미리 앞서 나에게 주었다. 그 땅과 하늘 사이 지극히 작고 좁은 한 공간이 내가 잠을 자는 동안 나에게 주어진다. 잠은 내가 거둔 업적이 아니라 나에게 주어진 선물이다.

✱ ✱ ✱

집 짓고 산다는 것, 거주하는 것은 어떤가? 와쉬번(S. L. Washburn)과 드보어(Irven DeVore)의 연구를 토대로 이푸 투안은 영장물 가운데서도 일정한 공간 안에서 병들거나 상처난 이를 보살피는 동물은 인간밖에 없다는 것을 지적한다.[18] 다른 사람들은 사냥을 가거나 채집을 나가더라도 환자들은 일정 기간 보호를 받는다. 이와 같은 공간은 이동 중에도 휴식을 제공해 줄 뿐 아니라 서로의 가치를 체험하게 해 준다. 그런데 오늘 우리의 삶의 양식에는 환자와 약자에 대한 보호와 간호가 있다고 하더라도 이것들이 주거 공간 안에서 일어나지 않는다. 환자는 병원에 수용되어 간호와 치료를 받고 있고 노약자가 되면 노인 병원으로 옮겨진다. 과거에는 집에서 태어나서, 집에서 자라고, 집에서 장가가고 시집가고, 집에서 병들고 간호받다가, 집에서 죽어 갔다. 그러나 이제는 병원에서 태어나고, 예식장에서 결혼하고, 병원에서 치료받고, 노인 요양원에서 지내고, 다시 병원에서 죽어 장례식장으로 옮겨간다. 이 모든 것을 집에서 하던 시절과 달리 거주의 의미는 축소되었다. 거주를 통해 얻는 친밀성의 강도와 그로 인해 체득되는 인간 상호간의 가치 체험도 따라서 그만큼 약해졌다.

그럼에도 우리는 끊임없이 집을 찾고 집을 갈구한다. 사람들이

---

18 이푸 투안, 『공간과 장소』, 221면 이하.

찾는 집은 어디 있는가? 다시 논의의 시작으로 돌아가 보자. 어린아이에게 집은 어디인가? 학교에 갔다가 돌아오는 아이에게 집이 어디냐고 물어보면 (낯선 사람에게 일러 주지 말라는 부모의 교육을 철저히 받은 아이를 빼고는) 분명 '어느 동네, 어느 아파트, 몇 동 몇 호'라고 답할 것이다. 아이가 살고 있는 건물, 그 안에 있는 공간이 아이에게는 집이다. 그러나 우리 모두가 갓 태어난 아이였을 때 우리 모두의 집은 어머니의 품이었다. 어머니가 눈에 보이면 안심을 하다가 어머니가 눈에 보이지 않으면 아기가 울기 시작하는 것은 자신을 보호해 줄 장소, 자신을 키워 주고 먹여 주는 사람이 사라졌기 때문이다. 점점 자라기 시작하면서 집은 확대되어 아버지를 포함하고 만일 언니나 형, 누나가 있다면 이들도 포함해서 집의 외연이 넓어진다. 다른 아이들과 동네에서 놀기 시작하고 같이 학교에 가기 시작하면서 집의 범위는 좀 더 넓어져 마을로 확대된다. 그리하여 우리가 '고향'을 떠올릴 때는 우리 어머니와 아버지, 형제자매, 그리고 정든 집뿐만 아니라 우리가 살던 동네와 같이 놀던 친구들을 포함시킨다.

집은 자란 집과 동네에 한정되는 것은 아니다. 독일을 떠나 미국에서 활동한 지휘자 브루노 발터(Bruno Walter)처럼 음악이 자기의 고향이 된 사람이 있다.[19] 이상주의자에게는 사상과 이념이, 젊은 연인들에게는 서로 바라보는 시선이, 사랑하는 이의 가슴이 마음 둘 집이 되기도 한다. 그러나 사람은 몸을 가진 존재이다. 가슴이나 시

19 이푸 투안, 『공간과 장소』, 222면.

선, 사상이나 예술이 집이 되어 준다고 해도 우리 사람에게는 몸 둘 곳, 마음 둘 물리적 집이 필요하다. 그러나 그 역(逆)도 참이다. 물질적인 집은 단순한 물체가 아니라 우리의 상상을 통해 다가가고 우리의 기억을 통해서 떠올리고 그리워하고, 우리의 감정과 정서, 우리의 혼과 영이 깃든 장소이기 때문에 이미 그 자체로 동시에 정신적이고 영적인 존재이기도 하다.

향수(鄕愁)를 생각해 보라. 향수는 살았던 적이 있는 집과 마을과 사람들, 곧 '고향에 대한 그리움'이다. 한국 사람과 마찬가지로 빠르게 산업화와 도시화를 겪은 독일 사람들도 유독 고향과 향수를 강조한다. 횔덜린을 위시한 낭만주의 작가들은 고향, 곧 하이맛(Heimat)을 자주 언급한다. 하이맛에 대한 향수, 칸트와 야스퍼스가 다같이 '스위스 병'으로 지칭하는 '하임베'(Heimweh)는 무엇인가? 이 '향수', 곧 하임베에 관해서 칸트는 이렇게 말한다.

"스위스 사람들의 향수는 다른 나라로 옮겨갔을 때 생기는 것으로 그들이 매우 단순한 삶의 기쁨을 즐긴 장소에 대한 그리움(Sehnsucht)의 결과이다. 걱정 없이 이웃들과 어린 시절을 보낸 생각이 그리움을 일으킨다. 그러나 그곳을 찾은 뒤에는 기대와는 반대로 크게 실망을 하게 되면서 그 병이 치유된다. 스스로는 모든 것이 달라졌기 때문이라 생각하지만 사실은 어린 시절로 되돌아갈 수 없기 때문이다. 이러한 향수는 돈 버는 일에 분주한 사람들이나 '잘 있는 곳이면 어디나 조국' (patria ubi bene)인 사람들보다는 돈이 별로 없는 시골 사람들에게, 형제나 혈연관계로 뭉쳐진 시골일 경우에 두드러지게 나타난다."[20]

고향에 대한 향수와 관련해서 몇 가지 중요한 요소를 칸트는 이 텍스트에서 지적한다. 향수는 첫째, 어릴 때 삶을 즐겁게 보낸 장소를 그리워하는 마음이다. 둘째, 그러나 이제 시간이 지나 나이가 든 뒤에 고향을 다시 찾게 되면 고향에 대해서 실망하게 되고 (사실은 어린 시절로 더 이상 되돌아갈 수 없기 때문에) 이로 인해 향수병이 치유된다. 셋째, 향수는 현재 상황이 나은 사람들보다는 경제적으로 취약하면서 혈연으로 결합된 사람들에게 더 많이 나타난다. 요컨대 향수는 지금은 잃어버린 장소와 지나간 시간, 현재 삶이 가져다준 불만족 상태가 함께 만들어 낸 현상이라는 말이다.

그런데 고향을 그리는 마음이 어떻게 스위스 사람에게만 있겠는 가. 맑은 공기와 푸른 초원과 찌르는 듯한 가파른 산야를 가진 스위스 사람뿐만 아니라 오늘 우리 한국 사람처럼 나라를 잃어버리고 남북 분단을 경험하고 갑작스럽게 도시화된 사람들은 누구나 잃어버린 옛 고향을 그리워한다. 현재의 상황이 나은 사람들조차 크게 예외는 아니다. 신의주 출신 노인이 팔순을 훨씬 넘겼음에도 어릴 때 보던 풍경과 비슷한 사천 삼천포 바닷가에 집을 짓고 살고자 하는 것을 보면, 잃어버린 '집'에 대한 그리움과 귀환의 꿈은 어린 시절 자연에 에워싸여 거주의 참맛을 본 사람이 치르는 필연적 대가

---

20 Immanuel Kant, *Anthropologie in pragmatischer Hinsicht*, A 86.

가 아닌가 상상해 본다. 정돈화는 「옛 집」이라는 제목을 붙인 시에서 이렇게 쓰고 있다.[21]

봄에는
골담초 노란 꽃이 뚝뚝 떨어지는
울타리 사이사이로
노란 병아리 숨바꼭질 하고

여름이면
마당 끝
퐁퐁 솟아나는 샘물에
등허리 휘감는 냉기를 즐기고

가을이면
뒤뜰에 밤나무
밤새 투두-둑
알밤 떨어지는 소리
새벽을 재촉하고

겨울이면
대나무에 쌓인 눈
초르륵-촉
쏟아지는 소리 들으며
등잔 불 밝혀
톨스토이의 [부활]을 읽고

21　정돈화, 『사람이 제일이라 하고 싶습니다』(나눔사, 1992), 84-86면.

초가삼간 뒷방에서
군고구마 놓고
손윗 누나와
아웅다웅 싸움질하던
정든 옛집

수도꼭지에서
물이 쏟아지는 것은
모가 반듯한
블록 담은
또닥또닥
조카들의 단화소리를 울리는
콘크리트 마당은
나의 옛집이 아니다

훠이훠이
닭 쫓던 어머니
마른 기침하며
낙엽을 쓸어 모으시던 아버지
모두 어디 가시고

반백이 헝클어진 큰 형이
열심히 잘라대는
기계톱 소리만
기억의 저편에서 울려 퍼진다

옛집의 이미지 속에는 집과 집 주변을 에워싼 식물과, 함께 살았던 분들에 대한 기억이 담겨 있다. 초가삼간, 뒷방, 등잔불, 우물, 계절을 따라 모습을 바꾸는 골담초, 밤나무, 대나무, 겨울에 내리는 눈, 누나, 어머니와 아버지와 큰 형님, 이 모든 것들에 대한 기억이 어울려 옛집의 이미지를 만들어 낸다. 이 이미지는 수도꼭지에서 쏟아지는 물과 블록 담과 콘크리트 마당을 가진 도시의 집과 대비된다. 그러나 옛집은 이제 기억 속에 꿈으로 남아 있을 뿐 돌아갈 수 있는 곳이 아니다. 정든 옛집은 '초가삼간' 건물이 있되 단순히 집(house)이 아니라 주위를 두른 나무와 화초들과 어머니와 아버지, 큰형과 누나를 포함한 집(home)이다. 결혼을 하고 아이를 낳으면서 다시 새로운 집에, 새로운 가정을 만들지만 우리에게 그리움을 안겨 주고 그것을 생각할 때 아련한 추억을 안겨 주는 집은 이제는 기억 속에 있을 뿐 더 이상 현실 속에는 존재하지 않는다.

그러나 우리 가슴 깊이 자리 잡은 '내가 한 번도 가 보지 않은 고향'에 대한 그리움은 어떻게 할 것인가? 귀향의 꿈, 집에 대한 그리움은 흙냄새 나는 고향에만 한정되지 않는다. 마음을 붙일 수 있는 곳이면 연인의 시선이나 가슴이든, 사람이나 사상이든 또는 신앙이든 무엇이나 고향이 될 수 있고 집이 될 수 있다. 우리가 쓰는 말, 우리에게 얼굴이 익숙한 사람, 우리에게 익숙한 찬송과 기도, 이 모든 것이 고향이 될 수 있다. 그러나 이 가운데서도 우리가 궁극적으로 찾는 집은 나를 안아 주고 나를 보듬어 주고 나를 품어 줄 집, "내가 너를 사랑한다"는 음성으로 어머니와 같은 사랑으로 나를 인격적으로 받아 줄 아버지의 '집'이다. "유곽 문을 두드리는 사람은 실제로 하나님을 찾고 있다"는 말은 완전한 안식과 보호, 평화를 맛볼 수 있는 집에 대한 인간의 깊은 갈증을 잘 드러내 준다.[22] 영원한 본향에 닿을 때야 '집으로' 향한 우리의 여정은 끝이 날 것이다.

3. 먹고, 자고, 집 짓고 사는 것의 윤리

앞에서 우리는 식탁에 앉아 음식을 입에 넣는 단계에서부터 음식을 섭취하여 배설하는 단계까지 그려 보았다. 먹는 행위는 단순한 신체적 행위에 그치지 않고 본질적으로 정신적 행동이며, 몸과 마음이 한데 어울려 빚어내는 일임을 알 수 있었다. 우리의 논의 과정을 통해 이제 중요한 것은 무엇을 먹느냐 하는 것보다는 어떻게 먹는가 하는 물음임이 서서히 드러나기 시작하였다. '어떻게 먹는가' 하는 물음을 묻기 시작하면 먹는다는 것은 문화적이고 사회적이며, 심지어는 종교적 의미를 띤 활동임이 드러나게 된다. 이 면을 이제 자세히 들여다보자.

우리가 먹는다는 것의 현상을 관찰했던 식탁으로 돌아가 보자. 식탁에 앉아서 우리는 무엇을 하는가? 우리는 밥을 먹는다. 어떻게 먹는가? 시장에서 사온 고기와 채소를 그냥 먹지 않고 요리를 해서

---

22 이 표현은 영어로는 "Everyone who knocks on the door of brothel is looking for God"이다. G.K. 체스터튼의 말로 오랫동안 알려져 있지만 실제로는 Bruce Marshall, *The World, the Flesh, and Father Smith* (Boston: Houghton Mifflin, 1945), p.108에 스미스 신부의 말로 나온다. 스미스 신부는 이렇게 말한다: "… the young man who rings the bell at the brothel is unconsciously looking for God."

먹는다. 어떤 것은 삶아 먹고, 어떤 것은 구워 먹고, 어떤 것은 칼로
세심하게 잘라서 날것으로 먹는다. 어떤 것은 볶아 먹고, 어떤 것은
오랫동안 숙성시켜 먹는다. 먹어야 할 것과 먹어서는 안 될 것 못지
않게, 먹는 데는 이렇게 재료의 성격에 따라, 취향에 따라, 기후 조
건이나 상황에 따라 여러 가지 방식으로 요리법이 개발되고 규제되
며 식사 방식이나 식탁 예절이 학습된다. 이것들을 통제하는 전체
를 일컬어 우리는 '문화'라고 이름 붙여 부른다. 그렇다고 불변하는
어떤 문화가 모든 음식을 규제하는 것은 아니다. 반 퍼슨의 "문화는
명사가 아니라 동사다"라는 말처럼 문화는 불변하는 요소가 있으
면서도 끊임없이 새롭게 적응하고 새롭게 상황을 빚어 가고 새로운
미각과 취향을 만들어 낸다.[23] 음식과 관련해서도 사람은 문화의 창
조자이면서 동시에 문화의 피조물이다. 따라서 문화에 따라 먹는다
는 것의 의미가 조금씩 다르게 체험되고 다르게 이해된다.

어떻게 먹는가 하는 물음은 내가 먹는 것들을 나는 어떻게 먹게
되었는가 하는 물음으로도 이해할 수 있다. 칼 마르크스가 '인간과
자연의 신진대사'라고 부른 노동이 여기에 개입된다. 나는 예컨대
어부나 농부의 노동의 결과로 시장에 팔려 온 생선이나 채소를, 나
의 노동의 결과로 얻은 돈으로 값을 치르고 사서 먹는다. 우리 모두
의 애씀과 긴장이 있고, 우리의 애씀과 긴장이 원래 겨냥한 대로 성
공할 수 있도록 모든 여건과 조건을 조성하고 섭리하는 하나님의

---

23 C. A. 반 퍼슨, 강영안 역, 『급변하는 흐름 속의 문화』(서광사, 1995), 21면 이하.

사랑이 개입되어 있다. 그러므로 먹는 일을 통해 사람이 지극한 마음을 제대로 표현할 수 있는 길은 감사뿐이다. 내가 일했기 때문에 내가 먹을 수 있다고 하더라도 일할 수 있는 건강, 시간, 타인, 직장, 그리고 내 주위를 에워싸고 있는 공기, 먹을 것들, 자연환경, 이 모든 것들에 대해 감사하는 마음으로 살아가는 것이 우리가 진정 가질 수 있는 삶의 태도가 될 것이다.

만일 이런 태도로 살아갈 수 있다면 이 땅에 굶주리는 사람들에 대해서 우리는 무관심할 수 없다. 내가 먹고살 수 있는 것은 내가 힘써 일함이 바탕이 되지만, 내가 힘써 일한 것이 일정한 소득을 얻게 되는 데는 수많은 이의 희생과 노력과 관심, 그리고 궁극적으로는 이 모든 일을 주관하시고 돌보시는 하나님의 사랑이 개입되어 있으므로, 내가 모든 것의 주인이라고 주장할 수 없다. 내가 먹는 데 필요한 것을 확보하고 저축하더라도 먹지 못하는 사람을 위해 내가 얻은 소득의 일부를 쓰는 것이 사랑을 받은 사람으로서 마땅히 해야 할 일이다.

세상 사람 모두 일하는 것도 아니고, 세상 사람 모두 일할 수 있는 것도 아니다. 만일 노동이, 그리고 노동으로 얻은 경제력이 먹을 수 있는 조건이라면 이 세상에는 노약자, 환자, 실업자 등 먹어서는 안 될 사람들이 수없이 많다. 그렇다면 이들은 모두 굶어야 하는가? 성경에는 "누구든지 일하기 싫어하거든 먹지도 말게 하라"는 구절이 있다(살후 3:10). 먹는 것과 일이 서로 연결되어 있으나 여기서 강조점은 일을 하지 않거나 일을 할 수 없는 것이 아니라, 일을 할 수 있음에도 일할 의지가 없는 사람을 두고 한 말이라고 보면, 이 구절을 곧장 일하지 않으면 먹을 수 없다는 주장을 뒷받침하는 근거로 쓸 수 없다.

다시 한 번 먹는 것이 나 자신의 나됨과 어떻게 관련되는지 살펴보자. 나는 내가 나 자신임을 어디서 경험하는가? 예컨대 내가 목이 마르다고 해 보자. 또는 내가 배가 고프다고 해 보자. 그럴 때 어떤 사람이 이렇게 말한다고 해 보자. "목이 마르세요? 배가 고프세요? 가만히 계세요. 제가 대신 먹어 드릴게요." 이것이 가능한가? 우리는 아무도 남을 대신해서 먹어 줄 수 없고, 숨을 쉬어 줄 수 없고, 대신 잠을 자 줄 수 없다. 배고픔과 목마름과 졸음을 아무도 대신 해서 채울 수 없다. 졸음이 오는 사람에게는 잘잘 곳이 필요하고 목마른 사람, 배고픈 사람에게는 물과 음식이 필요하다. 다른 사람이 가져다줄 수 있고 잠자리를 깔아 줄 수 있지만 아무도 대신해서 먹어 주거나 잠을 자 줄 수 없다. 내가 배고프면 내가 먹어야 하고 내가 목마르면 내가 마셔야 하고 내게 졸음이 오면 내가 자야 한다. 먹고 마시고 잠자는 것은 나의 개별성, 나의 고유성, 나의 나됨의 원초적 바탕이다. 누구도 대신할 수 없는 내 자신, 누구에게도 양도할 수 없는 내 자신, 그것을 나는 내가 먹고 마시고 잠자는 일에서 경험한다. 먹을 때, 마실 때, 잠잘 때 나는 내 자신이다. 그러므로 우리는 데카르트의 "나는 생각한다. 그러므로 나는 존재한다"는 말 대신 "나는 먹는다. 나는 잔다. 나는 숨을 쉰다. 그러므로 나는 존재한다"라고 말할 수 있다. 데카르트의 저 말보다 이 말이 훨씬 더 자명하다. 여기에 중요한 삶의 진실이 있다.

먹고 마시는 일, 잠자는 일이 나에게 가장 고유한 일이고 이를 통해 내 자신이 되고 나에게 돌아오는 일이라면 이것은 나에게만 타당한 것으로 그칠 수 없다. 타인에게도 그러하다. 내가 먹지 않고서는 내 자신이 될 수 없듯이, 타인도 먹지 않고서는 그 자신이 될 수 없다. 또한 (앞에서 잠시 보았듯이) 내가 먹는 것들은 나에게서 나온 것이 아니다. 나에게서 직접 나오는 것은 배설물밖에 없다. 내가 먹는 밥, 내가 먹는 국, 내가 집는 반찬은 내가 만든 것들이 아니다. 내가 아닌 땅에서 나온 것들이며 내가 아닌 타인의 땀과 눈물, 이 땅과 저 하늘, 천지를 만드신 하나님, 이 모든 것의 사랑으로 빚어진 것들이다. 그렇다면 어찌 홀로 내 밥상만 생각하겠는가. 남의 밥상도 생각하면서 함께 나누어 먹는 것이 사람답게 먹는 일이 아닐 수 없다. 왜냐하면 먹고 마시는 일을 통해 나와 함께 나란히 살고 있는 사람도 바로 그 자신의 삶을 누려야 하기 때문이다. 먹지 못하는 사람이 먹는 것과 관련해서 서럽고 억울하고 슬픈 경험을 하지 않도록 관심을 가지는 데서 정의를 바로 세우는 일이 시작된다.

그렇다면 홀로 먹는 것에 대해서는 어떻게 볼 것인가? 우리가 태어났을 때 우리는 홀로 있지 않았다. 어머니의 젖을 먹을 때 그곳에는 어머니가 있었다. 이유식을 할 때도 어머니가 있었고 밥을 먹기 시작할 때도 어머니가 있었다. 우리는 어머니와 늘 함께 먹고 함께 마셨다. 삶의 양식이 많이 변한 오늘에는 홀로 먹고 홀로 자는 경우가 많으나, 혼자 먹을 때 사람들이 유독 외로움을 타는 것은 우리가 먹기를 배우기 시작했을 때 언제나 누군가 곁에 있었던 경험 때문이 아닌가 생각한다. 홀로 먹는 것은 주유소에서 자동차에 필요한 기름을 넣는 것처럼 음식을 입에 집어넣는 것과 비슷하다. 이것은 굳이 독일어로 하자면 엣센(essen), '먹는 것'이 아니라 프렛센(fressen), '쑤셔 넣는 것'이다.[24] 함께 식탁을 마주하며 먹는 것은 마음을 함께 나누고 삶을 함께 나누는 것이다. 여기서 감정이 공유되고 상처가 아물어진다.

『바베트의 만찬』(이자크 디네센 원작/가브리엘 악셀의 영화)은 먹는 것이 얼마나 큰 은혜인지, 좋은 포도주와 좋은 음식으로 성찬(盛饌)을 베풀어 주는 것이 얼마나 뜻 깊은 성찬(聖餐)인지 보여 주는 작품이다.[25] 바베트가 베푼 만찬은 지극히 금욕적인 루터교 공동체로서는 도무지 수용할 수 없는 것이었다. 그들에게 먹는 것은 생존의 수단일 뿐 그 이상의 의미가 없었다. 그러나 바베트는 자신에게 생긴 1만 프랑을 모두 사용해서 자신을 받아 준 두 자매의 아버지이며 그 공동체를 설립한 지도자의 생일을 기념하는 날, 이 세상에서 경험할 수 있는 최상의 만찬을 공동체 사람들에게 베풀었다. 그 만찬은 바베트 자신으로서는 그에게 사랑을 베풀어 준 공동체에 대한 감사의 표시요, 요리사로서 자신의 예술적 기량을 최대한 발휘할 수 있는 기회가 되었고, 동시에 그가 대접한 공동체 사람들에게는 서서히 스러져 가던 공동체를 다시 세우고 결속하는 기회가 되

---

24 Essen과 Fressen의 구별과 관련해서 자세한 논의는 Leon R. Kass의 *The Hungry Soul*, 3장 참조.
25 이자크 디네센, 추미옥 역, 『바베트의 만찬』(문학동네, 2003).

어 주었다.

바베트가 대접한 좋은 음식과 포도주는 그들의 마음을 따뜻하게 만들었고, 그들의 공동체를 세운 분을 기쁜 마음으로 기억하게 해 주었고, 그들의 마음을 감사와 은혜로 가득 차게 해 주었다. 어떤 부흥회나 사경회보다 더 강하게 공동체를 새롭게 세우는 잔치를 바베트는 베풀었다. 바베트의 만찬은 입에 음식을 '쑤셔 넣는 것'이 아니라 그야말로 '먹는 것'이었고, 이렇게 먹을 때는 좋은 기억과 용서와 기쁨과 사랑이 넘쳐흘렀다. 먹는다는 것은 여기서 음식물을 입에 넣고, 소화시키고 배설하는 일에 그치지 않고, 삶을 나누고 하나되어 기뻐하는 거룩한 사건이다.[26]

* * *

이제 두 번째 주제인 잠과 관련해서 생각해 보자. 어떻게 자야 제대로 자는 것인가? 니체의 『짜라투스트라는 이렇게 말하였다』는 어느 현자의 말을 이렇게 전한다.

"잠을 자기란 쉬운 일이 아니다. 잠을 자기 위해서는 하루 종일 잠에 대해 생각하면서 눈을 뜨고 있어야 한다. 그대들은 낮 동안에 열 번이라

---

26 먹는다는 것의 의미에 대한 신학적 해석은 Simon Holt, "Eating" in: *The Complete Book of Everyday Christianity*, Robert Banks & R. Paul Stevens (eds.) (Downers Grove, Illinois: IVP, 1997), pp.322-328 참조.

도 그대 자신들을 이겨 내야 한다. 그것은 심한 피로를 가져오며, 영혼의 마취제인 것이다. 또한 그대들은 낮 동안에 열 번이라도 자기 자신과 화해해야 한다. 초극은 괴로운 것이므로 자신과 화해하지 않는 사람은 좀처럼 잠을 이루지 못하기 때문이다. 그대들은 낮 동안에 열 가지의 진리를 발견해야 한다. 그렇지 않으면 굶주린 그대들의 영혼을 위해서 밤중에도 진리를 찾아 헤매야만 할 것이다. 그대들은 낮 동안에 열 번이라도 큰 소리로 웃고 쾌활해야 한다. 그렇지 않으면 괴로움의 아버지인 위(胃)가 밤중에 그대들을 괴롭힐 것이다."[27]

그러면 어떻게 잠을 잘 잘 수 있는가? 한 가지 확실한 것은 잠을 골똘히 생각하지 않는 것이다. 잠을 생각하고 잠에 집착하는 한 우리는 잠을 잘 잘 수가 없다. 잠은 잘 수 있는 조건을 갖춘 사람에게 찾아오는 것이지 내가 붙잡는다고 붙잡히지 않는다. 잠을 잘 수 있는 조건은 무엇인가? 누가 잘 수 있는가? 하루를 잘 보낸 사람이다. 하루를 부지런히 몸을 움직여 보낸 사람은 잠자는 시간이 주어질 때 쉽게 잠을 누릴 수 있으나 그렇지 않은 사람은 잠에 쉽게 들 수 없다. 잠은 앞에서 본 대로 내가 처분할 수 있는 대상이 아니기 때문에 잠을 내가 이렇게 저렇게 할 수 있다고 생각하는 것은 오히려 잠들지 못하게 하는 요인이 된다. 내가 하는 일, 내가 관심 둔 일에 전념할 때 잠은 스스로 찾아온다. "적게 먹든지 많이 먹든지, 막일

27 Friedrich Nietzsche, *Also Sprach Zarathustra, Kritische Studienausgabe* (Berlin: Walter de Gruyter, 1980), Bd.4, pp.33-35.

을 하는 사람은 잠을 달게 자지만, 배가 부른 부자는 잠을 편히 못 잔다"(전 5:12)는 말씀처럼 하루를 부지런히 일한 사람은 그렇지 않은 사람보다 단잠을 잘 가능성이 높다.[28]

과로나 지나친 긴장, 경쟁과 질투, 고민이나 번민, 갈등이나 불화는 깊은 잠을 방해하는 또 다른 요인이 될 뿐 아니라 잠을 방해하는 속쓰림의 원인이 된다. 그러므로 누구와도 화해하고 평화를 누려야 잠을 잘 잘 수 있다. 일이 있는데 어떻게 일을 하지 않고 그냥 넘어가겠는가? 제한된 시간 안에 집중해서 하지 않고서야 어떤 일을 이룰 수 있겠는가? 다투어야 할 일이 생겼을 때도 마치 아무 문제없는 것처럼 어떻게 지나갈 수 있겠는가? 문제 해결을 하지 않고 어떻게 우리의 삶이 개선이 되겠는가? 그러나 그때조차도 모든 것이 내 손에 달려 있는 것이 아니라고 생각해야 한다. 모든 것이 내 손에 달려 있는 한, 나는 그것을 내 손에서 놓지 않고 지키려 한다. 지키려면 깨어 있어야 한다. 깨어 있는 한 나는 잠잘 수 없다.

잠이 의식의 기반이고 우리 자신을 형성하는 중요한 지반이라 하더라도 우리는 잠만 잘 수는 없다. 잠은 게으름과 관계되고 게으름은 가난뿐만 아니라 삶의 나태를 가져온다. 그러므로 적당한 수면을 취하되, 잠이 삶의 올무가 되게 해서는 안 된다. 잠은 이 때문에 도덕적 해이와 무관심을 상징하기도 한다. 그렇다면 우리는 항상 깨어 있어야 하는가? 아니다. 자야 한다. 잔 사람만이 깨어날 수

---

28 잠의 신학적 의미에서 대해서는 Thomas McAlpine, "Sleeping," in *The Complete Book of Everyday Christianity*, pp.905-909 참조

있고 깨어난 사람만이 삶을 성실하게 살 수 있다. 하지만 레비나스 같은 철학자는 극소수의 사람, 곧 철학자는 깨어 있어야 하고 불면에 시달려야 한다고 보았다.[29] 평화를 위해서 철학자는 필요한 경우에는 불화를 조장해야 할 사명이 있다고 본 칸트의 입장과 비슷하다.[30] 이러한 생각은 잠자는 아테네 사람들을 일깨우는 미옵스 (myops), 곧 쇠파리 역할을 자처한 소크라테스에게까지 거슬러 올라간다. 그렇다고 시도 때도 없이 사람들을 일깨운다고 이것저것 따질 일은 아니다. "이른 아침에 큰 소리로 자기 이웃을 축복하면 도리어 저주같이 여기게 되리라"(잠 27:14)는 잠언의 말씀은 사람들에게 축복의 말을 전하느라 새벽부터 고함을 질러 사람들을 깨우면 그것이 오히려 저주같이 생각되리라고 지적한다. 사람들을 일깨우기 위해 깨어 있되, 편히 잠잘 수 있도록 배려하는 것이 깨어 있는 사람의 의무가 아니겠는가. 불침번을 두는 이유도 한 사람의 깨어 있음으로 해서 많은 사람들이 편하게 잠을 잘 수 있도록 하기 위함이다. 철학자들은 불침번 역할을 자임한다.

* * *

그러면 거주는 어떻게 해야 하는 것인가? 어떻게 거주하는 것이

---

29 Emmanuel Levinas, *Entre Nous* (New York: Columbia University Press, 1998), p.77 이하 참조.
30 강영안, 「갈등 상황에서의 철학과 철학자의 소명―"학부간의 갈등"을 통해 본 칸트의 관점」, 『칸트연구』 21권(2008), 33-67면 참조.

제대로 거주하는 것일까? 한곳에 변함없이 붙박이처럼 뿌리를 내리는 것인가? 유목민처럼, 부평초처럼 떠돌이로 사는 것인가? 오디세우스처럼 죽을 고비를 몇 번이나 넘기는 한이 있더라도 결국에는 고향으로 돌아가야 하는가? 아니면 아브라함처럼 갈 곳을 모르고 하나님이 명령하는 곳이면 어느 곳이나 가겠다는 생각으로 나그네의 삶을 살아야 하는가? 거주의 윤리를 생각하기 전에 거주의 심리를 먼저 생각해 보자.

일반의(一般醫)이면서도 심리 상담을 많이 한 스위스 의사 폴 투르니에는 육신을 가진 우리 인간에게는 몸과 마음을 의지할 장소가 필요하다고 역설한다.[31] 그에게는 아주 친하게 지낸 젊은 대학생이 있었다. 여러 해 동안 상담을 해 온 청년인데 어느 날 그가 "저는 기본적으로 언제나 어떤 장소를 찾고 있습니다. 어디엔가 있겠지요."라고 말했다. 청년은 교회를 다녔지만 한 교회에 붙어 있지를 못하고 이 교회, 저 교회를 옮겨 다녔다. 학생 단체도 여러 곳을 기웃거리기도 하고 공산당에 가입하였다가 실망하고는 탈퇴한 경력을 지니기도 하였다. 청년은 어떤 사람도, 어떤 사상도, 어떤 교회에도 정착하지 못하고 돌아다녔다. 무엇이 그를 그렇게 만들었는가? 투르니에는 청년의 가정 배경에서 그 원인을 찾는다. 청년은 엄격한 기독교 가정에서 자랐다. 아버지는 지나치게 엄한 할아버지에 대해서 늘 반항했고 결국은 어머니와도 이혼을 하고 떠나 버렸다. 그는

31 Paul Tournier, *A Place for You* (HarperCollins, 1968) 참조.

또한 어머니에 대해서도 비판적인 생각을 버리지 않았다. 어디에도 정착해서 살아 본 적이 없기 때문에 어디에도 정착할 수 없다는 것이 청년의 문제였다.[32]

투르니에는 다른 예를 든다. 그의 병원이 있는 주네브에서 약 250km 떨어져 사는 한 부인이 상담을 받으러 왔는데 청년과 마찬가지로 이 부인도 불안이 문제였다.[33] 부인은 자기 집 길 건너편의 가게에 가는 것조차 무서워서 길을 건너지 못할 정도로 불안증이 심하였다. 어느 정도 호전이 되어 가는 상황에서 부인은 자기가 주네브로 올 때 처음에는 마음이 편안하다가 갑자기 불안해지기 시작하더니 다시 주네브 가까이 오게 되면 편안을 되찾게 된다고 말하였다. 부인의 계산에 따르면 처음 100km와 마지막 100km는 마음이 매우 편안한데, 중간 50km 지점에서는 매우 불안해진다는 것이었다. 투르니에의 해석을 따르면 부인은 자기 집과 가정, 마을 가까이에서는 편안하게 여기다가 집과 거리가 생기면서 불안해졌다가 자기가 신뢰하는 의사가 있는 주네브 가까이 오면서 불안이 가라앉아 다시 편안해지게 된다. 이러한 성격의 불안을 투르니에는 '중도(中途) 불안'이라고 부르면서 마음 붙일 장소, 곧 집의 문제가 이런 종류의 불안증의 핵심임을 지적한다.

임상 경험을 토대로 투르니에는 이렇게 결론을 내린다. 어느 한 곳에 쉽게 정착하는 사람은 집의 편안함과 안전을 경험해 본 사람

---

32 Paul Tournier, 같은 책, pp.9-12.
33 Paul Tournier, 같은 책, pp.157-160.

이다. 정주(定住)의 경험 없이는 성공적인 이주(移住)와 새로운 정착이 가능하지 않다. 이것은 '주는 것'과 비교된다. "아무도 자기가 가지지 않은 것을 남에게 주지 않는다"(Nemo dat quod non habet)는 말처럼 다른 사람에게 무엇인가를 주자면 내가 먼저 무엇인가를 가져야 한다. 그러므로 투르니에는 마음 둘 곳 없는 사람들에게 목사나 신부들이 종종 너무도 쉽게 자기를 포기하라고 충고하는 것은 적절하지 못하다고 주장한다. 자신을 포기하기 전, 자기를 떠나기 전, 먼저 마음 둘 곳을 찾아야 한다. 무엇에도 흔들리지 않는 마음의 집, 마음의 고향을 먼저 가진 다음에야 비로소 타인을 향하여 마음을 열어줄 수 있고, 어느 곳을 가든지 자신의 고향처럼 안거할 수 있다고 투르니에는 본다.

그렇다면 이제 거주의 윤리를 어떻게 볼 것인가? 어떻게 거주하는 것이 제대로 거주하는 것인가? 앞서 말한 것처럼 거주의 필요조건은 집이다. 그러므로 어떤 형태이든 집이 주어지는 것이 인간다운 삶의 첫 번째 조건이다. 여기서 비로소 사람답게 먹을 수 있고 잘 수 있으며, 아이들을 학교에 보낼 수 있고 어른들은 일터로 갈 수 있다. 집은 오두막이나 천막이든 아니면 어느 정도 품위를 지킬 수 있는 집이든 간에 그 안에 들어 사는 사람에게는 생텍쥐페리가 말한 하나의 '성채'(citadelle)이다.[34] 그 안에 사는 사람은 성주와 같다. 집을 토대로, 집을 터전으로 사람은 제 발로 설 수 있고 제 발로

---

34 Antoine de Saint-Exupery, *Citadelle* (Paris: Gallimard, 1948) 참조.

걸을 수 있고 제 소리를 낼 수 있다. 그러므로 사람다운 삶은 여기서 비롯된다. 사람이 먹고 자고 거주하지 못할 때 가지는 서러움만큼 더 큰 서러움이 어디 있겠는가? 정의와 평화는 편안한 거주, 안거를 가능하게 하는 데서 시작될 수 있다. 정치가 이 문제에 무관심하다면 이미 정치가 아니다.

집이 있더라도 집이 만일 지옥 같으면 어떻겠는가? 집에는 어머니만 있는 집이 있는가 하면 아버지만 있는 집도 있고, 주말 부부의 집이 있는가 하면 독거노인의 집도 있다. 아이가 없는 집이 있는가 하면 아이가 있더라도 그 가운데 한 아이나 두 아이는 군대나 유학으로 빠져 있는 집도 있다. 어느 집도 결핍이 없는 집은 없다. 어떤 집에나 아픔이 있고 고통이 있다. 그럼에도 사랑과 신뢰는 집을 살려 주는 물과 같다. 사랑과 신뢰가 없는 집은 물이 없는 못과 같고, 수입을 올리지 못하는 회사나, 교육을 시키지 못하는 학교나, 국민들의 안거를 돌보지 못하는 정부와 같다. 사랑과 신뢰는 집을 집으로 만드는 기반이며 이것 없이는 아무리 기술과 지식이 발전한 사회라도 자유와 평화가 있는 온전한 사회로 유지될 수 없다.

거주 공간을 우리는 앞에서 안과 밖의 구별이란 관점에서 살펴보았다. 거주 공간은 우리에게 내면성이 성립할 수 있는 조건을 부여해 준다. 거주 공간으로 인해 우리는 타인과 구별되는 자기의 공간, 우리들의 공간을 확보한다. 그러나 보라. 집에는 여러 문이 있다. 창문을 통해 햇볕을 받아들일 뿐 아니라 바깥 경치를 볼 수 있고 방문을 통해서 방을 드나들 수 있다. 그런데 문 가운데는 언제나 바깥

출입문이 있다. 이 문을 통해서 우리는 집을 드나든다. 이 문은 나와 우리만 드나들 뿐 아니라 때로는 다른 사람도 드나들 수 있도록 열어 주는 것이 진정한 거주를 위해 필요하다. 문을 열어 주는 것은 나의 세계를 타인에게 개방하고 타인을 환대하는 일이다. 타인을 손님으로 환영하고 받아들이는 '환대'를 레비나스는 우리의 '주체됨', 곧 우리의 사람됨의 의미라고 말한다.[35] 남에게 문을 꽁꽁 걸어 둔 자아에게는 내부 공간이 있다고 해도 바깥과 소통할 수 있는 가능성이 없다. 타인을 향해 문을 열어줄 때, 우리의 잔치에 타인을 초대할 때, 그때 삶은 축제가 되고 축제에 참여한 모든 사람에게 삶은 축복이 된다.

다시 물어보자. 누가 제대로 거주할 수 있는가? 나는 이 땅을 영원히 살 곳이라 생각하지 않고 이 땅에 거주하면서도 나그네처럼 살아가는 사람이 이 땅에 제대로 거주하는 사람이 아닐까 생각한다. 삶을 긴 여정으로 생각하고 스스로 자신을 나그네로 생각하는 사람은 이 땅에서 안거하지만 안주(安住)하지는 않는다. 떠나온 곳을 기억하지만 현재 머물고 있는 곳에 만족하고, 그것조차도 영원한 것처럼 안주하지 않는다. 이런 사람은 경험해 보지 못한 미래의 시간, 가 보지 못한 미지의 땅을 희망과 기대를 가지고 걸어간다. 이러한 길손의 삶을 우리는 아브라함에게서 발견한다. 이에 비해 트로이 전쟁에 참여한 오디세우스는 20년이나 걸려 고향 이타케로

---

35 Emmanuel Levinas, *Totalité et Infini*, 서문 참조.

다시 돌아왔다. 그의 귀환은 동일자의 순환 회귀 운동이었다. 아브라함의 길 떠남은 한 번도 가 보지 못한 땅을 향한 여정이었다. 부모의 집을 떠나라는 하나님의 명령을 듣고 어디로 가야 할지 모르고 길 떠난 아브라함은 타자로 향한 초월, 타자와 함께 가꿀 땅, 정의와 공평과 평화를 함께 누릴 땅을 꿈꾸었다. 이러한 땅에 대한 꿈을 안고 정신적인 아브라함의 후예들은 어디에 살든지 그 자리를 살기에 적합한 거주 공간으로 만든다. 나그네의 꿈을 잃어버리고 영원한 정주인(定住人)이 되어 땅을 차지하기 위한 전쟁을 아직도 끝내지 않는 이스라엘 사람들은 아브라함보다는 오히려 오디세우스의 후손들에 가깝다고 할 것이다.

옷을
입는다는 것

우리의 삶에서 옷은 음식 못지않게 중요하다. 잠에서 깨어나 하루를 시작할 때, 우리는 화장실에 가고, 세수를 하고, 아침을 먹고, 옷을 갈아입는다. 자고, 먹고, 옷 입는 일, 곧 주(住), 식(食), 의(衣)는 삶에서 가장 기본적인 것들이다. 그런데 이 기본적인 세 가지를 열거할 때 우리는 주식의(住食衣), 식의주(食衣住) 또는 식주의(食住衣)라 하지 않고 의식주(衣食住)라고 한다. 옷 입는 것을 가장 먼저 내세운다. 먹고 깃들어 살고 잠자는 것보다 옷 입는 것을 앞에 세운 까닭이 무엇인가? 옷을 그만큼 중시했다는 뜻인가? 아니면 우연히 그렇게 된 것인가? 오늘의 문화를 보면 변하는 것들이 많지만 그 가운데 가장 많이 변한 것은 아무래도 옷차림이 아닐까 생각한다. 전통 의상을 여전히 착용하는 곳이 없지 않지만 세계 어디를 가도 이제 옷차림은 비슷하다. 우리가 '양복' 또는 '양장'이라 부르는 옷이 세계 어디서나 통용된다. 와이셔츠, 티셔츠, 가랑이가 둘로 나누어진 바지는 어디서나 발견된다. 과거에는 계층에 따라 입는 옷이 다르고 색깔이 달랐지만 이제는 옷으로 계층을 구별하기가 쉽지 않게 되었다. 누구나 비슷한 재질, 비슷한 색깔, 비슷한 모양의 옷을 입고 다니기 때문이다. 이런 현실에서 옷을 입는다는 것이 우리의 일상에, 우리의 사람됨에 어떤 의미가 있는지, 만일 옷 입는 것에도 일종의 윤리가 있다면 어떤 윤리가 가능한지 생각해 보자. 이것들에 앞서 우리가 옷을 입을 때 무슨 일이 일어나는지, 옷을 입는다는 것이 어떤 현상인지, 우리가 옷을 입을 때 무엇이 주어지는지 그것부터 알아보자.

1. 옷 입음의 현상

사람이면 누구나 옷을 입는다. 옷을 입지 않고 벌거숭이 상태로 보내는 경우는 삶에서 오히려 예외적이다. 갓 태어났을 때, 옷을 갈아입을 때, 목욕을 할 때, 성관계를 할 때, 그리고 매우 예외적인 경우이긴 하지만 군대나 감옥에서 가혹한 벌을 받거나 아우슈비츠 수용소와 같이 가스실로 들어갈 때 사람들은 벌거숭이가 된다. 이런 경우를 제외하고는 우리 모두 일상 속에서 옷을 입고 있다. 원시림에 사는 사람들도 우리가 통상 옷이라 부르는 것을 몸에 걸치지 않는다고 해도 모종의 장신구를 몸에 달거나 문신을 새기거나 하여 맨살이 남김없이 그대로 드러나지 않도록 배려한다. 길거리에서, 지하철에서, 일터에서 만나는 사람들은 모두 옷을 입고 있다. 벌거 벗은 채 마주할 수 있는 사람은 지극히 제한되어 있다. 일상의 삶 속에서는 공중 목욕탕에서, 성관계를 할 때를 제외하고는 벌거벗은 채 타인을 만나는 일이 없다. 일상 속에서의 통상적인 만남에는 ― 의식을 하든 의식을 하지 않든 간에― 벌거벗은 몸을 가려 주는 옷 이 언제나 그 사이에 끼어든다. 사람을 기억할 때도 우리는 옷차림 을 한 모습을 통해서 기억한다. 아무것도 걸치지 않고 자는 습관을 가진 사람을 제외하고는 잠잘 때조차 우리는 옷을 입는다. 심지어 죽었을 때도, 사람은 스스로 입지는 못한다 해도 남이 입혀 준 옷을 입고 관 속에 눕는다.

모든 경우는 아니지만 사람은 대부분의 경우에 옷을 입는다. 옷 을 입지 않은 사람을 일상에서 만나는 경우는 극히 드물다. 그런데 사람만 옷을 입고 있는가? 이 땅에 존재하는 것들 가운데 사람을 제 외한 다른 존재자들은 옷을 입지 않는가? '나목'(裸木)이니, '나대지' (裸垈地)니, '벌거숭이 산'이니 하는 것은 단순한 비유법에 지나지 않 는 것인가? 잎사귀가 무성한 나무나 건물이 들어선 땅이나 나무가 빼곡하게 들어선 산은 옷을 입은 것인가? 우리 주변을 형성하는 자 연 세계도 실상은 일종의 '겉옷'을 입고 있다. 풀이나 나무, 또는 산 을 덮고 있는 바위는, 만일 이것들이 없다면 벌거벗은 속살이 드러 날 산을 감싸 준다. 무성한 나뭇잎은 나뭇가지들을 에워싸 앙상한 나무의 모습을 가려 준다. 빈터에 들어선 건물은 지반을 형성하는 땅이 제 모습을 벌겋게 드러내지 않도록 덮어 준다. 여름에 무성했던 잎사귀들은 겨울이 되면 떨어지고 벌거벗은 나무의 모습이 드러나는가 하면 겨울에 내리는 눈은 나무를 포함한 대지를 하얗게 덮어 준다. 일종의 '옷'이라 할 수 있는 잎사귀, 건물, 산을 덮고 있는 나무는 나목과 나대지, 민둥산의 표면을 은폐하고 속살을 가려 준다. 나무들의 경우, 사람이면 최소한의 옷을 입는 시기에 오히려 무성함을 보여 주고, 사람들이 두꺼운 옷을 걸치는 시기에는 오히려 '옷'을 벗는다. 추울 때 사람은 살기 위해 옷을 껴입지만 나무는 살기 위해 옷을 벗는다.

동물의 경우에는 이 점에서 사람과 가깝다. 체온 유지를 위한 아무런 장비도 갖추지 않아 겨울의 추위를 견딜 수 없는 개구리나 뱀 같은 변온동물은 땅속으로 들어가 동면을 취한다. 하지만 대부분의 동물들은 두꺼운 피부와 두터운 털로 체온을 보존하여 추운 겨울을 난다. 소나 돼지나 개에게 털은 사람이 입는 옷의 기능을 한다. 추위를 막아 주며 몸에서 수분이 빠져나가는 것을 막아 준다. 사람과 달리 동물들은 옷을 만들 필요가 없다. 동물들은 태어날 때부터 옷을 내장(內裝)한다. 따라서 길쌈을 하거나 바느질을 하지 않는다. 철따라 허물을 벗거나 털을 갈거나 새로운 각질이 생기거나 새로운 깃털로 바꾸거나 하는 방식으로 동물들은 추위에 견딜 수 있는 장비를 스스로 마련한다. 이 가운데는 예컨대 공작새의 현란한 깃털이나 물고기의 눈부신 비늘처럼 사람의 인공적인 기술로는 도무지

흉내 낼 수 없는 정교함과 아름다움이 드러나곤 한다.

　엄밀한 의미에서 보자면 사람만이 옷을 입는다. 존재하는 사물에는 표면이 있고, 풀이나 나무로 그 표면이 덮여 있는 경우가 있다. 그래서 하얀 눈으로 덮인 산하를 두고 "눈옷을 입었다"고 말하기도 한다. 집에서 키우는 강아지에게 예쁜 옷을 지어 입힐 수 있고 허수아비를 만들어 옷을 걸치게 할 수도 있다. 하지만 엄밀한 의미에서 옷을 입는 것은 이 땅에서 사람뿐이다. 사람만이 옷을 입는다. 그런데 물어보자. 옷을 입게 되면 무슨 일이 일어나는가? 아니 이에 앞서, 옷을 입지 않으면 무슨 일이 일어나는가? 이 물음은 예컨대 먹지 않으면 무슨 일이 일어나는가, 자지 않으면 무슨 일이 일어나는가라는 물음과 비슷하다. 먹지 않으면 사람은 배가 고프게 된다. 배고픔은 위 속에 들어가야 할 것이 들어가지 않은 결과, 곧 허기(虛飢)로 인한 것이다. 배고픔은 허기의 주관적 느낌이다. 이로 인해 무엇인가 먹고자 하는 의욕이 일어나며, 음식을 찾게 된다. 잠이 모자라는 경우에는 졸음이 온다. 배고플 때 뱃속에서 나의 의지와 상관없이 꼬르륵 소리가 나듯이 졸릴 때는 나의 의지와 상관없이 눈꺼풀이 내리덮이게 된다. 그와 함께 배고픔과 비슷한 주관적 느낌인 졸음의 느낌이 뒤따르고 졸음이 오면 잠자고자 하는 욕구가 일어나 어딘가에 자리 잡고 잠을 청하게 된다. 그렇다면 옷을 입지 않는 경우에 무슨 일이 일어나는가?

　배고픈 경우나 잠이 오는 경우는 대체로 하나의 경우로 한정된다. 무엇을 하든 간에, 어디에 있든 간에, 일정한 분량의 음식이 섭취되지 않았을 때 대부분의 사람들은 허기를 느끼며, 수분이 부족할 때는 목마름을 느끼고 잠이 부족한 사람에게는 졸음이 찾아온다. "음식의 부재에는 배고픔이 따르고 수분이 부족할 때에는 목마름이 따르고 잠의 부재에는 졸음이 따른다"고 마치 공식처럼 말할 수 있다. 그런데 옷의 부재, 곧 옷을 입지 않았을 경우, 무슨 일이 일어나느냐고 물으면 배고픔이나 졸음이 올 경우처럼 곧장 한마디로 답할 수 없다. 왜냐하면 옷을 입지 않는 경우가 한 가지에 제한되지 않기 때문이다. 앞에서도 말했듯이 갓 태어났을 때, 옷을 갈아입을 때, 목욕을 할 때, 성관계를 할 때, 군대나 감옥, 수용소에서 강제로 옷을 벗어야 할 때, 이 경우에 사람은 옷을 입지 않는다. 이런 경우를 제외하고 사람들은 대체로 언제나 옷을 입는다.

옷을 입어야 할 때, 옷을 입지 않는다면 무슨 일이 일어나는가? 옷을 입는 것과 옷을 입지 않는 것은 어떤 차이가 있는가? 추운 겨울에 옷을 입지 않은 사람은 누구나 추위에 떨게 된다. 옷은 찬바람을 막아 주고 몸의 온도를 유지시켜 추위를 견디게 해 준다. 그런데 비록 얇은 옷을 걸치기는 하지만 더운 여름에도 여전히 사람은 옷을 입는다. 이 경우, 만일 옷을 입지 않으면 무슨 일이 일어나는가? 더운 여름, 광화문 광장에서 옷을 하나도 걸치지 않고 서 있다고 해 보자. 이때 무슨 일이 일어나는가? 대부분의 사람은 부끄러움을 느끼게 된다. 바네사 비크로프트(Vanessa Beecroft)가 예컨대 2005년 베를린 국립미술관에서 연출했던 누드 퍼포먼스에서 보듯이 수십 명의 여인들이 벌거벗은 채 무대 위에서 침묵을 지키고 서 있는 경우도 있고,

동물 보호 운동가들이 모피 코트를 반대하느라 알몸으로 대로를 단체로 걸어갈 수는 있다.[01] 어떤 주장을 하기 위해서, 어떤 목적을 달성하기 위해서 대중 앞에서 옷을 벗을 수 있다. 그러나 아무런 목적 없이, 그냥 맨 정신으로 사람들 보는 앞에서 알몸으로 활보할 수 있는 사람은 거의 없다. 왜냐하면 수치심이 따르기 때문이다.

이제 옷을 입지 않으면 무슨 일이 일어나는가에 대해서 얻은 두 가지 답에 대해서 좀 더 생각해 보자. 옷을 입지 않으면 추위에 떨게 되고, 사람들 앞에서 부끄러움의 감정, 곧 수치심을 가지게 된다. 둘 다 우리 인간의 신체성과 관련이 있다. 사람에게는 몸이 있기 때문에 추위를 막고 몸의 온기와 수분을 유지하기 위해 인공적으로 옷을 만들어 입어야 한다. 이런 의미에서 옷은 기후 조건과 밀접한 관련이 있다. 만일 인간에게 몸이 없다면 또는 몸이 있더라도 어느 조건에나 적응할 수 있도록 창조되었다면, 다른 동물처럼 인간에게도 옷이 필요 없었을 것이다. 그러나 인간에게는 몸이 있다. 인간의 몸은 그 자체 스스로 보호할 수 있는 장비를 지니지 않았으므로 옷이라는 인위적인 수단을 만들어 몸을 보호하지 않으면 안 되게 되었다. 그런데 옷이 단순히 추위 때문에만 고안된 것은 아니다. 인간의 몸은 추위와 더위를 쉽게 견뎌 내지 못할 뿐 아니라 뜨거운 것이나 날카로운 것으로부터 자신을 지키기에는 너무 취약하고, 상처를 입기 쉽다. 옷은 신체를 보호하기 위해서도 필요하다.

---

01 Vanessa Beecroft, VB55- Neue Nationalgalerie, Berlin[April 8, 2005] 참조. www.dailymotion. com/video/x66xx16 (2018.1.10. 접근).

옷뿐만 아니라 헬멧이나 장화, 몸을 보호하기 위해 걸치는 호구(護具) 등은 모두 연약한 몸을 외부의 위험으로부터 보호하기 위한 것이다.

옷을 입지 않을 때, 사람들은 수치심을 느낀다고 앞에서 말하였다. 그러므로 벌거숭이로 대로를 활보할 사람은 없다. '정상적인' 사람이라면 누구나 사람들 앞에 서거나 지나갈 때 옷을 입는다. 얼굴이나 손은 노출하더라도 다른 부분은 모두 옷으로 가린다. 요즘의 패션은 드러난 곳은 더 드러내고 들어간 곳은 더 들어가도록 몸의 라인을 살리는 방향으로 나아가지만 노출이 심한 가운데서도 가려야 할 부분은 대부분 드러내지 않고 모두 가린다. 이 가운데서 특히 성과 관련된 매우 사적인 부분은 어김없이 가린다. 만일 그런 부분이 드러날 경우, 그 드러남으로 인해 대부분이 부끄러움을 느낀다. 가리지 않고 사람들 앞에 모두 드러내는 경우는 성관계를 할 때와 목욕탕에서 목욕을 할 경우이다. 목욕탕의 경우, 목욕을 하면서 옷을 입고 있는 것은 오히려 이상하게 보인다. 목욕탕에서는 당연히 옷을 벗는다. 옷을 벗지 않고 입은 채 탕에 들어가면 목욕을 제대로 할 수 없다. 성관계를 할 때도 옷을 모두 벗을 필요는 없지만 옷을 벗지 않고서는 제대로 성관계를 할 수 없기 때문에 옷을 벗는다. 그런 경우에 수치감이 없다. 목욕을 할 경우와 성관계를 할 경우, 그리고 태어날 때는 특별한 수치감이 수반되지 않는다. 그러나 그 외의 경우에, 만일 옷을 입지 않는다면 수치감이 뒤따른다.

이제 사람이면 누구나 옷을 입지만 입는 옷이 반드시 같지 않다는 사실에 주목해 보자. 군인은 군복을 입고 경찰은 경찰복을 입는다. 간호사는 간호사의 옷을 입고 의사는 진료할 때 가운을 입는다. 법정에 앉은 판사는 법복을 입고 신부와 목사는 미사와 예배를 집전할 때 예복을 입는다. 졸업식에 참여한 학생들은 졸업 가운을 입고 학위모를 쓰며 결혼식을 올리는 신부는 드레스를 입고 면사포를 쓴다. 불을 끄는 소방수는 방화복을 입고 물속에 들어가는 잠수부는 잠수복을 입는다. 무대에 선 뮤지컬 배우는 맡은 역할에 알맞은 옷을 입고 장례에 참여한 사람들은 상복을 입는다. 이뿐 아니라 일할 때 입는 옷과 평상시 입는 옷이 다르며 외출할 때 입는 옷과 잠잘 때 입는 옷이 다르다. 잠잘 때는 잠자기에 편안한 잠옷을 입는다. 외출할 때 입는 옷은 날씨에 적응할 수 있는 두께와 재질로 만들어진 것이어야 하고 상황과 자리에 맞아야 한다. 논밭에 나가면서 양복을 입고 갈 수 없고, 중요한 회의가 있는 자리에 작업복을 걸치고 갈 수 없다. 운동을 하는 사람이 두꺼운 코트를 걸칠 수 없고, 미술관에서 관람하는 사람이 수영복을 입고 들어갈 수 없다. 운동을 하는 사람은 운동에 적합한 옷을 입어야 하고 중요한 행사에 참여하는 사람은 그 행사에 어울리는 옷을 입어야 한다.

옷은 이렇게 입는 때와 장소, 옷 입는 사람의 위치, 소속, 옷을 입는 목적 등과 긴밀하게 관련되어 있다. 경찰이나 군인, 판사나 의사가 제복이나 법복, 또는 가운을 입는 것은 그들의 직무를 다른 직업과 분명하게 구별하여 그들 고유의 책임과 권위를 표현한다. 누구나 법복이나 의사 가운을 입을 수 없고 설사 박사 학위가 있다고 해도 어디서나 박사 학위 가운을 입을 수 없다. 법복은 법정에서, 의사 가운은 병원에서, 박사 학위 가운은 졸업식에서만 입는다. 직무를 수행할 때, 직무와 관계해서 책임과 권위의 표시로 정해진 옷을 입는다. 이러한 옷을 입을 수 있는 권한은 경찰 임용, 장교 임관, 의사 면허, 판사 임용, 박사 학위 취득 등 정해진 제도와 규칙으로 규제된다.

특정한 옷을 입는 데는 자세히 들여다보면 두 가지 특징이 드러난다. 하나는 직무나 자리를 표현해 주는 상징이고 다른 하나는 옷이 지닌 기능이다. 예컨대 왕은 화려하게 장식된 옷을 입고 관을 쓴다. 값비싼 보석과 각종 채색과 무늬를 사용한다. 그것을 통해 특정한 권위를 표현한다. 법복은 아무런 장식 없이 검정색 디자인으로 엄정성을 드러낸다. 의사와 간호사의 하얀 가운은 깨끗함을 드러낸다. 견장과 훈장을 단 장군들의 정복은 그들의 용맹과 위엄을 보여 준다. 학자들의 가운은 그들의 학문적 권위를 상징한다. 이런 옷들은 상징성이 강할 뿐 기능성에는 별로 관심을 두지 않는다. 이와는 달리 소방수의 방화복이나 잠수부의 잠수복은 상징성보다는 기능성에 역점을 둔다. 군복 가운데서도 정복은 상징성이 강하고 전투복이나 작업복은 기능성이 강하다. 간호사의 제복도 이제는 하얀 가운보다는 활동하기 편한 상의와 바지로 바뀌었다. 교수들의 평상복도 과거에는 대부분 정장이었으나 이제는 캐주얼한 복장으로 바뀌고, 정장을 입고 교회에 오던 교인들도 이제는 편안한 복장으로 와서 예배 드린다. 활동하기 편하고 기후에 어울리는 방식으로 옷차림의 형식이 바뀌는 추세다. 그러나 모든 경우에 기능성이 통용되지는 않는다. 더운 여름에도 엄숙한 행사에 참여할 때는 땀이 줄줄 흐름에도 불구하고 넥타이를 매야 한다. 옷의 기능성이 갈수록 강조되지만 허용과 금지를 규제하는 '드레스 코드' 또한 오늘날에도 여전히 중요하게 적용된다.

지금까지 들여다본 것을 근거로 우리는 옷을 입는다는 것이 어떤 현상인지를 몇 가지 확인해 볼 수 있다. 첫째, 옷은 추위 등 외부 기후 조건에 우리의 몸이 무방비로 노출되는 것을 막아 주고 몸의 온기를 유지하게 해 준다. 기후 조건이 옷을 전혀 필요로 하지 않을 정도로 온화한 곳에서는 일부만 가릴 뿐 온몸을 덮는 옷은 개발되지 않았다. 둘째, 옷은 외부의 위험으로부터 몸을 보호해 준다. 뜨겁거나 날카로운 물건이 피부에 상처를 내지 않도록 옷은 몸을 보호해 준다. 투구, 헬멧, 갑옷, 장갑, 장화 등은 이런 기능을 한다. 셋째, 옷은 가릴 곳을 적절히 가림으로 수치를 면하게 해 준다. 아무리 노출이 허용된 곳이라 해도 몸에는 최소한 가려야 할 부분이 있다. 그 경우 옷은 남들이 보지 못하도록 할 뿐 아니라 쉽게 접촉하지 못하도록 해 준다. 넷째, 옷은 외부나 야외 활동을 편하게 해 준다. 피부를 외부 접촉으로부터 막아 주기도 하고, 흘린 땀을 흡수하여 체온을 유지해 주기도 하고, 피부 사이의 마찰을 차단해 줌으로써 몸의 움직임이 용이하도록 도와준다.

이 네 가지는 옷의 물리적, 사회적, 심리적 기능성과 밀접히 관련되어 있다. 못을 박을 때 망치를 찾고, 글을 쓸 때 필기구를 찾듯이 추위를 막아야 하거나 몸을 가려야 하거나, 바깥에 나가서 움직여야 할 때 우리는 옷을 찾는다. 옷은 망치나 필기구처럼 하나의 도구이다. 그런데 가만히 들여다보면 옷은 단지 도구로만 쓰이는 것이 아니다. 만일 옷이 추위나 외부 영향, 몸의 온기를 유지하는 데 쓰이는 도구에 그친다면, 이런 기능을 할 수 있는 담요나 자루나 동물 가죽을 몸에 두르면 될 것이다. 그러나 사람은 옷을 그렇게 입지 않는다. 실을 자아내고, 베를 짜고, 그렇게 해서 만든 천에 색깔을 입히고, 본을 떠서, 본에 따라 재단하고, 잇고, 붙여서 하나의 옷을 만들어 낸다. 나무로 집을 지을 때 나무를 자르고, 깎고, 대패질하고, 세우고, 서로 이어서 집을 짓듯이 간단한 옷을 하나 만들더라도 거기에는 정교한 공정 과정이 있다. 이렇게 만든 옷은, 그 옷을 입은 사람이 누구인지, 무엇을 하는 사람인지, 어떤 취향을 가진 사람인지를 보여 주는 일종의 '기호' 역할을 한다. 그것은 읽히고, 이해되고, 해석된다. 옷은 직업이나 신분, 사람의 위치를 드러내 준다. 전통 사회에 비해 그 의미가 대폭 감소되었으나 아직도 옷이나 옷차림을 통해 하는 일이나 직업, 소속을 구별할 수 있다. 회사 마크가 찍힌 작업복을 보면 그가 어느 회사 소속이며 무엇을 하는 사람인지 짐작할 수 있고, 공항에서 넥타이를 매고 정장을 입고 손에 서류용 가방을 들고 있으면 그가 업무 때문에 출장 중인 회사원임을 대충 짐작할 수 있다. 이것이 옷이 지닌 다섯 번째 기능일 것이다.

그런데 가만히 생각해 보면 옷의 기능은 여기에 그치지 않는다. 옷은 또한 사람 몸을 아름답게 장식해 준다. 옷뿐만 아니라 모자나 장갑, 손에 든 가방, 신발도 앞에서 말한 다섯 가지 기능 중 하나를 수행하는 경우가 있으나 굳이 그럴 필요가 없을 때는 대부분 몸을 가꾸고 꾸미는 도구로 사용된다. 칼뱅은 옷의 기능을 세 가지 열거한다.[02] 그 가운데 하나가 몸을 아름답게 장식하는 일이다(나머지 두 가지는 몸을 보호하고, 부끄러운 곳을 가리는 기능이다). 몸을 아름답게 장식하는 일과 옷이 상관없다면 아마도 사람이 입는 옷은 지금보다 훨씬 더 단순하게 만들어졌을 것이다. 그러나 인간이 주변과 관계하는 방식에는 심미적 측면이 강하게 작용한다. 심미적 감정은 음식이나 주거에도 어김없이 나타난다. 사람은 먹되, 그냥 먹지 않고 요리를 해서 먹는다. 단순히 요리를 할 뿐 아니라 눈을 즐겁게 할 정도로 예쁘게 요리한다. 사람은 집을 지어 거주하되, 단순히 적당히 해와 비를 가리는 데 그치지 않고 아름답게 장식한다. 마찬가지로 이부자리 하나를 만들더라도 보온에 적합한 재질이나 두께, 크기에 신경을 쓸 뿐만 아니라 겉으로도 곱고 아름답게 보이도록 색깔이나 무늬에도 관심을 둔다. 음식과 거주와 관련해서 적용되는 미감이나 옷을 입을 때 적용되는 미감은 혀와 눈을 즐겁게 하고 몸에 닿는 감촉을 즐기는 것과 관계가 있으나 무엇보다 이러한 미감은 인간이 홀로 있지 않고 남과 함께 있기 때문에 발생하는 것이다. 그런데 옷을 아름답게, 색깔이나 모양을 통해 남의 눈에 두드러지게 입고자 하는 데는 단순히 사회적으로 기능하는 미감뿐만 아니라 타인으로

02　John Calvin, *The Institutes of Christian Religion* (1559), III, 10, 2 참조.

부터의 인정과 칭송에 대한 욕구가 밑바탕에 깔려 있다. 고대광실 큰 집에 살면서 남들에게 권력과 부의 위용을 자랑하고 싶은 마음이나, 유명한 디자이너가 만든 값비싼 옷을 입고 남 앞에 서고자 하는 마음은 하나같이 타인의 인정과 부러움을 기대하는 마음에서 비롯된 것으로 보인다.

2. 옷 입음의 의미

그렇다면 사람이 옷을 입는다는 것은 무슨 의미가 있을까? 사람이 옷을 입는 까닭이 무엇인가? 사람에게 만일 몸이 없다고 생각해 보라. 오직 영(靈)이기만 하고 몸이 없다면 사람은 옷이 필요 없을 것이다. 그런데 사람에게는 몸이 있다. 아니, 사람은 몸으로 존재한다. 그렇지만 만일 사람의 몸이 무쇠처럼 튼튼하다면, 아니면 나무처럼 두꺼운 피부를 가지고 있다면 사람에게는 옷이 필요 없을 것이다. 하지만 사람의 몸은 추위나 더위, 외부의 침입을 막아내기에는 너무 연약하고 상처 입기 쉽다. 사람의 몸은 쉽게 '상처 받을 수' 있다. 상처 받을 수 있기 때문에 사람은 옷으로 몸을 감싸고 보호해야 한다. 옷은 몸에 해를 끼칠 수 있는 외부의 영향을 차단해서 막아 주며 체온을 유지할 수 있도록 해 줄 뿐 아니라 원하지 않는 남의 시선, 남의 손이나 몸이 살갗에 곧장 닿는 것을 막아 준다. 온몸을 둘러싼 피부가 남과 나를 구별해 주는 1차 경계선이라면 나의 피부를 덮어 주는 옷은 남과 나를 구별해 주는 2차 경계선이다. 이 경계선은 때로는 방어선이기도 하고 때로는 연결선이기도 하다. 옷은 내가 원하지 않는 사람의 눈길이나 손길은 막아 내고 내가 관계하기를 원하는 사람은 연결해 준다. 성관계를 할 때는 2차 경계선을 허물어 서로 살과 살이 맞닿는다. 그러나 이때조차도 1차 경계선은 남아 있어 나와 남을 갈라놓는다. 옷은 상처 받을 수 있는 몸으로, 살갗으로 서로 구별되는 나와 남 사이를 구별하고 이어 주는 매개체로 존재한다.

옷이 남과 나를 이어 주는 연결선이면서 방어선이라는 것은 무슨 뜻인가? 옷은 남의 시선을 끄는 구실을 하기 전에, 무엇보다 남의 시선이나 접촉으로부터 나를 막아 준다. 만일 옷이 벗겨져 벌거숭이가 된다면 나는 당혹스러움과 부끄러움을 느낀다. 그런데 왜 부끄러움을 느끼는가? 어린아이들은 당혹이나 부끄러움 없이 벌거벗은 채 사람들 사이를 뛰어다닌다. 그러다가 타인을 의식하기 시작할 때부터 부끄러움을 느낀다. 따라서 부모들은 옷을 입혀 아이의 신체 가운데 가릴 곳은 가리고 남이 보아서는 안 될 곳은 덮어 준다. 공중목욕탕은 거의 유일하게 이 방어선을 무너뜨리는 경우이다. 그런데 우리는 목욕탕에서 남의 벌거숭이 몸을 보게 되었음에도 마치 보지 않는 것처럼 행동한다. 만일 한 사람을 뚫어지게 본다든지, 벌거벗은 몸을 자세히 관찰한다든지, 특정한 부위만을 반복해서 쳐다본다든지 할 경우, 벌거벗음의 자연스러움은 사라지고 문제가 발생한다. 왜냐하면 목욕탕처럼 벗음을 서로 용인하는 데는

벗음 자체에 의미를 두지 않는다는 암묵적 동의가 있기 때문이다. 그런데 유심히 쳐다본다든지 특정 부분을 자세히 관찰한다든지 하는 것은 이러한 동의를 깨뜨리는 것이 된다. 그러므로 타인의 시선을 의식할 때 시선을 받는 사람은 불편함을 느끼게 되고 불편함을 느낀 사람은 자리를 옮기거나 시비를 따지게 된다. 그런데 목욕탕의 경우와 달리 강제로 벗김을 당할 때를 생각해 보라. 로마 군병들이 예수의 옷을 모두 벗길 때, 병영에서 기합을 받느라 병사들이 강제로 옷을 모두 벗어야 할 때, 정보부에 끌려가 고문을 받는 사람이 옷을 벗어야 할 때, 아우슈비츠 수용소에서 가스실로 들어가는 사람들이 강제로 옷을 모두 벗어야 할 때, 그때 도대체 무슨 일이 일어나는가? 이른바 '자연주의자'들이 누드로 해변을 누비는 경우와 무엇이 다른가?

강제로, 폭력으로 옷을 벗기는 까닭은 무엇인가? 옷 벗김은 무엇보다 사람을 전혀 방어할 수 없는 상태로 몰아넣는다. 옷 벗김을 당한 사람은 주위 기후 환경(추위, 직사광선, 눈이나 비)뿐만 아니라 가해자의 시선과 폭력으로부터 자신을 막아 내지 못한다. 비록 옷은 입었다고 해도 수용소에 갇혀 강제로 사열을 받거나 노동 현장에 투입되는 사람도 물리적 옷 벗김과 유사한 상황에 처하게 된다. 이들은 수용소를 관리하는 병사들이나 수용소 주변 사람들의 무시하는 시선을 받게 되는 것으로부터 자신을 보호할 수 없으므로 옷 벗김을 당하는 경우와 다를 바 없다. 자신을 방어할 수 없는 상태는 희생자에게 수치심을 자아내고 수치심에는 무력감이 수반되며, 자존감이

상처를 입게 된다. 옷 벗김을 당하는 사람은 자신을 서술하거나 주장할 수 있는 '사람'이 아니라 단지 존재한다는 사실 외에는 어떤 특징이나 가치를 지니지 않은 하나의 '사물'에 지나지 않게 된다. 이 '사물'은 '어떤 무엇'(some-thing)이 아니라 그야말로 '아무것도 아닌 사물'(no-thing)이 되고 만다. 옷 벗김은 결국 얼굴을 뭉개고 얼굴을 없애 버리는 것과 같다. 여기에는 '사람'이, '인격'이 존재하지 않는다. 이런 배경에서 보면 스스로 옷을 입고, 스스로 벗을 수 있는 자유를 누린다는 것은 자신의 인격, 자신의 사람됨을 유지한다는 표시이기도 하다.[03]

그런데 왜 사람들은 의도적으로, 자발적으로 '벌거숭이'가 되고자 하는가? 어떤 옷을 걸치지도 않고 어떤 장식이나 치장 없이 완전히 발가벗은 모습을 드러내고자 하는가? 19세기 말, 20세기 초 독일에서 시작해서 프랑스, 영국, 미국, 호주로 퍼져 나간 '나체주의'(nudism) 또는 '자연주의'(naturism)는 처음에는 일종의 철학적, 정치적, 의학적 운동이었다. 옷 벗음으로 인해 오는 수치심과 사회적 관습에서 벗어날 뿐 아니라 나쁜 환경에서 작업하는 노동자들이 자연 속에서 아무것도 가리지 않은 몸으로 햇볕과 좋은 공기를 마음껏 누림으로 건강을 회복하고 인간을 회복하는 것 등을 푸도르(Heinrich Pudor)나 운게비터(Richard Ungewitter) 같은 초기 나체주의자들은 내세웠다.[04] 이들은 정치적, 문화적, 사회적 억압으로부터 해방되어 자

03 '얼굴'과 '인격'의 의미와 관련해서는 3강 보충 '얼굴을 가진다는 것' 부분을 참조하길 바란다.
04 John Alexander Williams, *Turning to Nature in Germany: Hiking, Nudism, and Conservation,*

유로운 삶을 지향했다. 최근의 나체주의자들은 거의 개인의 취향을 따라 주류 문화가 만들어 놓은 날씬하고 아름다운 몸매의 이미지에 반발해서 잘생겼거나 못생긴 것에 상관없이, 뚱뚱하거나 날씬한 것도 무시하고 있는 그대로의 몸을 인정하고자 하는 운동으로 변화되었다. 하지만 이들조차도 일상의 현장으로 돌아올 때는 다시 옷을 입고, 직장으로 가고, 아이들을 키운다. 마치 잠시 여행을 떠나 평소와는 다른 생활 습관을 실천해 보듯이 나체주의자들은 일상의 관습을 떠나 주어진 몸 그대로를 노출하여 자유로운 상태를 즐기고자 한다. 마치 주어진 공간과 주어진 시간 안에서 주어진 규칙에 따라 놀이가 이루어지듯이 나체주의자들의 벌거벗음도 주어진 공간과 주어진 시간 안에서 그들의 동료들과 누리는 일종의 사회 게임이라 할 수 있다.

그런데 창세기 3장에 나오는 벌거벗음의 인식을 어떻게 이해해야 할 것인가 하는 물음이 이 대목에서 등장한다. 수용소나 훈련소에서 경험하는 강제적 옷 벗김에서 비롯된 벌거벗음과 나체주의자들이 하는 것처럼 뜻을 같이하는 동료들과 자발적으로 실행하는 벌거벗음과는 구별된 벌거벗음의 예를 우리는 창세기 3장에서 발견한다. 창세기 3장의 이야기를 따르면 하나님이 지은 아담과 하와는 옷을 입지 않았다. 하나님이 사람에게 옷을 입힌 것은 타락한 뒤의 일이다. 아담과 하와는 하나님이 선과 악에 대한 지식을 가지게 하

1900-1940 (Stanford University Press, 2007), p.26 이하 참조.

는 나무의 열매는 먹지 말라고 했으나, 뱀의 유혹에 넘어가서 그 나무의 열매를 먹게 된다. 그들은 "눈이 밝아져" 자신들이 벌거벗은 것을 알게 된다. 자신들의 벌거벗음을 알게 된 두 사람은 무화과나무 잎사귀를 기워 옷을 만들어 허리에 두르게 된다. 그렇게 하고는 하나님이 두려워 몸을 숨긴다. 선악을 알게 하는 나무의 열매를 먹기 전에 아담과 하와는 옷을 입지 않았다. 그런데도 그들은 자신들이 벌거벗은 것을 알지 못했고 더구나 부끄러움도 없었다. 그러나 하나님의 명령에 순종하지 않음으로 인해 자신들이 벌거벗고 있다는 사실을 알게 되었고 그들의 몸을 나무 잎사귀로 가리었다. 하나님은 그들의 벌거벗음을 가리기 위해 짐승의 가죽으로 옷을 덧입혀 주었다. 정리해 보면, 아담과 하와는 타락하기 전에는 '옷을 입지 않았다'(unclothed). 하지만 그들은 '벌거벗은'(naked) 줄은 몰랐다. 타락한 뒤, 곧 하나님의 명령에 불순종한 뒤에는 자신들이 벌거벗었다는 사실을 인식하게 되었다. 그래서 아담과 하와는 그들의 부끄러운 부분을 나뭇잎으로 가렸다. 최초의 옷은 타락의 결과에서 온 것이므로 사람들이 옷을 입는 것은 결국 타락 때문이라고 성경은 말하고자 한 것인가?

창세기의 이야기는 추위 때문이나 사회적 신분을 보이기 위해서 사람이 옷을 입게 되었다고 보지 않는 것이 분명하다. 기후학적인 접근이나 사회학적 접근은 허용하지 않는 것처럼 보인다. 그렇다면 무엇일까? 아담과 하와는 에덴동산에서 분명히 옷을 입지 않았다. 그들은 우리의 언어 용법으로 '벌거벗었다'. 그럼에도 왜 그들은 이른바 '타락' 이전에, 곧 '죄'를 짓기 이전에는, 하나님과 사이가 좋을 때, 다시 말해 하나님 앞에 부끄러움 없이 설 수 있을 때는 자신들의 벌거벗음을 의식하지 못하다가 불순종한 뒤에야 자신들이 벌거벗은 줄을 알게 되었는가? 선악을 알게 하는 나무의 효험이었는가? 선과 악을 알게 된다는 것이 옷 입음과 무슨 관련이 있었다는 말인가? 순진무구해 보이는 아이들이 벌거벗음에 대한 의식이 없듯이 아담과 하와도 그런 상태이다가 선악을 알게 하는 나무의 열매를 먹고는 갑자기 사춘기 소년 소녀처럼 자신들의 성을 의식하게 되었기 때문인가?

초기 교부들, 특히 이 가운데서도 카파도키아 교부들을 위시한 동방 교부들은 아담과 하와가 '옷을 입지 않았는데'도 '벌거벗음'을 알지 못한 까닭을 하나님께서 그분의 영광으로 이들을 감싸 주셨기 때문이라 해석한다. 아담과 하와는 벌거벗은 것이 아니라 실제로는 하나님의 영광의 옷을 입고 있었다.[05] 그러므로 그들은 사람이 손으로 지은 옷을 입지는 않았지만 하나님의 영광의 옷을 입고 있었기 때문에 실제로 벌거벗은 상태가 아니었다. 하지만 하나님의 말씀에 순종하지 않음으로 인해 아담과 하와에게서 영광의 옷은 사라지고, 영광의 옷이 사라짐으로 그들은 자신들의 벌거벗음을 보게 되었다. 이렇게 보면 벌거벗음의 인식은 하나님으로부터 소외됨으로 생긴 의식이다. 만일 하나님으로부터 소외되지 않았다면 아담과 하와는

---

05 Erik Peterson, "Theologie des Kleides", *Benediktische Monatschrift zur Pflege religiösen und geistigen Lebens*, Jahrgang 16 Heft 9/10, 1934, pp.347-356.

비록 사람이 손으로 지은 옷을 입지는 않았지만 벌거벗었다는 사실을 알지 못했을 것이다. 왜냐하면 하나님의 영광이 그들을 입혀 주었기 때문이다. 그러나 영광의 옷을 잃은 뒤, 아담과 하와는 무화과 나뭇잎으로 옷을 만들어 입었고 다시 하나님께서 그들에게 가죽으로 된 옷을 입혀 주셨다. 교부들의 '옷의 신학'을 재현하고자 한 에릭 페터존(Erik Peterson)을 따르면 이렇게 지어 입은 옷은 그들의 타락한 신분과 함께 그들이 회개해야 할 존재임을 보여 준다.[06] 동방 교회 전통에서 세례를 받을 때, 아담과 하와처럼 벌거벗은 몸으로 물에 들어간 사람이 물에 잠긴 뒤 물위로 올라올 때 흰 세마포 옷으로 갈아입는 것은 예수 그리스도의 은혜로 다시 영광의 옷을 입어 죽을 존재에서 이제 다시는 죽지 않을 존재로 변화되었다는 것을 보여 준다. 필사(必死)의 존재에서 불사(不死)의 존재로의 전환. 이것이 옷을 새로 갈아입음으로 상징된다.

여기서 무엇을 읽어낼 수 있는가? 세례를 통해 다시 영광의 옷을 입는다는 것은 무엇인가? 이것은 옷 입는다는 것에 대해 무엇을 말해 주는가? 앞에서 우리는 만일 몸이 없다면 옷이 필요 없다고 주장했다. 옷은 몸이 있는 존재에게 필요하다. 그런데 만일 하나님께서 벌거벗은 몸을 가진 아담과 하와에게 영광의 옷을 입혀 주셨다면, 그래서 그들이 불순종하기 전에는 벌거벗음을 몰랐다면, 이것으로부터 추론할 수 있는 것은 옷을 입는 까닭은 신체를 보호하기보다

---

06   Erik Peterson, "Theologie des Kleides" 참조.

는 영광을 드러내는 데 그 고유의 기능이 있다는 것이다. 옷은 영광을 드러내기 위한 것이다. 그런데 이 영광은 사람이 스스로 얻어 낼 수 있는 것이 아니다. 영광의 주인이요 원천이신 하나님이 주셔야 할 영광이다. 사람이 보여 주는 영광은 하나님의 영광에서 파생해서 나온 것이다. 그러므로 타락한 이후, 하나님을 떠나 영광을 잃은 인간이 하나님께 설 수 있는 방식은 화려한 옷이 아니라 오히려 베옷을 입고 재를 둘러쓰거나 세례자 요한처럼 허리에 가죽띠를 두르고 낙타털을 걸치는 것이다. 그러나 세례를 통해 예수 그리스도와 함께 죽고, 함께 사는 사람들은 새 옷, 하나님의 영광의 옷인 예수 그리스도를 입는다. 그리하여 더 이상 벌거벗음에서 오는 부끄러움을 당하지 않고 오히려 예수 그리스도를 본받아 그가 원하는 삶의 길을 따라 살아간다.

독일 속담에 "옷이 사람을 만든다"(Kleider machen Leute)란 말이 있다. 입은 옷이 그 사람을 어떤 사람 행세를 하도록 만든다는 말이다. 임금의 옷을 입으면 사람들은 내가 임금인 줄 안다. 내가 농부의 옷을 입으면 사람들은 내가 농부인 줄 안다. 여기에는 물론 거짓이 개입할 수 있다. 자신의 본래 모습과는 다른 옷을 입고, 마치 자신이 그 사람인 듯 행세할 수 있다. 옷이 사람을 만든다. 그러므로 무슨 옷, 어떤 옷을 입느냐 하는 것이 중요하다. 옷은 여기서 물론 일종의 은유이다. 왜냐하면 옷은 삶의 길, 삶의 방식을 드러내기 때문이다. 옷은 드러난다. 옷은 드러낸다. 옷은 보여 준다. 마찬가지로 삶의 방식, 삶의 길은 드러나고 보여 준다. '옷을 입는다'는 것은 이처럼 결국 어떤 삶을 살아가는가 하는 문제이다.

3. 옷 입음의 윤리

지금까지 옷을 입는다는 것이 무엇이며, 왜 입으며, 입지 않으면 무슨 일이 생기는지 생각해 보았다. 옷의 재료나, 옷의 양식, 옷의 제작, 옷의 보관과 관리, 패션, 그리고 이와 관련된 오랜 역사에 관해서 말하는 것은 철학자가 다룰 내용이 아니다. 그러므로 이런 것들에 대해서는 침묵하고, 이제 끝으로 옷을 어떻게 입어야 하는가 물어보자. 우리가 무엇을 먹을 때는 잘 먹어야 하고, 잠을 잘 때는 잘 자야 한다. 마찬가지로 옷을 입을 때도 할 수만 있다면 잘 입어야 할 것이다. 그런데 어떻게 먹는 것이 잘 먹는 것이고 어떻게 자는 것이 잘 자는 것이며 어떻게 입는 것이 잘 입는 것인가? 만일 '옷 입음의 윤리'가 있다면 그것이 무엇인지 생각해 보자.

어떻게 입는 것이 잘 입는 것인가? 이 물음에 쉽게 답할 수 있는 것은 이것이다. 좋은 음식을 먹는 것이 잘 먹는 것이고, 좋은 방, 좋은 침대에서 자는 것이 잘 자는 것이듯이 좋은 옷을 입는 것이 잘 입는 것이다. 그런데 ① 어떤 것이 좋은 음식이고, 좋은 방이고, 좋은 옷인가? ② 좋은 음식, 좋은 방, 좋은 옷이라야 정말 잘 먹고, 잘 자고, 잘 입는 것인가? 당장 이 두 가지 물음이 생긴다. 첫 번째는 무엇이 '좋은' 것인가 하는 물음이고, 두 번째는 좋은 음식, 좋은 방,

좋은 옷이 '잘 먹고', '잘 자고', '잘 입는' 것의 필요충분조건인가 하는 물음이다. 다시 말해 잘 먹기 위해서는 좋은 음식만 있으면 되고, 잘 자기 위해서는 좋은 방만 있으면 되고, 잘 입기 위해서는 좋은 옷만 있으면 되는가 하는 것이다.

'좋다'든지, '잘 한다'든지 하는 말의 의미를 좀 명확하게 해 보자. 예를 들어 나에게 등산용 칼이 있다고 하자. 이 칼이 좋은 칼인지를 판단할 수 있는 방법은 이 칼이 제대로 기능하는지, 하지 않는지를 살펴보는 것이다. 칼의 기능은 베는 것, 자르는 것, 깎는 것이다. 그래서 이 칼을 가지고 나무나 종이를 자를 때 만일 잘 자르게 된다면 '좋은' 칼이고 그렇지 않다면 '좋지 않은' 칼이라 판단하게 된다. '좋다', '좋지 않다'는 판단은 '제대로 기능하는가', '제대로 기능하지 않는가'에 달려 있다. 그런데 '제대로 기능한다'는 말은 무슨 말인가? 다시 칼을 보자. 칼은 무엇을 자르기 위한 것이다. 이렇게 하기 위해서 칼은 날카로워야 한다. 무딘 날로는 무엇을 자를 수 없다. 칼이 충분히 날카로워서 자르고자 하는 목적을 수행했다면 그 칼은 제대로 기능했다고 말할 수 있고, 제대로 기능한 칼은 '좋은' 칼이라 할 수 있다. 따라서 '제대로 기능한다'는 것은 만든 의도, 만든 목적에 부합할 경우 쓸 수 있는 표현이다. 칼은 무엇을 자르도록 설계되어 있고, 자동차는 타고 이동하도록 설계되어 있다. 이런 생각을 좀 더 연장해 보면 달리기 선수를 보고 '좋은 선수'라고 말하는 것은 그 선수가 잘 달릴 경우를, '좋은 연주자'라고 말하는 것은 그 연주자가 연주를 잘 할 경우를 의미한다. 이때 '좋은', '잘'이라는 수식어는 어떤 특정한 활동에 기대되는 행동을 제대로 수행할 때 붙이는 말이다.

그러면 어떻게 입는 것이 잘 입는 것인가? 이 물음에 앞서 어떻게 먹는 것이 잘 먹는 것인가를 먼저 생각해 보자. 이 물음에 답을 하자면 왜 먹는지, 어떻게 먹어야 제대로 먹는다고 말할 수 있을지 알아야 한다. 왜 먹는가? 먹는 목적이 무엇인가? 길 가는 사람에게 느닷없이 이 물음을 던졌다고 해 보자. 사람들은 아마도 대부분 당혹스러워 할 것이다. 그러나 좀 더 심각하게, 묻는 까닭을 설명해 주면 "살기 위해서 먹지요"란 답이 아마도 가장 일반적일 것이다. 먹어야 음식이 몸에 공급되고, 음식이 몸에 공급되어야 필요한 영양분을 몸이 섭취하게 되고, 필요한 영양분이 몸에 고르게 전달되어야 몸이 제대로 기능을 하게 되고, 몸이 제대로 기능을 해야 병들지 않고 건강하게 살 수 있다. 만일 문제를 이런 관점에서 보면 '잘 먹는다'는 것은 몸에 필요한 영양소를 고르게 섭취하는 행위를 두고 하는 말이다. 아무리 고급스럽고 값비싸고 귀한 음식을 먹는다고 해도 몸의 영양 섭취에 도움이 되지 않거나 방해를 한다면 잘 먹는다고 할 수 없을 것이고 그런 음식을 '좋은' 음식이라 할 수 없을 것이다. 좋은 음식은 몸에 필요한 영양분을 충분히 몸에 공급하여 건강한 몸을 유지할 수 있도록 해 주는 음식이다.

이로부터 얻을 수 있는 결론은 무엇인가? ① 맛있는 음식이나 비싼 음식, 구하기가 쉽지 않은 귀한 음식이 좋은 음식은 아니다. 왜냐하면 맛있다거나 비싸다거나 구하기가 힘들다는 것이 음식을 '좋게' 만드는 것은 아니기 때문이다. ② 하나의 음식만을 가리켜 좋은 음식이라 할 수 없다. 왜냐하면 몸에 필요한 것을 모두 공급할 수 있는 음식이 오직 하나만 존재할 수 없기 때문이다. 계란이나 우유를 일컬어 '완전식품'이란 말을 붙이기는 하지만 이것만 먹고 살 수는 없다. 여러 가지 음식이 함께 모여 좋은 음식을 이룬다. ③ 하나의 음식이 혹시 좋은 음식이라 해도 모든 경우에, 누구에게나 좋은 음식은 아니다. 왜냐하면 사람에 따라 어떤 사람에게는 좋은 음식이 다른 사람에게는 독이 될 수 있기 때문이다.

그러면 어떻게 먹는 것이 잘 먹는 것일까? 지금까지 생각한 것을 토대로 답을 해 보자면 "값비싸지 않은 것이라도, 오직 한 가지만이 아니라 여러 가지 음식을, 자신의 체질에 맞게, 영양을 고루 공급해 줄 수 있는 음식을 먹는 것"이라고 할 수 있다.

그런데 '잘 먹는다'는 행위를 이렇게 서술하는 것만으로 충분한가? 지금까지는 '잘 먹는다'는 것을 '무엇을 먹는가'에 초점을 맞추었다. 이런 음식, 곧 '좋은 음식'을 먹는다고 해도 그것만으로는 곧장 '잘 먹는다'는 말을 듣기에 충분하지 않다. ① 먹는 음식들이 모두 몸에 좋은 음식이라 하더라도 탐식을 하거나 폭식을 할 경우, 그것을 일컬어 잘 먹는다고 하지 않는다. 음식은 적당하게 먹어야 한다. 음식을 먹는 일에도 절제가 필요하다. ② 음식을 먹으면서 계속 불평을 하거나, 불만을 표시하거나 하면서 먹는 것을 두고 우리는 '잘 먹는다'고 하지 않는다. 어떤 음식이라도 즐겁게, 감사함으로, 기꺼이 먹을 때, 우리는 '잘 먹는다'고 말한다. 절제와 감사, 기쁨 없이 먹는 것을 잘 먹는다고 할 수 없다.

그런데 한 걸음 물러나 생각해 보자. 나만 잘 먹는 것으로 잘 먹는다고 할 수 있는가? 아무리 생각해 봐도 내가 먹을 것만 챙기는 것으로, 내 배만 불리는 것으로는 잘 먹는다고 할 수 없을 듯하다. 정말 우리가 제대로 먹기를 원한다면 남도 제대로 먹는지, 남도 잘 먹는지 살펴보아야 하고, 혹시 먹지 못하는 사람이 있다면 그도 같이 먹게 하는 것이 우리가 함께 모두 잘 먹는 것이 아니겠는가.

이제 동일한 방식을 입는 것에 적용해 보자. 어떻게 입는 것이 잘 입는 것인가? 옷을 제대로 입는 것이 옷을 잘 입는 것이라고 답해 보자. 그러면 어떻게 옷을 입어야 제대로, 잘 입는 것인가? 좋은 옷을 입어야 된다고 답했다고 해 보자. 그런데 '좋은 옷'은 어떤 옷인가? 일반적으로는 좋은 천에, 좋은 색깔에, 좋은 디자인으로 된 옷을 좋은 옷이라 부를 수 있다. 이런 옷은 대체로 값이 비싸고 구하기가 쉽지 않다. 따라서 누구나 몸에 걸치고 다닐 수 없다. 사람들은 그런 옷을 입은 사람을 보면 눈길을 다시 보낸다. 그런데 그런 옷도 하수구 청소를 하는 데는 좋은 옷이 아니다. 하수구 청소할 때는 몸을 다치지 않도록 잘 보호해 주면서 청소 작업을 잘 할 수 있도록 고안된 옷이 좋은 옷이다. 옷을 잘 입는다는 것은 옷을 설계한 목적을 따라 입는 것이다. 잠수복을 잠옷으로 쓸 수 없을 것이고 수영복을 예배 시간에 앉아 입는 옷으로 쓸 수는 없다. 추운 겨울에 얇은 옷을 입는다든지, 한여름에 두꺼운 코트를 걸친다든지, 장례식에 가면서 매우 화려하거나 노출이 심한 옷을 입는다든지, 논이나 밭에 일하러 가면서 정장을 입고 간다든지, 등산을 가면서 구두를 신는다든지, 예배나 미사에 참석하러 가면서 반바지에 슬리퍼를 끌고 간다든지 하는 것은 제대로, 바르게, 잘 입는다고 할 수 없다. 산에 갈 때는 산에 맞는 옷을, 수영장에 갈 때는 수영장에 맞는 옷을, 공부할 때는 공부하기에 적합한 옷을 입어야 한다. 보온이 목적인 경우, 어떤 일을 할 때 몸을 보호해야 할 경우, 공식적인 행사를 진행하는 행사장에 참석할 경우, 장소와 때, 위치에 알맞은 옷을 입을 때 옷을 잘 입는다고 할 수 있다. 옷의 기능성에 대한 고려와 문화적 관습에 대한 고려가 옷 입는 데 필요하다. 모든 경우에 좋은 음식이 없듯이 어떤 경우에나 좋은 옷은 없다. 좋은 옷은 옷을 입는 목적, 있어야 할 자리, 가야 할 곳, 활동하는 처소, 만나는 사람, 이 모든 것과 관련하여 그에 적합하고 어울리고, 자신뿐만 아니라 다른 사람에게도 호감을 주면서 전체적으로 조화를 이룰 수 있는 옷일 것이다. 옷 입는 것은 나 홀로 하는 행위가 아니라 일종의 문화적 행위요, 사회적 행위이기 때문이다. 나는 나를 위해서 옷을 입지만 남을 위해서도 옷을 입는다. 단지 보이기 위해서뿐만 아니라 남이 지닌 상식, 곧 남과 어울려 살아가는 데 동원되는 의식을 크게 저촉하지 않기 위한 것이다.

　장소와 때, 위치에 따라 적합하게 옷을 입는 것만으로는 반드시 옷을 잘 입는다고 할 수 없다. 마치 음식을 먹을 때, 절제가 필요하고 감사와 기쁨이 필요한 것처럼, 옷을 입을 때도 절제하고 타인을 배려하고, 감사함과 기쁨이 수반되어야 옷을 잘 입는다고 할 수 있을 것이다. 과도하게 값비싼 옷으로 화려하게 입는다든지, 옷을 입고 있으면서도 계속 옷에 대해서 불평을 한다든지 하는 경우는 옷을 잘 입는다고 할 수 없다. 또한 혼자만 옷을 잘 입는다고 옷을 잘 입는다고 할 수 없다. 남이 먹는 것도 챙겨봐야 하듯이 헐벗고 추위에 떠는 사람의 형편도 생각하고 그들도 입을 수 있도록 배려하고 참여하는 사람이야말로 진정 옷을 잘 입는 사람이라 할 수 있다.

제3강

일과 쉼, 그리고
타인의 존재

1. 일한다는 것

우리의 삶은 숨을 쉬고 밥을 먹고 배설하고 잠을 자는 데서 시작한다. 깨어 있는 동안 우리는 무엇인가를 한다. 쉬는 동안이나 놀 때에도 우리는 무엇인가를 한다. 묵상에 잠기거나 기도를 할 때도 역시 어떤 활동을 한다. 사람들과 얘기를 나누거나 음악을 듣거나 길을 걷거나 길가에 핀 들국화를 물끄러미 바라볼 때도 우리는 어떤 행위를 한다. 그러나 이 모든 것들을 일컬어 일이라 하지는 않는다. 이처럼 우리의 일상은 일과 상관없는 수많은 활동과 행위와 다양한 존재 방식으로 구성된다. 그렇다면 일한다는 것은 무엇인가? 일을 할 때 무슨 일이 일어나는가? 일은 나의 나됨, 우리의 우리됨과 무슨 관련이 있는가? 일에 무슨 의미가 있다면 그것은 무엇인가? 만일 일을 제대로 하고 싶다면 어떻게 해야 하는가?

1) 일의 현상

우리가 일상에서 하는 행위 가운데 어떤 행위, 어떤 활동을 일컬어 '일한다'고 하는가? 농사철이 되면 농부는 논밭에 나가서 씨를 뿌리거나 김을 맨다. 모내기 철이 되면 모를 논에 옮겨 심는다. 추수철이 이르면 누렇게 익은 벼를 거두어들인다. 어부는 바다에 그물을 내려 고기를 잡는다. 공장에서 일하는 사람은 공정 절차에 따라 자기에게 맡겨진 부분을 만든다. 청소를 맡아 하는 사람은 정해진 구역을 깨끗하게 치운다. 음식을 만들어 파는 사람은 주방에서 채소나 고기를 다듬어 음식을 만든다. 옷을 만드는 사람은 천을 자르고 바느질을 한다. 관광객을 안내하는 사람은 명소를 다니면서 자연 경관이나 유물의 배경이나 의미를 설명한다. 공무원은 자신의 직무와 관련된 업무를 수행한다. 교사는 교실에서 가르치고 목사는 교인들을 돌보고 설교를 한다. 학자는 글을 읽고 글을 쓴다. 시인은 시를 짓고, 작곡가는 곡을 만들고, 화가는 그림을 그린다. 수도사는 기도를 하고, 스님은 하안거(夏安居), 동안거(冬安居)를 통해 견성(見性)의 노력을 기울인다. 이 모든 활동을 우리는 큰 어려움 없이 '일'이라 부른다. 농부와 어부의 일, 요리사와 공장 노동자의 일, 공무원과 교사와 학자의 일, 시인과 화가와 음악가의 일, 수도사와 신부와 목사와 스님의 일, 이 모든 것들은 서로 구별되는 일이다.

이렇게 일을 할 때 무슨 일이 일어나는가? 농부가 농사를 지을 때, 화가가 그림을 그릴 때, 학자가 글을 쓸 때, 스님이 선방에 앉아 참선할 때, 청소부가 청소할 때 무슨 일이 일어나는가? 일을 할 때와 일을 하지 않을 때가 무엇이 다른가? 농부가 밭을 갈거나 씨를 뿌릴 때, 농부는 연장을 사용하여 땅을 파거나 손으로 이랑 위에 씨를 뿌린다. 손과 발을 움직이며 하는 일에 마음을 모은다. 오랜 시간 움직이게 되면 땀을 흘리게 되며, 몸에 고통이 오고, 배고픔을 경험한다. 화가가 그림을 그릴 때 자신이 소재로 삼은 대상의 윤곽을 그리고 물감을 배합하고 붓으로 화폭에 칠한다. 손이 움직이고 발이 가고 눈이 화폭에 집중되고 모양이나 색깔이 제대로 되었는지 검토한다. 학자가 글을 쓸 때는 주제를 생각하고 자료를 검토하고, 논제를 만들고 근거를 세우고, 어휘를 선택하고 문장을 만들고, 논리를 다듬는다. 참선을 하는 스님은 화두를 들고 '이 뭐꼬?'(이것이 무엇인가?)를 반복하면서 깨침을 얻기 위해 몸과 마음을 다하여 그야말로 '용맹정진'(勇猛精進)한다. 일정한 시간이 지나면 졸음이 오고 배고픔이 여기에도 어김없이 찾아온다. 어떤 경우든 일을 할 때, 그곳에는 몸의 움직임(참선의 경우에는 가부좌)과 마음의 집중과 시간의 경과와 이에 따르는 피로가 있다. 들에 나가서 김을 매는 농부 못지않게 앉아서 책을 읽는 사람도 시간이 지나면 어김없이 배가 고파오는 걸 보면 남 보기엔 한적한 놀음인 듯하나 책 읽는 것도 강도 높은 노동임에 틀림없다. 무엇이든 그것이 일이라면 땀 흘리지 않고 할 수 있을 만큼 쉬운 일은 없다. 예컨대 연구라든지 참선이라든지 기도라든지 신체를 사용한 노동이 아닌 일, 이른바 '정신노동'이라 일컫는 일조차도 피로가 몰려오고 배고픔이 따라옴을 보면 몸의 움직임과 마음의 집중, 시간의 경과와 더불어 찾아오는 피로가 어떤 일에나 수반된다고 보아야 할 것이다.

그런데 물어보자. 일의 경우에만 그러한가? 일을 하지 않고 다른 무엇을 할 때도, 그것이 무엇을 '하는' 것이라면 몸의 움직임과 마음의 집중, 시간 경과와 그에 따른 피로감이 있지 않은가? 예를 들어 아마추어들이 수영을 하거나 여가 시간에 등산을 한다고 해 보

자. 이것들은 분명 일이라 할 수 없지만 일 못지않게, 때로는 더 심하게, 몸을 움직여야 하고 마음을 모아야 한다. 취미로 하는 이런 운동은 전문 선수들에게는 미치지 못한다고 해도 오랜 훈련과 집중, 땀과 시간을 요구한다. 그렇다면 일과 놀이는 어떻게 구별되는가? 몸의 움직임과 마음의 집중과 시간의 경과는, 일이나 놀이나 동일하다. 스포츠에 한정시켜 본다면 직업 선수와 아마추어 사이에는 기량이나 전문성에 분명한 구별이 있다. 그러나 아마추어도 직업 선수 못지않게 몸을 움직이고 머리를 쓰고 집중하고 힘을 쓴다. 이처럼 비슷한 활동이 어떤 사람에게는 일이 되고 다른 사람에게는 놀이가 되는 까닭이 무엇인가? 밤이 오는 줄 모르고 운동장에서 공을 차는 아이들에게는 공차는 것이 놀이가 되고 밤늦게 불을 환히 켠 채 운동장을 뛰는 선수에게는 일이 된다. 이기느냐, 지느냐가 중요하지만 놀이로 하는 사람에게는 그것이 즐거움을 주기는 하되, 소득으로 이어지지 않는다. 그렇다면 소득의 유무가 놀이와 일을 나누는 기준인가?

단지 현상으로 볼 때 일한다는 것은 무엇인가? 일을 할 때 무슨 일이 일어나는가? 일을 할 때 우리가 볼 수 있도록 드러나는 것이 무엇인가? 일에는 일을 하는 사람이 있고 대상이 있고 일의 결과로 생산되는 소산물이 있다. 생각을 하는 일이든 계획을 하는 일이든 괭이나 삽으로 땅을 파는 일이든 사람은 일을 한다. 만일 생각하는 일이라면 생각하는 사람은 무엇에 대한 생각을 대상으로 삼아 일을 한다. 그로 인해 어떤 생각이 생각하는 일의 소산물로 산출된다. 생각하는 사람이 생산해 내는 산출물은 상상하고 지각하고 추론하고 일정한 결론에 도달하는 능동적인 과정의 끝에서 얻는 것이다. 이러한 과정은 일이라 할 수 있는 다른 활동의 경우에도 적용된다. 조각가가 목각을 만드는 과정을 보라. 조각가는 만들 목각의 모양을 생각하고, 생각한 모양의 목각을 만들기에 적합한 나무를 선택하고, 나무를 자르고 다듬고 끌로 일정한 모양을 빚는다. 생각하는 사람이 개념과 생각의 규칙을 따르거나 상상이나 직관, 추론을 사용해서 생각의 결과물을 만들어 내는 것처럼 조각가는 도구를 사용해서 고안한 작품을 만들어 낸다. 개념을 사용하는 작업이나 나무라는 물질을 사용해서 조각품을 만드는 작업은 사용하는 도구와 작업의 성질은 다르지만 둘 다 일이라는 점에서는 동일하다. 생각을 하든지 나무를 다듬든지 무엇을 하든지 일하는 사람은 일의 대상이 되는 생각이나 나무를 '향해서' 일정한 행동을 한다. 생각을 하는 사람은 생각에 '대해서' 행동을 하고, 목각을 만드는 사람은 나무에 '대해서' 행동을 한다. 여기서 일하는 사람은 ―그가 생각하는 사람이든 조각가든― 일을 할 때 '능동적'이 된다. 다른 사람의 부탁이나 요구에 따라 하는 일이라 하더라도 적어도 일을 하는 동안 능동적으로 하지 않을 수 없다. 왜냐하면 무엇이든 능동적으로 하지 않고서는 무언가를 할 수 없기 때문이다. 억지로 먹고, 억지로 생각하고, 억지로 글을 쓰더라도 능동적으로 하지 않고서는 일을 할 수 없다.

그렇다면 일에는 능동성만 드러나는가? 모든 일이 능동적인 주체의 소산에 지나지 않는가? 농부가 씨를 뿌릴 때 농부는 흙을 밟아야 하고 밭이랑을 따라야 하고 바람의 방향과 바람의 세기를 따라야 한다. 목각을 만드는 조각가는 나무의 조직과 나무의 결의 영향을 받는다. 농부나 조각가는 다같이 '물질의 저항'을 경험한다. 악기를 다루는 연주자나 오페라 공연을 하는 가수도 다루는 악기와 목소리가 지닌 물질의 저항을 경험하기는 마찬가지다. 그러면 이른바 '육체노동'의 경우에만 물질의 저항을 경험하는가? 무엇을 구상하거나 계획을 세우거나 생각하는 사람은 물질의 저항으로부터 자유로운가? 예를 들어 여행을 계획하는 사람이 정해진 날짜에 정해진 장소로 가기 위한 계획을 세운다고 하자. 그의 계획은 순전히 사고 과정에 제한되는가?(여기서 사고 과정이 물리적 과정인가 아닌가 묻는 것은 괄호 안에 넣어 두자.)

계획을 세운다는 것은 일차적으로 심적인 행동이다. 우리는 손이나 발로 계획을 세우지 않는다. 계획은 머리를 써서 세운다. 그러므로 계획을 세우는 일은 신체적 행동이 아니라 마음으로 하는 일, 곧 심적인 행동이다. 그러나 여기에도 비행기의 일정표, 내가 계획을 세울 때 사용하는 종이, 수첩, 연필, 검색 도구로 사용하는 컴퓨터, 딱딱한 자판, 이런 것들이 관계된다. 계획을 세우는 일은 마음을 통해서 하는 활동이지만 여러 종류의 물질적인 것들의 관여 없이는 가능하지 않다. 여기에도 일종의 '물질의 저항'이 있다.

순수한 심적 활동이라 할 수 있는 '생각하는 일'의 경우도 이미 존재하는 자연 언어로부터 어휘를 가져와야 하고 자연 언어에 적용되는 언어의 규칙을 따라야 한다. 생각하는 사람이 새로 어휘를 만들어 낼 수는 있지만 칸트가 일찍이 말했듯이 생각하는 사람은 언어를 빚어내는 대장장이가 아니다.[01] 기존의 언어와 그 언어 안에 있는 어휘를 사용해서 생각한다. 만일 내가 생각한다면 나는 언어에 통용되는 규칙들을 따라야 한다. 이 규칙들은 나를 초월해 있다. 이것들에 대해서 내가 능동적으로 관여할 때, 다시 말해 규칙들을 내가 따를 때, 나는 그 규칙들에 대해서 '수동적'일 수밖에 없다. 말하거나 생각하는 사람은 언어의 규칙을 따르지 않고서는 말하거나 생각할 수 없다. 길을 걷는 사람은 땅의 저항을 받지 않고서는 걸을 수 없다. 조각가는 나뭇결을 따르지 않고서는 나무를 빚어 일정한 형태를 만들 수 없다. 이처럼 일을 하는 행위는 능동적이지만 일하는 사람은 일의 과정에서 수동성을 경험한다. 조각가가 목각을 만들기 시작할 때 그의 일은 능동적으로 시작된다. 그러나 일을 시작하자마자 나무가 가해 오는 물질성으로 인해 조각가는 물질에 대한 자신의 수동성을 경험한다. 도구를 사용해서 나무에 일정한 모양을 새겨 넣을 때 조각가는 다시 자신의 능동성을 경험한다. 일은 여기서 능동성과 수동성의 교류를 통해 진행되는 인간의 행위임이 드러난다.

일에는 어떤 일이든지 시작이 있고 과정이 있고 마침이 있다. 이모든 과정은 일에서 중요하다. 농부가 씨를 뿌려 마지막 수확을 거두는 일이나, 가구를 만드는 장인(匠人)이 나무를 빚어 쓸 만한 작품

---

01   Immanuel Kant, *Kritik der reinen Vernunft* (Hamburg: Felix Meiner, 1956), p.348.

을 하나 완성하는 일이나, 소설가가 원고 첫 장을 시작하여 마지막 장을 마치는 일이나, 동안거나 하안거에 들어간 스님이 해제(解制)를 하는 일이나, 어머니가 아이를 낳아 장성하게 키우는 일이나, 모든 일은 시작과 과정과 마침에서 보면 동일하다. 여기에는 앞에서 얘기한 몸의 움직임과 마음의 집중과 시간의 흐름과 그로 인해서 오는 피로감이 수반된다. 예배를 드리거나, 회의를 하거나, 땅을 파거나, 다리를 놓거나, 농사를 짓거나, 학생들을 가르치거나, 가게에서 물건을 팔거나, 식당에서 음식을 만들어 사람에게 내어 놓거나, 아이를 키우거나, 집 청소를 하거나, 밥을 하거나, 글을 쓰거나, 연주를 하거나, 연극을 하거나, 정원을 가꾸거나 무엇을 하거나 시작과 과정과 마침이 있고, 마음 씀과 애씀이 투입된다.

일에는 혼자서 하는 일이 있는가 하면 여러 사람이 한곳에서, 또는 여러 사람이 다른 장소에서 하는 일이 있다. 글을 쓰거나 그림을 그리거나 하는 일들은 대개 혼자서 하지만 여러 사람이 연작(連作)을 쓰거나 공동으로 그릴 수도 있다. 요리도 혼자서 만들 수 있지만 여러 사람이 참여해서 할 수도 있다. 자동차를 만드는 일은 다른 장소, 다른 나라에서 만들어진 부품들을 한곳에서 조립하여 완성품으로 만들어 내는 일로 끝난다. 그런데 일은 홀로 하건 공동으로 하건 간에 끝내 결과물로 나와야 마무리된다. 만일 어떤 일에 결과가 없다면 그 일은 마무리되지 않은 일이 된다. 따라서 일에서 역시 가장 중요한 것은 결과일 것이다. 일을 시작했는데 결과가 나오지 않는다면 그러한 행위와 활동은 일이라 부를 수 있을지라도 '일을 마쳤다'고는 할 수 없다. 예컨대 목수의 일은 잘 만든 가구나 잘 지은 집으로 드러난다. 작가나 학자의 작업은 작품이나 논문 또는 책으로 완성된다. 농부의 노동은 농작물의 수확으로, 요리사의 노동은 음식으로 결과물이 나온다.

일의 결과는 일의 숫자만큼 이루 헤아릴 수 없이 많다. 앞에서도 말했지만 일에는 어떤 경우든 시작이 있고 과정이 있고 마무리가 있다. 놀이도 이 점에서 마찬가지다. 그러나 일과 놀이가 다른 것은 결과가 삶에 미치는 방식이다. 가령 내가 야구를 하면서 형편없는 점수를 얻었다고 해 보자. 그 결과가 나에게 미치는 영향은 기분이 좋지 않은 것과 기량을 좀 더 키워야겠다는 생각밖에는 별로 없다. 왜냐하면 야구는 나에게는 시간이 있을 때 할 수 있는 운동 가운데 하나일 뿐, 먹고사는 일과 무관하기 때문이다. 그러나 추신수나 류현진에게는 전혀 다르다. 그들에게는 게임의 결과가 곧장 연봉과 연결된다. 놀이와 달리 대부분의 일은 돈과 관련된다. 농업, 어업, 수산업, 광업, 임업, 통신업, 전자산업, 교육업 등 우리가 흔히 업(業)이라 부르는 것들은 대부분 그것에 관련된 활동을 통해 소득을 가져온다. 이것들을 일컬어 우리는 '직업'이라 부른다. 그로 인해 돈을 벌고, 먹고살고, 가정을 유지하고, 사회 속에서 일정한 역할을 수행한다. 오늘처럼 복잡하게 발전된 사회는 사회적 분업으로 유지된다. 교육에 종사하는 사람은 받은 봉급으로 집을 구하고 식료품을 구입하고 옷을 사고 아이들을 교육시킨다. 집을 짓는 사람들은 그들의 활동으로 얻은 소득으로 아이들을 교육시키고 집을 구하고 식료품을 구입한다. 대부분의 일은 사회적 분업을 통해서 주어지는 물질의 소득으로 이어진다. 만일 물질의 소득이 없다면 대부분의 사람들은 일을 하지 않을 것이다.

2) 일의 의미

여기서 물음이 생긴다. 만일 물질의 소득이 일의 결과로 보상되는 것이라면 일은 물질의 소득을 위한 것인가? 흔히 하는 말처럼 '먹고살기 위해' 일하는가? 다시 말해 '먹고살기' 위함이 일의 목적인가? 만일 먹고살기 위함이 일의 목적이라면 경제적 소득으로 이어지지 않는 활동은 일이 아닌가? 그렇다면 일은 왜 하는가? 일이 우리 삶에 차지한 자리, 위치, 의미가 무엇인가?

사람들은 말한다. "만일 먹고살 만큼 충분한 돈을 가지고 있다면 아마도 많은 사람은 일을 하지 않을 것"이라고. 이러한 추정은 대부분의 일이 먹고사는 일과 관련되어 있다는 전제에서 가능하다. 일은 먹고살기 위해서 하는 것이라는 생각은 얼마 전까지만 해도 우리에게는 당연한 통념이었다. 왜냐하면 일을 하지 않으면 먹고살 수 있는 방법이 없었기 때문이다. 농사를 짓든지, 산에서 나무를 해서 팔든지, 공사장에 나가서 일을 하지 않고서는 먹고사는 데 필요한 양식을 구할 수 없을 뿐 아니라 거처를 구할 수 없고 가족을 부양할 길이 없었다. 오늘처럼 정보화된 사회라 하더라도 일을 하지 않으면 먹고살 수 없다는 것은 일반적으로 여전히 참이다. 왜냐하면 일은 시장 체제에서 재화와 서비스의 교환 수단으로 사용되는 돈을 벌 수 있는 유일한 길이기 때문이다. 돈이 없다면 음식을 사먹을 수 없고, 옷을 사 입을 수도 없고, 거처를 구할 수도 없고, 어디로 이동할 수도 없고, 놀이를 할 수도 없고, 사람들을 만나는 것조차 제한을 받을 수밖에 없다. 유산을 넉넉히 받았거나, 많은 돈을 은행에 예치했거나, 봉급을 훨씬 능가하는 월세가 나오는 건물이 있거나, 생활비를 타 쓸 수 있는 부모나 후원자가 있지 않고서는 누구나 일을 해야 한다. 그러므로 "먹고살기 위해서", "돈을 벌기 위해서"라는 것이 "왜 일하는가?"라는 질문에 대해 무엇보다 앞서 할 수 있는 답임이 틀림없다. 만일 일에 대한 대가로 돈을 받지 않는다면 (아니면 최소한 생활 유지가 보장되지 않는다면) 그 일을 할 수가 있겠는가? 역사적으로 보나, 현실적으로 보나 삶의 필연성 때문에 일을 한다는 생각이 인류 사회에 거의 공통적으로 발견된다. 이런 관점에서 보면 생존을 위해서 일하지 않아도 될 사람은 일할 필요가 없다. 일은 일종의 '필요악'일 뿐 사람됨의 실현과는 무관한 것으로 보인다.

그런데 생각해 보자. 복지 제도가 잘 유지되는 유럽 사회에서 볼 수 있는 것처럼 정부에서 지급하는 실업자 수당을 통해서 먹고사는 데는 아무 문제가 없는 사람들이 그토록 일을 하고 싶어 하는 이유는 무엇인가? 비록 큰돈은 아니라 하더라도 의식주 유지가 어느 정도 가능한데도 일자리가 없는 사람들은 무슨 이유로 그렇게 절망하는가? 일을 하지 않으면 일터로 나가지 않고 일터에서 만나는 사람들과 교제하지도 않고 일 때문에 만나야 할 바깥사람들도 만나지 않게 된다. 일을 하지 않으면 일로 인한 수입이 발생하지 않기 때문에 세금을 내지도 않는다. 일을 한다는 것은 여기서 단순히 몸을 움직이고 에너지를 소모하고 어떤 결과를 산출하는 데만 그치지 않는다. 이미 먹고살 수 있게 된 사회에서 일을 한다는 것은 몸담아 사는 사회 속에서 일정한 역할을 맡는다는 뜻을 지닌다. 예컨대 교사의 일을 한다면 다음 세대를 교육하는 일을 맡아 활동한다. 기업체에 근무한다면 기업체의 생산품을 관리하거나 판매하는 것을 통해 자신의 역할을 할 뿐 아니라 사회 속에서 인정받는다. 조선소에서 선박을 만드는 사람은 그로 인해 생계를 유지할 뿐 아니라 국가 경제에 기여한다는 자부심을 갖는다. 많은 사람들이 선망하는 직종, 그것도 선호하는 직장에서, 많은 연봉을 받으면서 일을 하면 일로부터 오는 '자기실현'의 만족도가 높아질 가능성은 크다. 사람들은 먹고살기 위해서 일할 뿐만 아니라 사회 속에서 자신의 역할을 담당하고 자신의 존재를 드러내기 위해 일한다고 말해도 될 것이다. 자기실현을 통해서 타인으로부터 인정받고자 하는 욕구는 일에서 두드러지게 나타난다. 일은 한 개인의 정체성을 규정하고 삶의 질의 형성에 크게 영향을 준다. 일을 통해서 사람들로부터 인정받고자 하는 욕구가 표출되는 것을 보면 일이 인류의 초기 단계에서는 삶의 필연성에서 비롯되었다고 해도 이제는 사회적 존재로서의 자기실현의 통로가 되었다고 추정해 볼 수 있다.

한 걸음 물러서서 물어보자. 많은 사람들이 일을 하고 있음에도 그로 인해 행복해 하지 못하는 까닭은 무엇인가? 그렇게도 많은 사람들이 들어가고자 하지만 대부분은 들어가지 못하는 대기업에 마치 '선택받은 사람'처럼 채용되어 일하는 사원들 가운데, 요즘처럼 들어가기가 그야말로 하늘의 별따기라고 하는 대학에 들어가서 교수가 된 사람들 가운데, 미술 대학을 졸업한 후 화실을 가지고서 아이들을 가르치면서 그림을 그리고 있는 화가 가운데, 공무원 가운데, 가게를 운영하는 자영업자 가운데 자신들이 하는 일로 행복을 누리기는커녕 불행을 체험하는 까닭은 무엇인가? 마르크스가 말한 대로 일이 삶으로부터 '소외'되었기 때문이라 답해 볼 수 있을 것이다. 마르크스가 본 대로 일은 노동자 자신의 본질의 발현인데, 자본주의 사회에서는 그것을 '자기 것'으로 삼지 못하고 남의 것이 되어 버려 충분히 돌려받지 못하기 때문일 수도 있고, 자신의 삶의 관심과 동떨어졌기 때문일 수도 있고, 온몸과 온 마음을 쏟아 부을 만큼 의미를 주지 못하기 때문일 수도 있고, 그 일을 감당할 만한 충분한 자질이나 능력이 되지 않기 때문일 수도 있다. 다시 말해 일한 만큼 보상을 받지 못하기 때문에, 일을 해도 결과가 제대로 나오지 않기 때문에, 일이 도무지 신나지 않기 때문에 좋은 직장에서 사람들이 선호하는 일을 하면서도 사람들은 불행을 느낄 수 있다. 이러한 현상은 무엇을 말해 주는가? 일의 의미는 자기실현만으로는 충족될 수 없다는 사실을 보여 주는 것인가?

아이를 위해서 열심히 모유를 먹이는 어머니를 보라. 가축을 기르되, 자식처럼 돌보면서 때가 되면 먹을 것을 주고, 추위가 다가오면 가축우리를 따뜻하게 만들어 주는 농부를 보라. 가구를 하나 만들면서 자르고 붙이고 혼신을 다해 완벽하게 만들려고 애쓰는 목공을 보라. 음식을 만들어 손님들을 정성껏 대접하는 식당 주인을 보라. 그가 악기인지 악기가 그인지 모르게 악기와 한 몸 되어 연주하는 바이올리니스트나 피아니스트를 보라. 단어 하나, 문장 하나, 지우고 다시 쓰면서 시 한 편을 빚어내는 시인을 보라. 이 모든 경우, 일을 하되 그러므로 여느 일처럼 일상적으로 반복되고 당연하기도 하고 특이하게 두드러지게 눈에 띄지 않게 일을 하지만, 그럼에도 공통적으로 드러나는 것은 일의 대상을 사랑한다는 것이다. 사랑하게 되면 자신을 잊은 채, 사랑하는 대상을 완벽하고 아름답고 참되게 드러내려고 혼신을 다하게 된다. 열심히 젖을 물리는 어머니는 자신을 잊고 자기를 아기에게 내어 준다. 가축을 자식처럼 돌보는 농부는 가축이 가져다주는 경제적인 이윤을 생각하기보다 살아 있는 것에 대해 애정을 쏟는다. 만일 그렇지 않다면 예컨대 마지못해 소를 시장에 팔러 가면서 눈물 흘리는 농부는 없을 것이고, 최선의 연주를 해내는 연주자가 자신이 연주하는 곡과 완전히 하나되는 일은 없을 것이다. 사랑함이 없다면 일치하지 않고, 일치하지 않는다면 완벽한 모습, 완벽한 소리, 완벽한 작품을 빚어 내지 못한다.

제작자, 연주자, 시인, 학자뿐만 아니라 신부나 목사, 축구 선수나 요리사에 이르기까지 최선의 기량으로 최선의 일, 최선의 작품을 빚어내는 경우는 자신은 사라지고 그 일, 그 작품 자체만이 온전히 드러나기까지 사랑할 때 가능하다. 그러므로 심지어 예배조차도 목사나 신부에게는 일이지만, 그 자신도 신자들과 함께 예배 드리는 하나님을 온몸, 온 마음으로 사랑한다면 최고의 예배를 드리게 된다. 온몸, 온 마음으로 사랑을 쏟아 하는 일은 놀이가 되고 예술이 된다. 그곳에는 트임이 있고, 일의 대상과의 나눔이 있고, 일하는 사람에게는 흡족함이 있다. 탁월한 일꾼, 탁월하게 일을 제대로 하는 사람은, 그가 축구 선수이든지, 학자이든지, 상인이든지, 요리사이든지, 신부나 목사이든지, 예술가이든지 간에 어느 누구도 오직 돈만을 위해서, 오직 자기실현만을 위해서 일하지 않는다. 일의 대상을 완벽하게, 참되게, 아름답게 드러내고자 하는 열망이 자신을 잊고 일에 몰두하게 만든다. 돈이나 명예나 칭찬은 여기에 뒤따라올 뿐이다. 진정한 일꾼은 일 자체의 완벽성, 아름다움, 일 자체의 진실이 드러나기를 추구할 뿐, 그에 뒤따르는 결과와 보상을 앞세우지 않는다.

그렇다면 다시 물어보자. "일한다는 것은 무엇인가?" 단지 현상적으로 보았을 때 일은 애쓰는 것이다. 애씀, 중국말로 꿍푸(工夫)는 그러므로 힘이 든다. 글공부를 하든, 몸 공부를 하든, 그림 공부를 하든, 세상에 애써 하는 일 가운데 힘을 들이지 않고 할 수 있는 일은 없다. 그렇기 때문에 일 가운데도 몸을 많이 움직여서 하는 일을 노동(勞動)이라 부른다. 일을 지칭하는 독일어의 아르바이트(Arbeit)나 네덜란드어의 아르베이트(arbeid)는 모두 아르바(arba), 곧 '노예'에서 유래된 말이다. 자유를 잃은 사람이 자신의 뜻과 상관없이 명령을 받았기 때문에 하는 활동이 일이라는 인식이 여기에 배어 있다. 프랑스어에서 '일하다', '공부하다'는 뜻을 가진 트라바이에(travailler)는 고대 로마에서 막대기 세 개를 묶어 사람을 고문할 때 사용한 트

리빨리움(tripalium)이란 도구에 기원을 둔 말로 원래 '고통받는다'는 뜻을 가졌다. '일'을 가리키는 프랑스어의 트라바이으(travail)나 '여행'을 가리키는 영어의 트래블(travel)이 모두 고문과 관련된 말임을 보면 일이나 여행이 얼마나 힘들었으면 저런 말을 썼을까 하는 생각을 하게 된다. 유럽 문화뿐만 아니라 거의 모든 문화권은 일에 대해서 그렇게 호의적이 아니었다. 일은 가능하면 하지 않는 것이 좋다는 생각이 어느 곳에나 널리 퍼져 있다.

그런데 유독 히브리 전통만이 하나님을 여가를 즐기는 '한가한 신'(deus otiosus)으로 보지 않고 세상을 창조하고, 세상을 붙드시고, 세상에 관여하는 분, 곧 일하는 분으로 그린다. "아버지께서 지금까지 일하시니 나도 일한다"(요 5:17)는 예수의 말씀은 일의 원형을 아버지 하나님, 곧 창조주 하나님의 일하심에서 찾을 수 있음을 시사한다. 창세기 1장을 보라. 하나님은 무엇보다도 일하시는 하나님이다. '브레쉬이트', 곧 '태초에'란 말 다음에 곧장 '바라', 곧 '창조했다'는 말이 뒤따른다. '엘로힘', 곧 '하나님'이 다음에 이어 나온다. "태초에 하나님이 천지를 창조하였다"(창 1:1). 하나님은 말씀으로 빛이 있으라 하시고 하늘과 땅을 구별하시고 땅 위에 있는 식물들과 동물들을 만드시고, 해와 달을 만드셨다. 이 모든 것을 만드실 때마다 하나님은 보시고 '토브', 곧 '좋다'라고 말하셨다. 하나님은 엿새째 날 자신의 모습을 닮은 인간을 만드시고 이레가 되는 날은 안식하였다. 여기서 우리는 일과 쉼의 주기적인 변화를 본다. 하나님이 일하시는 분이듯이 하나님의 형상으로 지음 받은 사람도 당연히 일하는 존재로 등장한다. 아담과 하와는 '한량'(閑良)이 아니라 '일꾼'이다.[02] 관조적 삶(vita contemplativa)을 신적 삶의 전형으로 본 그리스 전통 아래서 형성된 고중세 교회는 일을 필요악으로 볼 수밖에 없었으나 루터와 칼뱅을 위시해서 활동적 삶(vita activa)을 하나님의 활동 방식으로 본 중세 말, 근대 초의 교회 개혁자들은 각자가 이 땅에서 하는 일을 하나님께서 세상을 섭리하시는 수단으로, 신자들에게는 이웃 사랑의 수단으로 사용하기 위한 '부르심'(vocatio, Beruf)으로 이해하였다.[03]

다시 한 걸음 물러나 생각해 보자. 어떻게 일이 이웃 사랑의 수단일 수 있는가? 논밭에서 땀 흘려 일하는 농부의 수고로 도시에 사는 사람은 쌀과 채소를 먹을 수 있게 된다. 빵을 굽고 식당에서 밥을 짓는 사람들의 수고로 배고픔을 면하고, 옷을 만드는 사람들의 수고로 몸을 가리고 추위를 피할 뿐 아니라 외모를 아름답게 꾸밀 수 있다. 작곡을 하고 연주를 하는 음악가들의 수고로 사람들은 아름다운 소리를 즐길 수 있다. 선생님들의 수고로 배우는 사람들은 무식을 면하고, 공무원들의 노력으로 사회질서가 유지되고 세금이 징수, 집행되며 공공의 삶이 가능하게 된다. 학자들의 수고로 새로운 사실이

---

02 일의 신학적 의미를 강조한 최근의 연구로는 Ben Witherington III, *Work: A Kingdom Perspective on Labor* (Grand Rapids, MI: Eerdmans, 2011)와 R. Paul Stevens, *Work Matters: Lessons From Scripture* (Grand Rapids, MI: Eerdmans, 2012) 참조.

03 Friedrich Schorlemmer, "Ein Leben ohne Arbeit?: Thesen über Erwirb, Tätigkeit und Sinn," *Leben ohne Arbeit?—Arbeit als Los?*, Hans-Hermann Hartwich (hrsg.) (Wiesbaden: Springer Fachmedien, 1995), 23-35; Manfred Riedel, "Vita activa—vita contemplative: Ein Beitrag aus der Sicht der Philosophie," 같은 책, pp.81-85 참조.

발견되고 지식이 생산되며 삶이 윤택하게 된다. 목사나 신부의 수고로 하나님께 예배를 드리게 된다. 이 모든 활동은 생명을 살리고, 생명에 힘을 주고, 생명을 북돋우는 데 유용하게 쓰인다. 성수대교를 오가면서 점검원이 다리를 살펴보고 헐거워진 나사를 다시 견고하게 감아 주는 일을 하는 것은 사고를 막아 주고 생명을 보전하는 일에 기여하므로 이것도 결국은 사랑을 실천하는 일이 된다.

이렇게 보면 죄짓는 일 외에, 어떤 일 하나라도 사랑을 실천하는 일이 아닌 것이 없다. 그 수고와 노력이 돈으로 어느 정도 보상이 된다. 그러나 이 모든 노력과 수고를 모두 돈으로 환산하거나 환원할 수 없다는 것은 분명하다. 우리가 하는 일이 대단한 것이 아니라 하더라도 이것들은 모두 어떤 방식으로든 타인의 선에 기여하고 타인에게 유익이 된다. 우리가 먹고 입고, 잠자고 사는 것을 보면 어느 하나 누군가가 일하지 않고서 얻은 것들이 없다. 비록 돈을 주고 샀다고 하더라도 우리가 누리는 것들은 언제나 돈으로 교환할 수 있는 것 이상이다. 여기에는 하나님의 섭리가 있다고 말할 수밖에 없다. 하나님은 우리에게 해와 공기와 물을 주시고 수많은 이웃을 주셔서 우리를 먹이시고 입히시고, 무식을 면하고, 예술을 즐길 수 있게 하신다. 이 가운데서 우리는 하나님의 사랑을 알아보고 타인의 유익에 기여하는 이웃 사랑을 경험한다.

결국 일의 의미는 일 속에서 찾는 의미와 관련이 된다. 대체로 사람들은 사회에서 인정받는 직업, 인정하는 일을 통해 자기 자신의 존재감을 의식한다. 그런데 의사나 변호사처럼 고소득이 보장되는 직업을 가진 사람들 가운데 일로 인해 얻는 행복감이 결핍되는 이유가 무엇인가? 일로 인해 얻는 소득과 사회적 인정이 일의 의미에서 결코 배제될 수 없다. 하지만 자신이 하는 일로 인해서 타인의 고통이 줄어들고 타인의 삶이 윤택하게 된다는 사실을 경험하지 않고서는 아무리 고소득이 보장되는 일이라도 그 일은 일하는 사람에게 행복을 주지 않는다. 그러므로 자신이 하는 일이 타인에게 유익을 끼친다는 사실을 발견할 수 있어야 한다. 왜냐하면 삶의 의미는 나 자신만 잘 먹고 잘 사는 데 있는 것이 아니라 타인의 삶에 내가 얼마나 유익을 끼치고 있는가 하는 것에 달려 있기 때문이다. 나를 필요로 하는 사람이 있는 한 나의 삶은 살 만한 가치가 있다. 더구나 나의 일을 통해서 유익을 보는 사람이 있다면 그 일은 나를 신나게 할 것이고 신나게 한 일의 결과는 타인에게 더욱더 유익을 줄 수 있다.

3) 일의 윤리

어떻게 일해야 제대로 일하는 것일까? 일은 결국 사랑과 연관된다는 마지막 언급에서 이 물음을 생각해 보자. 식당의 경우를 보자. 식당을 운영하는 사람은 당연히 돈을 벌고, 가족을 부양하고, 세금을 내고, 사회의 유지에 기여한다. 그런데 식당에서 가장 중요한 것은 무엇인가? 돈 버는 일이나 가족 부양이나 세금 납부나 사회 유지는 식당을 운영한 결과 그 열매로 따라오는 것들이다. 사람들에게 음식을 만들어 먹이는 일이야 말로 식당이 무엇보다 앞서 해야 될 일이다. 음식 값에 알맞은 품질을 보장할 수 있는 재료를 가지고 최대한 맛있고 영양가 있게 음식을 만들어 손님을 대접한다면 이 얼마나 귀하고 좋은 일인가? 타산을 따져야 하지만 무엇보다 믿을 만한 음식을 값싸고 맛있게 만들어 내는 것이 식당 일을 하는 사람에게 기대할 수 있는 것이 아닐까? 학생들을 가르치는 일을 맡은 사람은 학생들의 지식의 단계에 따라 학습 효과가 제대로 드러날 수 있는 방향으로 잘 가르쳐야 할 것이다. 모든 일에는 그 일에 기대되는 내용이 있다. 연주자에게는 가장 좋은 연주를, 옷 만드는 사람에게는 값싸고 질 좋은 옷을, 집을 짓는 사람에게는 튼튼하고 안락한 집을, 정치하는 사람에게는 정의롭고 공정한 정치를 기대한다. 일의 목적에 맞게, 일에 기대되는 바를 제대로 수행하는 것이 제대로 일을 하는 것이라 할 수 있다.

일이 제대로 돌아가고 제대로 수행되자면 적어도 몇 가지 덕목들이 요구된다. 첫째, 정직하고 진실해야 한다. 일을 하되, 정직하고 진실하게 하지 않고 거짓과 속임수가 개입된다면 그 일은 타인뿐만 아니라 자신을 망치는 결과를 가져온다. 왜냐하면 진실하지 않으면 신뢰할 수 없고, 신뢰할 수 없게 되면 일을 맡길 수 없기 때문이다. 일과 관련해서 "정직은 최선의 정책"이다. 둘째, 제대로 일이 되자면 공정함 또는 정의로움이 있어야 한다. 소요된 경비와 투자된 시간과 에너지에 비해서 지나친 이익을 보려고 한다든지 한 계층이나 인종에 속한 사람과 그렇지 않은 사람을 구별한다든지 하는 것들이 개입해서는 일이 제대로 수행될 수 없다. 그러므로 누구에게나 공정하고 공평하게 일이 이루어져야 한다. 셋째, 일이 제대로 되자면 선(善)을 지향해야 한다. 여기서 선은 고통 받는 사람, 기득권을 상실한 사람에게 먼저 사랑을 베푸는 것을 두고 말한다. 일자리를 만들 때 가장 먼저 고려해야 할 것은 그 자리가 없으면 생계유지가 되지 않는 사람들이 일자리를 얻도록 하는 것이며 일로 인해서 이익이 발생했을 때도 가장 약한 사람들에게 이익이 먼저 돌아갈 수 있는 방식으로 분배되어야 한다. 그렇게 해야 사회의 공공선이 제대로 실현될 수 있기 때문이다. 우리 사회는 일이 제대로 될 수 있는 덕목의 관점에서 볼 때 얼마나 거리가 먼 사회인가? '이익공유제'에 대한 논의가 시작될 때 어느 대기업 총수가 보인 부정적인 반응은 공정하고도 정의로운 사회를 우선시하고 약자를 배려하는 기업을 기대하기가 얼마나 어려운가를 보여 준다.

다시 물어보자. 어떻게 하는 것이 일을 제대로 하는 것일까? 만일 일을 한다면 반드시 보수를 받고서 일을 해야 한다고 말하는 사람이 있을 수 있다. 스탠리 하우어워스(Stanley Hauerwas)는 "원고료를 받지 않고 글을 써 주는 사람은 바보"라고 말한다. 그러면 제대로 일을 하자면 원고료를 받지 않고 글을 써 주는 일은 하지 말아야 하는가? 앞에서 우리는 일과 놀이를 구별하면서 경제적 보상이 따르는 경우와 그렇지 않은 경우를 언급하였다. 그런데 일에 대한 보수의 존재 여부를 가지고 일과 일이 아닌 것을 구별한다면, 집안일이나 호스피스 활동과 같은 일들은 일이 아닌 것처럼 배제되어 버린다. 지금 내가 하고 있는 것처럼 컴퓨터를 붙잡고 책상에 앉아 글을 쓰느라 애쓰는 것도 분명히 일은 일이다. 하지만 여기에는 경제적 보상이 뒤따르지 않는다. 그렇다면 나는 지금 일을 하는 것이 아니라 단지 놀이를 하고 있는 것인가? 아니면 일은 하되, 일을 제대로 하지 않고 있는 것인가?

나의 글쓰기 경우는 보수가 있느냐 없느냐 하는 것은 그리 중요하지 않다. 왜냐하면 전업 작가와 달리 나는 글을 써서 생계를 유지하는 직업을 가지고 있지 않기 때문이다. 지금 내가 하고 있는 일이 내가 할 수 있는 능력, 나의 재능을 발휘할 수 있는 일인가 아닌가 하는 것이 더 중요하다. 나는 만일 사람이 일을 한다면 자신의 재능과 능력을 충분히 발휘할 수 있는 일을 해야 한다고 주장하고자 한다. 왜냐하면 그렇지 않으면 일을 아무리 잘 하려고 해도 그르치고 말 것이기 때문이다. 그런데 세상에는 재능이나 능력이 없으면서도 중요한 일을 맡아 그르치는 일이 많으니 누가 이 일을 막을 수 있겠는가? 지금 이 나이에 이르도록 살면서 배운 것은 만일 무엇을 맡아야 한다면 우선 그것을 잘 할 수 있어야 한다는 것이다. 잘 하기 위해서는 재능이 있어야 하고, 능력이 되어야 한다. 어떤 일을 할 수 있는 재능이 있는지, 능력이 되는지를 알려면 그 일에 상당한 시간을 투자해서 일의 진도와 결과를 보아야 한다. 몇 달이 아니라 몇 년이 걸릴 수도 있지만 시간 투자를 하지 않고서는 재능 여부를 알 수 없다.

어떤 일을 할 때 "내가 그 일을 할 수 있는가?" 하는 물음 못지않게 중요한 것은 "내가 그 일을 해야 하는가?"라는 물음이다. "할 수 있는가?" 하는 물음은 재능의 문제, 능력의 문제이지만 "해야 하는 가?" 하는 물음은 의무와 책임, 사명과 관련된 문제이다. 사명과 관련된 물음은 내가 그 일에 '부름 받았다'는 의식 없이는 답을 얻을 수 없다. 그런데 내가 이 일로 부름 받았다는 것을 나는 어떻게 아는가? 다시 말해 내가 하고 있는 일을 나의 소명으로 알고 그것을 제대로 하려는 노력을 하게 된 실마리가 무엇인가? 철학을 나의 삶의 일로 삼기 전 나는 여러 학문을 접해 보았다. 중학교 시절에는 문학에 빠졌고 신앙을 가지면서 신앙의 물음을 묻기 시작하였다. 고등학교 시절에는 아우구스티누스, 파스칼, 키에르케고어를 읽기 시작하였고 철학에 관심을 가지기 시작하였다. 그리고는 신학과 언어학 공부에 빠져 보기도 하고 심리학과 사회학, 그리고 미술사에 관심을 가지고 관련된 책들을 읽었다. 결국 철학이 다른 분야보다는 내가 오래 머물게 된 학문이 되었다.

그런데 아무리 소명감을 느낀다고 해도 좋아하지 않으면 어떻게 할 수 있는가? 어떤 일이라도 좋아하지 않고서 하게 되면 억지로 하게 된다. 일을 억지로 하게 되면 좋은 결과가 따르지 않는다. 그러므로 어떤 일을 제대로 하자면 좋아해야 한다. 좋아하지 않고서는 진보가 없고 진보가 없이는 지속적으로 같은 일을 반복해서 진행할 수 없다. 그런데 어떻게 좋아하게 되는가? 마치 사람을 알게 되면 좋아하고, 좋아하면 더욱더 알게 되는 것처럼 어떤 일도 알게 되면 좋아하게 되고, 좋아하면 점점 더 잘 할 수 있게 된다. 좋아하면서 하는 일과 좋아하지도 않는데 직업이기 때문에 하는 일은 다를 수밖에 없다. 일의 결과에서 뿐만 아니라 일의 과정에서도 차이가 발생한다. 좋아하기 때문에 하는 일은 일에서 오는 피로감이나 지루함, 일이 주는 무게가 좋아하지 않는 데도 하는 일보다는 훨씬 가볍다. 이 둘의 차이는 사랑하는 사람과 함께 긴 시간을 보냈는데도 시간이 너무 빠르게 지나간 느낌을 받는 경우와 짧은 시간이라 할지라도 전혀 관심이 없는 사람과 보낸 시간이 길게 느껴지는 경우의 차이와 비슷할 것이다. 그러므로 일을 하되, 내가 할 수 있는 일, 내가 해야 하는 일, 내가 좋아하는 일을 하는 것이 일을 잘 하는 방법이다.

끝으로 두 가지를 첨언해 두자. 혼자 하는 일처럼 보이는 일조차도 일은 언제나 남과 더불어 한다. 모든 일이 서로 얽혀 있고 어떤 일이든 타인과 함께하지 않고서는 해낼 수가 없다. 타인과의 연대는 현재 일을 하고 있는 사람과의 연대에 그치지 않는다. 일자리가 없어 절망에 빠진 사람도 우리가 고려해야 할 타인이다. 일에서의 정의(正義)는 나의 일을 제대로 해내는 것뿐만 아니라 타인이 일할 수 있는 환경과 여건을 만들어 내는 데 기여하는 것으로까지 확장된다. 그렇게 하기를 원한다면 다음 세대를 탁월하게 키울 수 있어야 하고, 나의 일자리를 공유할 준비가 되어야 하고 나의 급여를 줄일 수 있는 준비가 되어 있어야 한다. 그렇지 않고서는 일에서의 정의, 그리고 그로부터 오는 사람들 사이의 평화는 만들어지지 않는다. 한마디 더 덧붙이고 싶은 것은 일이 삶에 매우 중요하지만 일이 삶의 의미를 모두 포괄할 수는 없다는 매우 평범한 자각이다. 일은

유럽의 고중세 전통에서 보듯이 '필요악'이란 이름으로 비하해서도
안 되지만, 마르크스에게서 보듯이 인간의 '자기실현'이란 이름으로
신성시해서도 안 된다. 일은 그것이 단순한 돈벌이나 나의 존재 확
인에 그치지 않고, 그로 인해 이웃에 대한 사랑이 실천되는 수단이
될 때 정말 귀한 의미를 얻게 된다. 삶은 다양하고 할 일은 많다. 타
인과의 대화, 배려, 관심, 기도, 예배, 쉼, 놀이, 예술, 이와 같은 것들
은 일상의 삶을 더욱 알차고, 넉넉하고, 자유롭고, 감사한 마음으로
누릴 수 있게 해 주는 것들이다.

2. 쉰다는 것

우리 인간은 '일하는 존재'이기도 하지만 '쉬는 존재'이기도 하다.
'쉬는 존재'일 뿐 아니라 한 걸음 더 나아가 '예배하는 존재'요 '축제
를 벌이는 존재'이다.[04] 일하지 않고서 사는 사람은 있지만 쉬지 않
고서 사는 사람은 없다. 밤낮으로 일에 시달리는 사람도 잠시 쉬지
않으면 일을 할 수가 없다. 쉼은 우리의 신체적 조건, 심리적 조건,
사회적 조건에 따라 없을 수 없는 필수적인 활동이다. 노년이 되면
쉬고 싶은 마음이 없더라도 우리는 하는 수 없이 쉬어야 한다. 삶의
막바지에 긴 휴식 기간이 찾아온다. 노년의 휴식에 앞서 우리는 일

04 Josef Pieper, *Leisure. The Basis of Culture*. Introduction by Roger Scruton & New Translation
    by Gerald Malsbary (South Bend, Indiana: St. Augustine's Press, 1998) 참조.

주일에 한 번 또는 두 번, 그리고 한 해에 주기적으로 연차 휴가와 같은 휴식 시간을 갖게 된다. 한 주(週) 가운데 하루를 쉬게 된 것은 인류가 고대 이스라엘 전통으로부터 받은 선물이다. 일주일에 한 번 쉬는 것 외에도 우리는 하루의 일과가 끝나면 휴식을 취하게 된다. 이렇게 쉼을 누리게 되는 것은 우리의 일상 속에서 가장 빈번하게 반복되는 것 가운데 하나이다. 그런데 이러한 반복의 의미가 무엇일까? 쉬는 것은 일하기 위한 것인가? 아니면, 쉬기 위해서 일하는가? 창세기 1장과 2장 첫머리를 보면 하나님은 하늘과 땅, 그 안에 있는 것들과 사람을 지으시고 이레 되는 날 쉬셨다. 하나님의 쉼은 무엇을 위한 것인가? 하나님의 쉼으로부터 우리는 무엇을 배울수 있는가? 좀 더 근원적으로 물어보자면 쉰다는 것은 무엇인가? 쉴 때 무슨 일이 일어나는가, 아니, 쉬지 않으면 무슨 일이 일어나는가? 쉰다는 것은 우리 삶에 어떤 의미가 있는가? 쉬되, 제대로 쉬어야 한다면 어떻게 쉬는 것이 제대로 쉬는 것일까? 이 물음을 가지고 생각해 보자.

1) 쉼의 현상

'쉰다'는 말을 먼저 생각해 보자. 우리의 일상어에서 '쉰다'는 말은 몸이나 마음을 힘껏 움직여 더 이상 지속하기가 힘든 상황에서 그 활동을 멈출 때 쓰는 말이다. 좀 더 정확하게 말하자면 쉰다는 것은 하던 일을 그치고 하던 일과는 다른 활동으로 전환하는 상태를 일컫는다. 따라서 쉼에는 두 가지 계기가 있다. 첫째, 쉼을 말하려면 선행한 활동, 선행한 일이 있어야 한다. 선행한 활동이나 일이 없다면 쉰다는 말을 할 수 없다. 왜냐하면 쉼은 지속적으로 하던 일이나 활동의 중단, 그침이기 때문이다. 아무 활동도, 아무 일도 하지 않는 상태는 '일없이 지내는 것'이거나 '노는 것'이다. 그럼에도 일없이 지내거나 노는 것을 두고 "요즘 집에서 쉬고 있어요"라고 말할 경우, 과거에는 일을 했고 앞으로도 일이 주어지면 할 것이지만 지금은 잠시 휴식하고 있다는 뜻으로 이해한다. 요컨대 어떤 활동이나 일이 선행하지 않으면 쉼이라는 상태가 따라올 수 없다. 둘째, 쉼은 하던 일, 하던 활동과는 다른 상태로 들어가는 것이다. 수학 공부를 하던 학생이 다시 국어 책을 손에 든다면 그 경우를 쉰다고 하지 않는다. 농부가 괭이를 들고 논에 나가서 물고랑을 터 주고는 김을 맨다면 이렇게 하는 것을 쉰다고 하지 않는다. 육상 선수가 100m 달리기를 한 뒤 다시 400m 계주에 참여한다면 이것도 쉰다고 하지 않는다. 수학 공부하던 학생이 텔레비전을 본다든지 괭이를 든 농부가 논둑에 앉아 옆집 아저씨와 얘기를 나눈다든지, 육상 선수가 잠시 벤치에 앉아 음료수를 마신다든지 할 때 우리는 '쉰다'고 말한다. 하고 있던 일이나 활동을 그치고 그 활동과는 종류가 다른 활동으로 전환할 때 쉰다고 할 수 있다.

그러면 쉴 때 무슨 일이 일어나는가? 만일 쉼이 일의 중지, 활동의 그침에서 시작된다면 일을 할 때, 또는 활동할 때 무슨 일이 일어나는지 먼저 물어야 한다. 산에 오른다고 해 보자. 가파른 비탈을 긴 시간에 걸쳐 오르면 근육이 긴장되고, 숨이 차고 땀이 난다. 흐르는 땀은 수건으로 닦아 낼 수 있지만 긴장된 근육이나 가쁜 숨은, 쉬지 않고서는 정상 상태로 되돌릴 수 없다. 그러므로 도중에 잠시 휴식(休息)을 취하게 된다. 찬 숨(息)을 쉬고(休), 천천히, 편안하게 숨을 쉬게 된다. 숨을 제대로, 고르게 쉬게 되면 근육은 이완되고 심장도 정상적으로 뛰게 된다. 숨을 제대로 쉬지 못하면 산소 공급이 제대로 되지 않으며, 산소 공급이 되지 않으면 세포조직이 파괴되고, 세포가 파괴되면 생명체의 여러 기관이 제대로 기능할 수 없다. 쉰다는 것은 이렇게 보면 숨을 제대로 쉬는 것이다. 가던 걸음 멈추고 잠시 앉아 쉬거나, 하던 일 내려놓고 물끄러미 산을 바라보면 가쁘던 숨은 고르게 되고 심장은 제 박동에 따라 뛰게 된다. 숨이 차고 또 차서, 목에 걸려 더 이상 숨을 쉴 수 없게 될 때, 우리는 '목의 숨', 곧 '목숨'이 끊어졌다고 한다. 목숨이 끊어지면 육신의 생명은 죽게 된다. 숨을 쉬지 못하면 육신의 생명이 유지되지 못하므로 숨을 돌려 쉬게 하는 쉼, 곧 휴식은 생명의 (충분조건은 아니지만 적어도 가능한 여러 필요조건 가운데 하나의) 조건이 된다.

숨을 고르게 쉬는 것은 신체 노동의 경우에만 적용되는가? 밤새 보고서를 만들어야 하거나 쉬지 않고 통화를 해야 하는 사람을 생각해 보자. 보고서의 내용이나 성격에 따라 다르지만 어떤 종류의 보고서라도 일단 자료를 모아야 하고, 사실에 대한 서술이 필요하다면 자세한 내용을 서술해야 하고, 평가나 제안이 필요하다면 그 작업도 실행해야 한다. 이렇게 하자면 정신의 긴장이 요구된다. 작업 시간이 길어지면 정신적 피로 못지않게 신체적 피로가 수반된다. 눈은 침침해 지고, 입술은 타며, 심장 박동은 불규칙적이 되고 호흡은 고르지 못하게 된다. 정신노동조차도 호흡을 제대로 하자면 휴식이 필요하다. 그래야 신체 기관이 정상적으로 기능하며 생명체가 생기를 잃지 않고 유지된다. 한껏 움츠러들었던 가슴은 활짝 펴지게 되고 찌그러졌던 얼굴은 살아나고 눈에는 생기가 돌게 된다.

다시 물어보자. 일을 그치고 쉬게 될 때 무슨 일이 일어나는가? 숨을 고르고 편하게 쉬게 됨은 앞에서 이미 말하였다. 그리고는 무슨 일이 일어나는가? 나무를 다듬던 목수가 한참 움직이던 일손을 멈추고 잠시 일어난다고 해 보자. 그러면 목수는 나무에서 손을 떼고, 연장을 손에서 내려놓는다. 나무와 연장의 물질성에서 오는 저항과 무게로부터 벗어나 목수는 자유를 되찾는다. 일할 때와는 달리 숨을 고르게 쉴 수 있을 뿐 아니라 실내에서 일하는 경우에는 자리를 털고 일어나 바깥으로 나가서 신선한 공기를 들이킬 수 있다. 그리고는 화단에 있는 꽃에 물끄러미 눈길을 보내거나 장독대에 앉은 나비를 볼 수 있다. 혹시 담배를 피우는 사람이면 담배를 한 개비 꺼내 물고는 서울로 보낸 자식 생각을 하거나 만들어야 할 가구 생각을 할 수도 있다. 작가가 쓰던 글을 멈추고 잠시 의자를 밀치고 일어난다고 해 보자. 작가는 글쓰기의 물질성(글을 쓰는 종이나 자판의 저항)에서 벗어날 뿐 아니라 무엇보다 글을 쓰느라 몰두한 생각으로부터 잠시 벗어나게 된다. 그리고는 부엌에 가서 커피를 내려 마시고는 듣고 싶던 음악을 듣거나 눈길 한번 주지 않던 강아지를 쓰다듬어 줄 수 있다. 쉼은 사람과 사물을 돌아보게 해 주며, 새롭게 다시 관심을 가지게 해준다. 다름 아니라 이것이 곧 쉼이 주는 여유이다. 쉼을 통하지 않고서는 이런 여유를 얻을 수 없다. 쉼은 몸과 마음을 얽매던 것으로부터 풀려나게 할 뿐 아니라 주위를 돌아볼 여유를 준다. 말하자면 '소극적 의미의 자유'(무엇으로부터의 자유)와 '적극적 의미의 자유'(무엇을 위한 자유)를 우리는 일에서 쉼으로 넘어가는 순간에 비록 짧게나마 경험한다. 쉼이 없다면 풀려남이나 벗어남을 체험하지 못할 뿐 아니라 무엇을 다시 시작할 수 있는 가능성 또한 체험하지 못한다.

쉼은 이렇게 보면 붙잡고 있던 것을 내려놓음으로 인해 능동 상태에서, 능동도 수동도 아닌 제로 상태로의 이행이며, 이러한 이행으로 인해, 다른 종류의 능동 상태가 시작될 수 있는 조건을 만들어 준다. 쉼은 (나도 수년간 연마한 적이 있는 중국 무술의 주먹 지르기 경우를 생각해 보면) 지금까지 긴장시켰던 근육의 힘을 완전히 빼어 순간적 집중을 통해 일격을 가할 수 있는 주먹의 상태를 다시 빚어내는 순간이라 볼 수 있다. 그런데 일격을 가할 수 있는 상태는 이전의 힘씀과는 달리 더 이상 사물이나 사람을 붙잡지 않고 그것이 그것 되게 놓아주고 바라볼 수 있는 능력으로 전환하여 주변 사물과 일을 관조적 관계로 대할 수 있게 해준다. 만일 쉼이 없다면 내 주변에 있는 모든 것은 나의 손 안에 집어넣고 통제해야 할 일의 대상으로 다가올 뿐 내가 응시하고 빙그레 웃음 짓고 감탄하는 관계는 형성되지 않는다. 쉼으로 인해 활동적이고 능동적인 삶(vita activa)이 사물을 응시하고 그 속에서 일체가 되는 관조적 삶(vita contemplativa)으로 전환된다. 관조적 삶이 쉼으로부터 자동적으로 따라오지는 않지만 쉼이 없이는 가능하지 않다.

생각을 정리해 보자. 쉼은 숨을 편하고 고르게 쉬는 것이다. 쉼은 이런 의미에서 '편안한'(安) '숨'(息), 곧 안식(安息)이다. 숨쉬기가 안식이 되기 위해서는 무엇보다 일의 그침, 중단이 있어야 한다. 그렇게 하면 우리는 숨을 다시 고르게 쉴 수 있다. 가만히 앉아 숨을 고르게 제대로 쉬는 것만 해도 쉬는 것이 된다. 그런데 쉼이 어디 숨만 쉬는 것인가? 잠을 자거나 음식을 먹거나, 책을 읽거나 텔레비전을 보거나, 운동을 하거나 여행을 하거나, 예배나 미사에 참석하는 것도 쉼의 한 방식이다. 이른바 '소극적 휴식'과 '적극적 휴식'이 모두 쉼에 들어간다. 그렇다면 쉼은 활동을 하지 않는 것이라고 할 수 없다. 활동의 그침, 활동의 중단에서 쉼이 시작되지만 다른 활동이 뒤따라 이어진다. 누워 자거나 소파에 가만히 앉아 있다면 거의 활동이 필요 없다. 그러나 신문을 읽거나 텔레비전을 본다면 약간의 집중과 관심이 필요하다. 등산을 가게 되면 평소보다 훨씬 강도 높게 근육을 써야 하고 심장과 폐의 활동도 훨씬 더 많이 요구된다. 여행의 경우에도 일할 때보다 오히려 더 많은 스트레스를 받을 경우가 있다. 그래서 쉼이 되기는커녕 심신의 피로가 더할 수 있다. 그럼에도 이러한 활동을 쉼이라 보는 까닭은 무엇인가?

쉼과 일은 '활동'인 점에서는 동일하다. 그럼에도 쉼과 일이 구별되는 까닭은 무엇인가? 글쓰기를 전업으로 하는 작가가 글쓰기를 잠시 멈추고는 바깥으로 나가서 화단에 있는 꽃을 돌본다고 해 보

자. 이때 글쓰기는 작가에게는 일이고 꽃을 돌보는 일은 ('일'이라 방금 부르기는 했지만) 실은 일이 아니라 휴식의 방식 가운데 하나이다. 작가가 글쓰기를 멈추고 꽃을 돌볼 때, 작가는 글자와 생각을 떠나 꽃과 흙을 만지게 된다. 이때 작가의 손과 눈은 글을 쓸 때 사용되던 방식과는 다르게 움직인다. 글을 쓸 때는 글 자체의 흐름과 내용에 의식의 초점이 머물러 있다. 따라서 초점 의식(focal awareness)을 보조해 주는 손과 눈은 시야에 들어오지 않는다.[05] 꽃을 만지고 가꿀 때는 꽃과 흙을 만지는 손의 동작에 의식의 초점이 머물게 된다. 더구나 꽃을 만지고 가꾸는 일은 어떤 결과에 얽매이지 않으므로 크게 긴장하거나 마음을 쓸 필요가 없다. 그러므로 눈과 손으로 대상(이 경우, 꽃과 흙)과 관계하는 방식이 생각에 생각을 이어 가는 글쓰기 활동과는 전혀 다르므로 꽃을 가꾸고 돌보는 일은 작가에게 휴식이 된다. 그런데 직업이 꽃을 가꾸는 사람에게는 어떤가? 꽃을 가꾸는 일은 그에게는 일이 된다. 혹시 그가 시집간 딸에게 편지를 쓴다면 그 일은 그에게 휴식이 된다. 이렇게 보는 방식이 옳다면 일과 쉼의 차이는 활동의 내용보다 활동에 보내는 시간과 에너지, 그리고 그로부터 오는 결과에 따라 빚어진다고 해야 할 것이다. 일은 휴식보다는 훨씬 긴 시간을 투여해야 하며, 오랜 시간 땀과 에너지를 소모해야 하고, 그 결과로 크든 작든 소득이 산출되어야 한다. 그렇지 않으면 일을 해도 그 일은 도로(徒勞)가 되기 쉽다. 쉼의 경우에

05   Michael Polanyi, *Personal Knowledge* (London: Routledge & Kegan Paul, 1958), pp.55-65 참조.

는 더 많은 에너지와 경비를 지출해야 할 경우가 더러 있으나, 그로 인해 심신의 긴장이 완화되고 새로운 활력을 얻는 기회가 되므로 사람들은 쉼을 가치 있는 것으로 보게 된다.

다시 생각을 모아 보자. 일을 하는 가운데 쉼이 개입되려면 무엇보다 선행 활동이 중단되어야 한다. 쉼의 일차적 조건은 일의 그침, 활동의 중단이다. 이것을 우리는 쉼에 대한 최소 조건이라 부를 수 있다. 우리 몸 가운데 쉬지 않고 활동하는 것으로 느낄 수 있는 기관은 심장이다. 심장은 성인의 경우 1분에 약 70번, 1시간에 대략 4,200번을 뛴다. 그럼에도 지치지 않는 까닭은 매번 뛸 때마다 순간적인 휴식이 따르기 때문이라 전문가들은 말한다. 심장은 1분에 70번을 뛰면서 70번을 아주 짧게 쉬는 셈이다. 대부분의 경우에 우리 몸은 그냥 두면 의지와 상관없이 스스로 정상 상태를 찾아 되돌아간다. 그런데 우리가 의식적으로 일을 하거나 활동을 할 때는 다시 의식적으로 쉬어 주어야 한다. 그렇게 하면 심장 박동은 정상화되고 호흡은 고르게 된다. 쉼은 이런 의미에서 '코에 숨이 있는'(사 2:22) 존재에게는 필수적인 생존 조건이다. 공사판에서 땀 흘려 일하는 노동자뿐만 아니라 수도원에서 기도에 힘쓰는 수사에 이르기까지 모든 사람이 활동의 그침으로 쉼을 누려야 한다. 그렇지 않고서는 살아 있을 수 없다. 이런 의미의 쉼은 하던 일을 멈추면 얻게 된다. 집을 짓느라 한창 벽돌을 쌓고 있던 사람은 공사장 주변 흙 마당에 퍼질러 앉는 것만으로, 먼 길을 따라 운전을 하던 사람은 휴게소에 들러 손을 운전대에서 잠시 떼는 것만으로, 글을 쓰던 사람은 손을 놓고 잠시 마루에 나가는 것만으로도 쉼을 얻게 된다. 우리의 일상은 이렇게 일과 휴식, 또다시 일과 휴식으로 교차되는 방식으로 진행된다. 쉼은 이런 경우 다시 일을 할 수 있도록 사람을 새롭게 해 주고(refreshing) 힘을 북돋아 준다(revigorating).

여기서 한 걸음 물러서서 물어보자. 아무것도 하지 않는다면 그것이 곧 쉼을 가져다주는가? 아마 정말 아무것도 하지 않을 수 있다면, 무엇에도 관여하지 않을 수 있다면, 그야말로 무념무상(無念無想)에 들어갈 수 있다면, 아니 있는지 없는지도 모른 채 그냥 있을 수 있다면 쉼 중에 이만큼 좋은 쉼은 없을 것이다. 그러나 일상을 사는 사람이 무념무상의 휴식을 누리기는 쉽지 않다. 왜냐하면 거의 무(無)나 죽음의 상태에 이르지 않고서는 이러한 경험을 할 수 없기 때문이다. 심지어 잠을 잘 때조차 우리 의식은 완전한 쉼을 얻지 못한다. 어느 정도는 깨어 있기 때문이다. 그렇다면 어떤 활동이 쉼이 되는 것인가? 앞에서 했던 논의를 따르면 현재 하고 있는 활동과 다른 활동을 하는 것이다. 책을 읽고 글을 쓰는 사람은 농사일을 하고, 회사 일에 분주하게 몰두하던 사람은 책을 읽거나 참선을 하거나 예배에 참석하고, 몸을 심하게 움직여 지친 사람은 잠을 자거나 음식을 먹고, 오랜 시간 무언가를 보느라 눈이 피곤하게 된 사람은 산책을 하거나 음악을 듣는다. 그리하면 몸은 균형을 얻게 되고 마음에는 여유가 생기게 된다. 도시 생활인에게는 주말에 시골로 내려가 텃밭을 가꾸는 일이 휴식이 된다. 도시를 떠나는 자체가 휴식을 주지만 흙을 밟고 흙을 만지면서 채소의 씨앗이 땅을 뚫고 올라와 자라는 모습을 보는 것은 더 큰 휴식의 원천이 된다. 가족과 함께 오가면서 정을 나누거나 동네 사람들과 주고받는 말은 몸의 휴식뿐만 아니라 심리적, 사회적 휴식을 가져다준다. 한적한 시골, 아무도 없는 성당이나 예배당에 들어가 말없이 의자에 앉아 고개를 숙이는 것도 더할 나위 없는 삶의 휴식이 된다. 하던 일과는 다른 일을 하는 것이 쉼의 한 방법이다. 쉼은 아무것도 하지 않고 시간을 보내는 것이 아니라 일과는 다른 활동을 하는 것으로 얻게 된다.

2) 쉼의 의미

이제 쉼의 의미, 쉼의 가치에 대해서 생각해 보자. 두 가지 서로 대립된 입장을 우리는 볼 수 있다. 하나는 일하기 위해서 쉰다는 입장이다. 쉼은 일을 위한 수단적 가치가 있을 뿐이라 보는 것이다. 다른 하나는 쉬기 위해서 일한다는 입장이다. 일은 쉬기 위해서 하는 것이라고 보는 것이다. 각 입장을 생각해 보자.

쉼이 일이나 활동을 위해서 존재한다는 입장을 먼저 보자. 산업 사회의 노동 윤리와는 아무 상관없이 살았던 아리스토텔레스는 이렇게 말한다. "우리는 휴식이 필요하다. 왜냐하면 우리는 쉬지 않고 일할 수 있는 존재가 아니기 때문이다. 그러므로 휴식은 목적이 아니다. 휴식은 활동 때문에 발생하는 것이다."[06] '휴식'(anapausis)은 활동(energeia)을 위해 발생한다는 아리스토텔레스의 말은 삶의 체제가

---

06   Aristotle, *Ethica Nichomachea*, X, 6. 1176b33-1177a1.

어떻든 일상을 살아가는 사람이라면 누구나 쉽게 이해한다. 왜냐하면 누구나 일상을 일과 쉼의 교차에 따라 진행되는 것으로 경험하기 때문이다. 하루 종일 일한 사람은 저녁이 되면 쉬어야 하고, 저녁에 휴식을 취한 사람은 아침에 일어나 다시 일터로 나가 하루 종일 일하게 된다. 일하는 동안 사람들은 순간적인 휴식을 잠시, 짧게 누리지만 밤이 되면 비교적 긴 시간의 휴식을 누리게 된다. 삶은 이렇게 쉼에서 일로, 다시 일에서 쉼으로 이어지는 고리와 같다. 그러다가 일에서 은퇴를 하면 긴 휴식에 들어가게 된다. 그렇다고 은퇴한 사람들이 언제나 마냥 쉬는 것은 아니다. 그들 가운데는 너무나 바쁘게 시간을 보내기 때문에 쉬는 시간을 따로 만들어야 할 사람들도 있다. 백수가 과로사(過勞死)한다는 말은 은퇴자에게도 적용된다. 은퇴자도 활동 뒤에 쉼이 요구된다면, 그리고 다시 무슨 활동이라도 하자면 먼저 쉬어야 한다. 쉬지 않으면 일할 수 없고, 일하지 않으면 쉬지 못한다. 쉼은 이렇게 보면 일을 한 뒤, 일의 대가로 주어지거나 일을 다시 하기 전, 일할 수 있는 힘을 얻는 수단으로 보인다.

정반대의 관점도 가능하다. 사람이 일하는 까닭을 '편히 쉬기 위해서'라고 보는 것이다. 다시 아리스토텔레스를 인용해 보자. 아리스토텔레스는 다른 부분에서 이렇게 말한다. "행복은 여가 가운데 (en tē scholē) 있다. 우리가 여가를 누리지 못하는 것은 여가를 누리기 위한 것이다."07 여가(scholē)를 누리지 못하고 몸과 마음을 분주하게 움직이는 것은 마침내는 여가를 누리기 위한 것이라고 아리스토텔레스는 말한다. 그렇다면 일 자체에 목적이 있는 것이 아니라 여가에 일의 목적이 있다고 해야 한다. 이렇게 말하는 사람이 있다고 하자. "내가 사무실에서 죽도록 일하는 까닭은 일 년에 2주간 유럽 여행을 가기 위해서"라고. 아니면 "내가 이렇게 밤낮으로 쉬지 않고 일하는 까닭은 노후에 편안하게 쉬기 위해서"라고. 일 자체에 의미를 두기보다는 일에서 발생하는 소득이 미래에 가져올 휴식에 의미를 두는 사람들을 우리는 종종 본다. 쉼에 목적 가치를 두고 일에 수단 가치를 두는 것이다(물론 아리스토텔레스가 말하는 '여가', 곧 '스콜레'란 여행을 떠나거나 레포츠를 즐기는 것과는 거리가 멀어도 한참 멀다).

한 걸음 물러서서 생각해 보자. 쉼을 목적으로 삼는 사람에게 "무엇 때문에 일하는가"라고 묻는다고 해 보자. 만일 '쉬기 위해서'라고 답한다고 하자. 그러면 우리는 그에게 이렇게 다시 물을 수 있을 것이다. "지금 쉬시지요. 왜 일하십니까? 쉬는 것이 목적이라면!" 그러면 아마도 이런 답이 돌아올 것이다. "아니, 지금은 쉴 형편이 되지 않아요. 돈이 있어야 쉬지요. 우선은 돈을 열심히 벌어야지요." 그러면 다시 이렇게 물을 수 있다. "돈이 있어야 쉰다구요? 무얼 하면서 쉬려고 돈이 필요하지요?" 그러면 아마도 다음과 같은 답이 돌아올 것이다. "나는 외국으로 여행도 다니고 맛있는 것도 먹고 경치 좋은 곳에 가서 시간 보내는 것이 너무 좋아요. 늙어서는 여행도 못하잖아요? 지금 열심히 벌어서 즐겁게 살고 싶어요." 일 자체보다

---

07 Aristotle, *Ethica Nichomachea*, X, 7, 1177b4-6.

는 그로 인해 오는 소득으로 즐기고 누릴 수 있는 여가가 삶의 목표
인 사람의 답일 수 있다. 이런 답도 가능하다. "돈이 있어야 좀 편안
한 주택에 살면서, 여행도 다니고 취미 생활도 하고, 품위를 유지하
며 살지 않겠어요? 노후에 쉬기 위해서 지금은 죽도록 일만 하고 싶
어요." 지금 당장 쉬는 것보다는 노후의 쉼을 위해서 지금은 일한다
는 사람이 있을 수 있다. 어떤 경우든 일 자체에 가치를 두기보다는
여가를 누리고 시간을 마음대로 쓸 수 있는 쉼을 중요하게 생각하
는 삶의 태도임은 분명하다.

　쉼을 일의 수단으로 보는 사람은 무엇이라 말할까? 왜 일하느냐
고 물으면 아마도 "돈 벌기 위해서 일하지요. 그래야 먹고살고, 아
이들 학교도 보내지 않겠어요?"라는 말이 가장 흔하게 돌아오는 답
일 것이다. 이런 답을 들을 수도 있다. "일해야지요. 일하지 않고 어
떻게 사람 구실 하겠어요? 어차피 사회 속에 태어났으니 내 역할은
해야 사람으로 떳떳하게 살아갈 수 있지 않겠어요?" 많은 사람에게
기대할 수 있는 답은 아니지만 이런 답도 가능하다. "왜 일하느냐
고요? 해야 하니까 하는 거지요. 그런데 사실 나는 일하는 게 무엇
보다 좋아요. 일을 하는 동안은 나도 잊고 모든 근심 걱정 다 잊어
요." 이렇게 말하는 사람에게 "그럼 언제 쉬어요?"라고 묻는다면 어
떤 답을 할까? "밥 먹고, 잠자는 것만 해도 쉬는 것으로는 충분해요.
인생은 쉬기 위해 태어난 것이 아니라 일하기 위해 태어났으니까
요!" 더 이상 묻기가 멋쩍겠지만 물어본다고 하자. "쉬고 싶은 마음
이 없어요?" 그러면 아마 이런 답을 기대할 수 있을 것이다. "나도

사실은 푹 쉬면서 놀고 싶은 생각이 많이 있지요. 그런데 왜 계속 일하느냐고요? 힘이 조금이라도 더 있을 땐 일해야 하는 거 아닐까요? 일할 수 없을 때 그때 가서야 가족들과 좀 쉬고 친구들과 여행도 다니고 싶어요!" 어떤 답을 하건 간에 이런 경우는 일이 쉼보다 우리 삶에서 더 중요하다고 보는 태도가 배경으로 자리 잡고 있음이 틀림없다.

그런데 잠시 물음을 바꾸어 사람들이 쉬지 못하는 이유, 쉬지 못하게 하는 일이 무엇인지 물어보자. 우리의 일상에는 우리의 몸과 마음을 사로잡는 일이 너무나 많다. 서울 지하철 풍경을 한번 떠올려 보자. 20년 전만해도 책을 꺼내어 읽는 사람들이 여기저기 가뭄에 콩 나듯이 조금 있었다. 대부분은 눈을 감고 있거나 더러는 잠에 빠진 사람들이 있었다. 지하철 공간은 사람들에게 좋은 휴식처가 되기도 했다. 그런데 지금은 어떤가? 책을 읽는 사람은 그제나 이제나 없기는 비슷하나 눈을 감고 앉아 있는 사람은 대폭 줄었다. 대부분의 사람들이, 젊으면 젊을수록 스마트폰에 눈이 가 있다. 정보 노출량은 늘었지만 휴식은 그만큼 줄어들었다. 기술 문명이 가져온 삶의 환경 변화는 사람들을 편히 쉬도록 내버려 두지 않는다. 무엇인가 재미있게 몰두할 일이 많이 생겼고 전혀 관심 두지 않아도 무방할 일에 관심을 두고 마음을 빼앗기게 되었다. 손흥민이 공을 어떻게 차든, 정현이 어떻게 서브를 넣든 나의 삶, 우리의 삶에는 별다른 영향을 주지 않음에도 그들이 나오는 경기를 보느라 사람들은 기꺼이 밤잠을 설친다. 중요한 쉼의 수단인 수면 부족과 수면 장애가 이로부터 뒤따르는 것은 당연하다.

기술 발달은 우리의 시간과 공간을 좁혀 놓았다. 그래서 갈 생각조차 하지 못하던 곳을 찾아가고, 할 생각조차 엄두를 내지 못하던 활동을 하게 된 것도 이 때문이다. 옛날 같으면 어떻게 사람들이 터키로 갈 생각을 했겠으며, 남미를 찾아 나설 생각을 했겠는가? 이제는 며칠만 고생하면 그곳을 찾아가 관광을 하고 올 수 있다. 관광 여행을 떠나면 이것도 일종의 쉼의 형식이기는 하지만 그로 인한 피로 또한 무시할 수 없다. 기술 발달이 없었으면 생각할 수 없는 일이 우리 일상에서 허다하게 벌어진다. 교통의 발달은 공간 이동을 쉽게 해 주고 시간을 절약시켜 주었다. 하지만 그로 인해 더 많은 일, 더 빠른 마감 시간이 주어졌기 때문에 쉴 수 있는 시간은 그만큼 줄어들었다. 더욱더 빠르게, 더욱더 많이, 더욱더 효과적으로 일처리를 해야 할 부담을 누구나 지게 되었다. 따라서 이제 사람들은 느리게, 천천히, 일의 결과에 크게 신경 쓰지 않고, 자연에 맡기던 시절과는 완전히 다르게 살아간다. 누구나 쉬기를 희구(希求)하지만 누구도 만족스럽게 쉼을 누리지 못한다. 이것이 기술 문명으로 빚어진 오늘의 삶의 형식이다.

그런데 한 걸음 물러나 생각해 보자. 쉬지 못함이 기술 문명 때문인가? 쉼을 쉽게 누리지 못하도록 기술 문명이 부추긴 것은 사실이지만 그렇다고 기술 문명 때문에 쉬지 못한다고 해야 할 것인가? 기술 문명은 노동량뿐만 아니라 노동시간의 감소를 가져왔다. 생산량은 오늘의 기술이 도입되기 이전과는 비교할 수 없다. 과거 같으면 휴식을 거의 취할 수 없는 직업이나 계층의 사람들이 오늘은 휴식을 취할 수 있게 되었다. 더 많은 휴식 시간과 노동 감소는 기술 문명의 산물이라 말할 수 있다. 그럼에도 기술은 더 많은 시간을 일하게 하고, 더 먼 공간으로 이동할 수 있게 해 주었다. 전기를 생각해 보자. 전기가 도입되기 전에는 사람들은 해가 지면 잠에 들고 해가 뜨면 일어나 활동을 시작했다. 그런데 오늘은 낮과 밤을 따로 구별할 필요가 없을 정도로 전등이 밤을 환히 밝혀 준다. 따라서 과거에는 해가 지면 할 수 없었던 일을 지금은 하게 된다. 그로 인해 노동 시간은 길어지고 휴식 시간은 그만큼 줄어들었다. 학자가 하는 일도 마찬가지다. 과거에는 밤이 되면 책을 읽기가 불편했다. 그러나 이제는 밤이 되었다고 책을 읽거나 글 쓰는 일을 중단하지는 않는다. 이처럼 밤늦게까지 작업이 가능하므로 휴식 시간은 그만큼 줄어든다.

또다시 물어보자. 왜 쉬지 못하는가? 사회의 양식이나 생산방식이 변했다 해도 변하지 않는 것은 역시 사람의 존재 방식이다. 사람의 존재 방식은 여러 가지로 표현되겠지만 그 가운데 아마도 불안(不安)을 가장 중요한 특징으로 볼 수 있지 않을까? 불안이 사람의 근본 존재 양식으로 파악되고 이해된 것은 근대 문화와 무관하지 않다. 홉스를 따르면 "삶은 운동이다"(Life is motion).[08] 이런 관점에서 보면 정지, 휴식, 머묾은 죽음으로 이르는 길이다. 따라서 죽음을

---

08 Thomas Hobbes, *Leviathan*, Richard Tuck (ed.) (Cambridge: Cambridge University Press, 1996), p.37 이하.

맛보지 않으려면 끊임없이 움직여야 하고 끊임없이 앞으로 향해서 꿈틀거려 나아가야 한다. 앞으로 나아감, 곧 '진보'(進步, progress)가 근대 역사의식으로 자리 잡은 것은 이와 같은 이해와 곧장 닿아 있다. 머무는 것, 쉬는 것, 정지하는 것은 곧 죽음이다. 그러므로 삶을 유지하기 위해서는 끊임없이 움직여야 한다. 부단히 움직이는 가운데는 쉼이 들어설 자리가 없다. 따라서 불안이 근대적 인간 삶의 근본 양식으로 자리 잡는다.

불안과 더불어 불신(不信)도 근대의 삶과 관련해서 쉼을 불가능하게 만드는 존재 양식으로 지목될 수 있다. 철학의 역사에서 볼 때 불신이 존재 방식의 기본 태도로 확립된 것은 지식과 관련되어 시작되었다. 데카르트는 전통적인 지식, 남으로부터 배운 지식에 대해서 모두 의심하고 자신의 지적 능력을 동원해서 참과 거짓을 판단할 수 있어야 한다는 주장을 한다. "모든 것에 대해서 의심해야 한다"(De omnibus dubitandum est). 이것이 근대의 표어이고 계몽의 근본 태도이다. 만일 이와 같은 태도를 취한다면 지식뿐만 아니라 내가 따라 행하는 도덕 규칙, 사회 규범, 미적 판단, 신앙, 정치 이념, 이 가운데 어느 것도 당연하게 받아들일 것이 없다. 모든 것을 내 자신이 스스로 검증해 보아야 한다. 현실적으로 이렇게 하는 것이 불가능하지만 우리는 어떠한 것도 검증해 보기 전에 믿어서는 안 된다는 요구를 받는다. 로크와 흄을 따라 믿음의 근거로 '증거'(evidence)를 요구한 윌리엄 클리포드가 말하는 '믿음의 윤리'(the ethics of belief)는 이 배경에서 나왔다. [09] 증거론이 말하는 '믿음의 윤리'는 사실은 불신에서 출발한다. 그런데 불신의 태도를 견지하는 한 우리의 지성은 쉼을 얻을 수 없다. 왜냐하면 어떤 믿음 또는 신념을 그것이 참인지 거짓인지 주어진 증거를 토대로 쉬지 않고 달아 보아야 하기 때문이다. 여기에는 쉼에 내어 줄 자리가 없다.

그런데 불안과 불신은 왜 생기는 것일까? 나는 인간에게 내재한 자기 존재 유지의 본성 때문이라 말하고자 한다. 홉스와 스피노자는 이것을 '존재하려는 노력'(conatus essendi; effort to be)이라고 불렀다. 홉스는 이 노력이 물질과 인간의 공통성이라 보았다. 스피노자는 심지어 신조차도 이러한 노력이 그 존재를 특징짓는 것이라 생각했다. 그런데 생각해 보라. 자기 존재 유지에 삶의 모든 힘을 쏟아야 한다면 휴식은 이 속에 들어올 자리가 없다. 어쩔 수 없이, 물리적으로, 심리적으로 쉬지 않고는 도무지 존재할 수 없기 때문에 불가피하게 쉰다고 하지만, 그러한 쉼은 사실 쉼이 아니다. 여전히 자신을 자기 손에 붙잡고, 움켜쥐고 있어야 하는 상황에서는 진정한 쉼이 일어날 수 없다. 더구나 죽음을 생각해 보라. 하이데거 철학이 그리고 있듯이 죽을 수밖에 없는 존재라는 의식은 자기 존재를 스스로 기획하고자 하는 노력과 자기 존재에 대해 염려하는 마음을 만들어 낸다. 그러나 죽음에 직면해서 자신의 존재를 자기 손에 거머쥐고 아무리 미래를 향해서 사람이 계획을 세운다 해도, 그곳에는 죽음의 비극을 맞을 수밖에 없는 영웅적 자유가 있을 뿐 쉼이 들

---

09   William K. Clifford, *The Ethics of Belief* (1877) (CreateSpace Independent, 2008) 참조.

어설 자리는 없다. 일본 히메지 성(城)을 둘러볼 때 인상적인 부분은 몇 겹으로 성을 둘러싼 해자뿐만 아니라 성주의 방이 있는 꼭대기에 이르기까지 좁은 길을 따라 겨우 한 두명이 지나 가도록 설계된 것이었다. 죽음에 대한 두려움이 아니라면 왜 그렇게도 복잡한 구조를 만들었겠는가? 북경의 자금성이나 만리장성도 죽음에 대한 두려움을 여지없이 반영한 건축물이다. 겹겹이 에워싼 벽뿐만 아니라 수많은 군사가 보초를 서고 있다고 해도 결코 안심할 수 없는 지위에 있던 사람이 왕이요, 성주였으니 그들이 제대로 잠을 자고 제대로 쉬었겠는가? 어디 왕후장상만 그러한가? 초부(樵夫)도 사실은 크게 다를 바 없으므로 중국에서는 노장(老莊) 전통이 죽음을 잊고 삶을 상대화해서 살도록 끊임없이 사람들을 교화하지 않았던가.

그러면 이제 앞에서 제기했던 '쉬기 위해서 일하는가, 일하기 위해서 쉬는가' 하는 물음으로 돌아가 보자. 무엇보다 우리가 인정할 수밖에 없는 것은 쉬지 않고는 계속 일을 할 수 없다는 것이다. 그러므로 일을 하려면 쉬어야 한다. 쉼은 우리의 몸과 마음을 새롭게 하며 힘을 북돋아 준다. 우리의 나날은 이렇게 진행된다. 하루의 일과가 지나면 쉼을 누리게 되고, 다시 하루가 오면 그날의 일을 한 다음 쉼을 누리게 된다. "한 날의 괴로움은 그날로 족하다"(마 6:34)는 예수의 말씀이 옳다면 한 날의 쉼도 그날로 족하다고 말하는 것도 옳을 것이다. 우리의 하루, 우리의 일생은 이렇게 일과 쉼의 교차적 연속으로 엮어져 있다. 그런데 그렇다고 해서 쉼이 일의 수단이기만 한 것인가라고 묻게 된다. 물음을 바꾸어서 다시 물어보자면 쉼은 그 자체로 정말 의미가 없는 것인가? 이 물음에 대한 답을 찾기 위해 잠시 창세기 1장과 2장 초두를 보자.

쉼에 대해서 언급한 텍스트 가운데서 아마도 가장 중요한 텍스트는 역시 창세기 1장과 2장 첫머리일 것이다. 하나님은 엿새 동안 하늘과 땅을 지으신 뒤에 이레 되는 날 모든 일을 그치고 쉬었다. "졸지도 아니하시고 주무시지도 아니하시"(시 121:4)는 하나님이 왜 쉬셨는가? 그리고 그 하나님이 이집트에서 나온 이스라엘 백성들에게 왜 샤바트, 곧 쉬는 날(안식일)을 하루 제정해서 쉬게 하셨는가? 그리고 스스로 안식일의 주인이라 말했던 예수는 왜 안식일 자체를 그리 떠받들지 않고는 "수고하고 무거운 짐 진 자들아 다 내게로 오라 내가 너희를 쉬게 하리라"(마 11:28)고 하셨는가? 쉼이란 여기서 무엇인가? 일은 쉼과 어떤 관계가 있는가? 우리의 물음과 관련해서 몇 가지만 간략하게 언급해 보자.

무엇보다 창세기 2장의 하나님의 휴식, 하나님의 안식은 일 다음에 온 안식이다. 일 없이, 일하지 않고 그냥 쉬신 것이 아니라 일을 한 다음 쉬신 것이다. 예수께서 "내 아버지께서 이제까지 일하시니 나도 일한다"(요 5:17)고 하신 것처럼 하나님은 일하시는 분이다. 말씀으로, 사랑으로 우주를 창조하시고 돌보시는 분이다. 그러므로 일하시는 하나님이 쉬셨다는 것은 자연스럽다. 아니, 잠시 다시 생각해 보자. 자연스럽다고? 하나님이 피곤하다면 하나님이 아니지 않는가? 몸을 가진 것도 아니고 능력의 한계가 있지도 않은 분이, 그저 말씀함으로 온 세상을 지으신 분이 쉰다는 것은 자연스럽지 않다. 만일 자연스럽지 않다면 그 이유가 무엇인가? 그럼에도 창조 활동을 그치고 쉬시게 된 까닭이 무엇인가? '사람이 쉬도록 하기 위해서 한 날을 따로 구별한 것'이라는 것밖에 나는 답할 것이 없다. 사람은 최소한 엿새 동안은 힘써 일해야 하고, 원한다면 일할 수 있다. 한 날을 따로 구별한 것은 일과 상관없는 날, 일에 몰두하지 않고 다른 목적으로 시간을 써야 할 하루를 사람에게 주기 위해서 하나님은 스스로 쉬셨다고밖에 볼 수 없다.

그런데 사람이 쉬게 되면 사람만 쉬는 것이 아니라 땅도 쉬고, 가축도 쉬고, 무엇보다 종들과 나그네가 다 같이 쉬게 된다. 모두 고루 편히 숨을 고르게 쉴 수 있을 뿐 아니라 지배와 압제를 벗어나 자유와 평화를 누리게 된다. 이를 통해 우리의 존재가 우리 손에 있는 것이 아니라 천지를 지으시고 보존하시고 지금도 사랑과 자비로 선한 것들을 베푸시는 하나님 아버지께 있는 것을 인정하고, 감사하고, 찬양한다. 안식일 제정 이전 만나를 내려보내신 사건(출 16장)에서 보듯이 부족함과 넘침이 없이 모두 고르게 받게 된 일을 통해서 쉼은 곧 공평과 정의의 실현임을 보여 주는 것도 쉼이 지닌 중요한 의미이다. 만일 이것을 수용한다면 쉼은 단순히 일을 위해서 존재한다고 말할 수 없다. 쉼은 아브라함 헤셸이 말하듯이 하나님으로 향한 '시간의 지성소'를 짓는 일이며, 형제와 이웃 간에 정의와 평화를 누리는 일이며, 온 생명이 살아 있음을 감사하며 찬송하는 일이다.[10] 쉼을 통해 모든 것을 내려놓고, 삶의 근원되신 분과 자신과 이웃을 돌아보는 일은 아리스토텔레스가 말하는 관조(theoria)에 그치지 않고 실천적 활동(praxis)으로 확대된다.

3) 쉼의 윤리

이제 마지막으로 어떻게 쉬는 것이 제대로 쉬는 것인지 물어보자. 쉬는 방법을 묻는 것이 아니다(최근에 나온 여러 책들을 보면 호흡법이라든지 여가를 보내는 방법에 대해 자세하게 서술하고 있다). 쉼을 누리되, 어떻게 쉬는 것이 제대로 쉬는 것인지, 일종의 쉼의 윤리를 묻고자 하는 것이다.

앞에서 우리는 쉬지 않으면 무슨 일이 일어나는지를 물어 본 적이 있다. 쉬지 못하면 호흡을 제대로 할 수 없고 신체 기관이 정상적으로 기능할 수 없고, 따라서 쉬지 않는다면 건강을 유지할 수 없고 일도 제대로 할 수 없다. 쉬지 않으면 인간관계도 제대로 형성할 수 없고 유지할 수가 없다. 쉬지 않으면 인간으로 누려야 할 삶을 제대로 누릴 수 없다. 따라서 쉰다는 것 자체가 중요하다. 그러면 어떤 방식으로, 어떻게 쉬는 것이 사람다움을 실현하고 사람다움을 누리는 방식일까? 성경에 드러난 '안식'의 제도와 정신으로부터 우리가 배울 수 있는 것은 무엇일까?

쉼은 일이나 활동의 그침이며, 이로 인해 하던 일이나 활동과는 다른 활동을 할 수 있는 여유가 주어지는 통로가 된다. 이 점에서 보면, 제대로 쉬는 것의 첫째 조건은 일할 수 있을 경우 (일자리가 없

---

10 Abraham Heschel, *The Sabbath: Its Meaning for Modern Man* (The Noonday Press, 1951) 참조.

거나 일할 수 있는 신체적, 정신적 조건이 결여된 경우를 제외하고는) 일한 뒤에 쉬어야 한다는 것이 된다. 제대로 쉬기 위해서라도 힘써 일해야 한다. 배고픈 뒤의 음식이 맛있고 무지한 상태에서 하나씩 깨쳐 갈 때의 배움이 즐겁듯이 땀 흘려 일한 뒤의 휴식은 꿀보다 더 달다.

그렇다고 쉼을, 앞에서도 강조했듯이, 일에 종속시킬 수는 없다. 왜냐하면 다시 일하기 위해 반드시 쉬어야 하지만, 쉼의 의미가 다시 일하기 위한 조건이 된다는 것으로 모두 충족되지 않기 때문이다. 일할 때 우리는 우리 자신의 재능과 관심, 우리 자신의 고유한 존재를 실현하지만, 쉴 때도 마찬가지로 우리는 우리 자신이 될 수 있는 귀한 기회를 가지게 된다. 가쁜 숨이 잦아져야 지나쳤던 들꽃이 눈에 보이고 저 앞에 날아가는 나비의 자태를 바라보고 입가에 미소를 지을 수 있으며, 바쁜 일손에서 자유로울 때라야 옆 사람을 돌아보고 자신이 홀로 있는 존재가 아니라 남과 더불어 살아가는 존재임을 의식하게 된다. 무엇보다 쉼을 누릴 때 우리는 각자 자신에게로 돌아온다. 쉼이 있어야 여가가 생기고, 여가가 생겨야 예술과 철학을 할 수 있고 무엇보다 삶과 시간을 거룩하게 하는 예배를 드릴 수 있다.

그런데 만일 쉼에 끝이 없다면 그것은 더 이상 쉼이 아니게 된다. 따라서 제대로 쉬는 것의 두 번째 조건은 쉬되, 적당하게, 심신의 피로를 풀 수 있는 한계 내에서 쉬어야 한다는 것이 될 것이다. 하루의 일과를 다한 뒤 누리는 휴식이나 엿새 동안 일한 뒤 주말이 되어 갖게 되는 휴식은 말할 것 없고 몇 달간 긴장해서 일한 뒤 오랜 만에 얻어 누리게 되는 연차 휴가에도 기간의 제한이 있다. 노년이 되어 더 이상 일할 수 없는 때가 오면 기나긴 쉼을 자연스럽게 누리게 되므로 일할 수 있는 건강이 있고 주어진 환경이 허락한다면 힘써 일하고 적당하게 쉬는 것이 일과 쉼의 주기를 제대로 만들어 가는 법이 될 것이다. 엿새 동안 힘써 일하고 이레 되는 날은 쉬어야 한다고 십계명에서 가르친 것은 일종의 6:1의 비례가 적용된 셈이다. 6:1을 일과 쉼의 주기를 정하는 법칙으로 쓸 수는 없지만 휴식의 날이 일의 날보다는 길 수 없음을 보여 주는 지침으로 받아들일수 있을 것이다.

그런데 다른 사람들은 땀 흘려 일하는데 나만 쉰다면 그것을 일컬어 '제대로 쉰다'고 하겠는가? 따라서 만일 우리에게 '타인과 더불어 살아가는 의식'이 있다면 (이런 의식을 일컬어 영어로는 common sense라고 부른다) 남도 나와 같이 쉬도록 배려하여 남도 함께 쉬어야 한다. 그래서 만일 제대로 쉬는 것의 세 번째 조건을 들자면 남도 쉬게 하고 자신도 쉬는 것이라 말해 볼 수 있지 않을까 생각한다. 출애굽기 20장과 신명기 5장의 안식일 규정에는 약간의 차이가 있지만 집안에 있는 종들이나 가축, 집안에 있는 손님조차 쉬게 해야 한다는 점에서는 일치한다. 하나님께서 쉬신 것은 사람이 쉬게 하기 위한 것이고, 사람이 쉬도록 한 것은 아직도 불평등이 남아 있는 사회에서 종이나 가축이나 집안에 머물고 있는 손님들이 쉬도록 하게 하기 위한 하나님의 배려에서 나온 것이다. 나의 밥그릇을 생각할 때 남의 밥그릇도 챙겨 주는 것을 잊지 않아야 하듯이 우리는 나의 쉼에 관심을 가질 때 언제나 남의 쉼에 대해서 배려하는 것을 잊어서는 안 된다. 어떤 까닭이든지 내 주위에, 나와 같이 있는 사람 가운데, 쉬지 못하는 사람들이 있는데 나만 쉬고 있다면 이때 나의 쉼의 정당성을 물어보아야 한다.

그런데 나의 쉼의 정당성을 묻는 것 못지않게, 그리고 나 홀로 쉼을 누리는 것 못지않게, 제대로 쉬기를 원한다면 때로는 혼자 쉬는 것보다는 남과 더불어, 남과 어울려 쉬는 것이 좋다. 단어 맞추기나 바둑과 같은 게임을 하거나 테니스나 농구나 축구 같은 운동을 하거나 등산을 하거나 여행을 가는 것 모두가 남과 어울려 시간을 보내면서 휴식을 취할 수 있는 방법이다. 그런데 게임이나 운동의 경우에는 대개 승부가 개입되기 때문에 그로 인해 휴식 자체의 효과가 감소될 수 있다. 따라서 남과 어울려 휴식을 하되, 승부가 개입되지 않는 책읽기나 산책, 음악회나 전람회 방문, 그리고 무엇보다도 나 자신을 온전히 드릴 수 있는 예배에 참여하는 것이 우리의 일상에서 누릴 수 있는 쉼 가운데 가장 온전한 쉼이 되지 않을까 생각한다.

그러면 끝으로 누가 제대로 쉴 수 있는지 물어보자. 무엇보다 먼저 떠오르는 사람은 누구보다도 힘써 일한 사람이다. 남의 것을 훔치지 않고 정당하게 일하고 정당하게 수입을 얻은 사람이 그렇지 않은 사람보다는 더 잘 자고 더 잘 쉴 수 있지 않겠는가? 자식이 속을 썩인다든지 이웃의 부당한 참소를 받는다든지 하는 일을 겪지 않는다면 이런 사람이 더 잘 쉴 수 있으리라고 우리는 어렵지 않게 짐작할 수 있다. 이웃과 더불어 화평한 사람, 남과 싸우지 않는 사람, 마음이 온유한 사람도 그렇지 못한 사람보다 더 잘 쉴 수 있을 것이다. 남과 끊임없이 대립각을 세우는 사람, 남을 질투하고 시기하는 사람, 자신의 명성이나 힘을 키우려는 사람은 그렇지 않은 사람보다는 쉼을 누릴 여유가 부족할 것이라고 이로부터 짐작해 볼 수 있다. 그렇다고 이것이 무슨 법칙처럼 적용될 수는 없을 것이다. 남에 대한 배려가 전혀 없는 사람들이 오히려 쉽게 잠들고 쉽게 피로 회복이 되어서, 그렇지 않은 사람보다 훨씬 더 팽팽하고 신수가 훤한 경우가 한둘이 아니기 때문이다. 그럼에도 삶을 자신의 손아귀에 움켜쥐고서 모든 것을 자신의 뜻대로 이루려고 하는 사람보다는 모든 것을 내려놓고 자신이 삶의 주인이 아님을 일상 속에서 실천하는 사람이 제대로 쉴 수 있다고 나는 믿는다. 메어야 할 멍에, 짊어져야 할 짐이 가벼운 사람이라면 쉼을 제대로 누릴 수 있을 것이다.

3. 타자의 존재

앞에서 누누이 이야기했듯이 우리의 일상은 수많은 행위로 구성된다. 우리는 숨 쉰다. 우리는 생각한다. 우리는 먹고 마시고 잠을 잔다. 우리는 일하고, 사람들을 만나고, 때가 되면 쉼을 누린다. 우리는 읽는다. 우리는 예배를 드리고 기도하고 찬송을 한다. 우리는 상상하고 꿈꾸고 사랑하고 때로는 낙담한다. 우리는 걷는다. 우리는 돈을 쓴다. 우리는 우정을 나누고 때로는 사람들과 갈등을 경험한다. 우리는 세금을 내고, 투표에 참여한다. 이러한 행위는 우리 개개인이 행위 주체가 되거나 대상이 되어 타인과 함께 일정한 제도(가정, 학교, 회사, 교회, 사회) 속에 살아가는 가운데 수행된다. 삶의 내용이 어떠하든, 우리의 삶은 우리 각자 책임지고 살아야 할 삶이다. 남들이 나에게 먹을 것을 가져다줄 수 있고, 잠자리를 마련해 줄 수 있다. 하지만 누구도 나를 대신해서 먹어 줄 수 없고, 나를 대신해서 잠을 자 줄 수 없다. 누구도 나를 대신해서 나의 삶을 살아 줄 수 없다. 의지를 완전히 빼앗긴 채 사는 삶이라 해도 내 몸을 가지고 사는 한, 그 삶은 나의 삶일 수밖에 없다. 나는 나의 삶을 산다. 그런데 우리 일상의 삶은 타자 없이, 타자를 떠나 존재하지 않는다. 우리가 태어나기 전에, 이미 타자는 존재하고 있다. 타자와 만날 때 무슨 일이 일어나는가? 타자는 우리에게 어떤 존재인가? 만일 타자와 관계하는 방식이 있다면 그 가운데서 정당한 방식은 어떤 것인가?

1) 타자의 현상

일상에서 만나는 타자는 무엇이며, 각자 자신의 삶을 살 수밖에 없는 우리 인간에게 타자는 누구인가? 곧장 답하자면 '나 아닌 모든 것'은 '타자'(他者, the other)이다. 그러면 나는 무엇인가? 나는 어떻게 존재하는가? 나는 몸으로 존재한다. 나는 나의 몸이다. 생각을 할 때에도 나는 내 몸으로, 내 몸을 통해 생각한다. 이렇게 보면 타자는 나와 몸으로 구별되는 존재이다. 내 앞의 책상, 컴퓨터, 내가 앉아 있는 의자, 내 주위를 둘러싸고 있는 책, 서가, 벽, 집, 바깥뜰에 있는 나무, 길, 거리를 다니는 자동차, 하늘, 바람, 별. 이것들은 나와 모두 몸으로 구별되는 타자이다. 삶의 젖줄이 되고 터전이 되는 물과 바람과 흙과 햇빛, 삶의 필수적인 도구들. 이것들도 모두 나에게 타자이다. 나와 함께 사는 아내, 아이들, 나와 자주 만나는 친구들, 내 이웃 사람들, 학생들, 교우들, 지하철에서 마주치는 승객들. 이들도 나와는 몸으로 구별되는 타자들이다. 내가 아닌 것, 내가 아닌 사람, 내가 아닌 그분, 모두가 나에게는 타자이다. 타자는 나와 구별되는 존재, 내가 아닌 존재, 나와는 다른 존재이며, 나를 그로 또는 그를 나로 환원할 수 없는 그런 존재이다.

이렇게 보면 '타자'는 나를 에워싼 자연, 내가 물려받고 참여하는 문화, 내가 관계하는 사람을 모두 포함한다. 나와는 몸으로, 따라서 의식으로, 구별되는 존재는 모두 나에게 타자들이다. 서양철학 전통에서는 이러한 '타자'(the other, l'autre)와 구별해서 '나'를 '동일자'(the same, le même)라 부르고, '동일자'(同一者)와 '타자', '같은 것'(同)과 '다른 것'(異)을 '존재하는 것'(有)과 '존재하지 않는 것'(無) 다음으로 사물을 분류하고 생각하는 가장 기본적인 개념으로 수용한다. 이제 타자의 존재, 타인의 존재에 대해서 생각해 보자.

지극히 뻔한 사실에서 시작해 보자. 우리는 수많은 타인들에 에워싸여 살아간다. 모든 사람들이 자신에게는 '나'이지만 자신을 제외한 모든 사람에게는 타인이다. 따라서 나에게 타인이 되는 사람의 수는 지구상에 존재했거나 존재하거나 존재할 수 있는 사람들 모두에서 '나' 하나를 뺀 수와 같다. 모든 사람은 자신을 제외한 모든 사람에게 타인이다. 뒤집어 보면 모든 사람은 자기 자신에게 '나'이다. '나'의 수는 타인의 수보다 언제나 하나 더 많다. 이것이 나와 타인과 관련해서 첫 번째 자명한 사실이라면, 두 번째는 지상에서 우리가 누리는 삶은 언제나 타인을 통해서 시작한다는 것이다. 이 땅에 사는 사람은 부모의 성적 결합을 통하지 않고서 태어날 수 없다. 그뿐 아니라 누구도 자신이 자신의 생명의 근원인 사람은 없다. 누구나 생명을 물려받는다. 물려준 사람이나 물려받은 사람의 뜻과는 상관없이 모든 생명은 주어진 것(the given)이고 이런 의미에서 모든 생명은 선물(gift)이다. 세 번째로, 생명체는 탄생과 함께 외부(타자)와 소통하며 그것을 통해 개체로서의 자신의 삶을 조직하고 성장, 발전, 퇴화, 그리고 마침내는 생명을 마감한다는 것이다.[11]

첫 번째 사실과 관련해서 중요한 것은 나와 타인이 모두 '개체'라는 사실이다. 나는 타인으로 환원될 수 없고, 타인도 나로 환원되지 않는다. 19세기 프랑스 시인 네르발은 (나중에 랭보가 그를 따라) "나는 타자다"(Je suis l'autre)라고 말한 적이 있다. 하지만 나 자신에 대해 낯설어 하는 경험은 나를 타인으로 만들지 못하고 타인을 나로 만들

---

11 '주어진 것', '선물'에 대해 다양한 방식으로, 가장 깊이 탐구한 철학자는 역시 마리옹(Jean-Luc Marion)이다. '선물'에 관한 그의 가장 최근의 체계적 논의로는 Jean-Luc Marion, *Certitudes négatives* (Paris: Grasset, 2010), pp.139-241(3장) 참조.

지 못한다. 마치 A는 A이지 B가 아니고, B는 B이지 A가 아니듯이 나는 나이지 타인이 아니며, 타인은 타인이지 나가 아니다. 나와 타인의 차이는 이처럼 형식적으로 규정될 뿐 아니라 내용으로도 규정된다. 나는 나에게 나의 몸이고 타인은 타인대로 그에게 그의 몸이다. 나와 타인은 몸으로 구별된다. 나의 몸과 타인의 몸은 나를 에워싼 살갗과 타인을 에워싼 살갗의 차이로 구별된다. 이 차이는 어머니 몸에서 수정되는 순간 시작된다. 태중의 아이는 크기로 보면 지극히 작지만 모태 안에서 이미 다른 살갗을 가진 존재로 차이를 만들어 낸다. 나의 몸, 나의 살갗은 나를 다른 개체와 구별하는 '개별화의 원리'이다. 왜냐하면 나는 나의 몸, 나의 몸을 에워싼 살갗을 통해서 타인과 구별되기 때문이다. 그렇지 않다면 나는 타인을 대신해서 먹을 수 있고, 타인을 대신해서 잠을 잘 수가 있을 것이다. 하지만 이것은 가능하지 않다. 나의 졸음, 나의 배고픔은 내가 자고 내가 먹지 않는다면 해소될 수 없다. 왜냐하면 나의 신체는 머리부터 발끝까지 나를 둘러싼 살갗으로 타인의 신체와 구별되기 때문이다.

그런데 두 번째에 이야기한 우리의 삶을 가능케 하는 타인은 누구인가? 우리를 낳고 기른 아버지와 어머니, 나보다 앞서 태어난 형과 누나들이 아마도 우리가 태어나서 맨 먼저 만나는 타인일 것이다. 그러나 타인은 여기에 그치지 않고 가족에서 친척으로, 친구들로, 동료로, 아파트에 같이 사는 이웃으로 범위가 점점 넓어진다. 같은 시대, 같은 땅에 살면서 함께 나라를 걱정하는 사람들도 나에게는 타인이다. 이 땅에 살았던 사람들, 미래에 살게 될 후손들도 나에게는 타인이다. 이렇게 보면 타인은 나와 가장 가까운 가족에서 친척으로, 친구로, 동료로, 이웃으로, 친소 관계에 따라 점점 확장된다. 그리하여 마침내 타인의 '다름'을 최소화하고 나와 '같음'을 강조한 나머지 "우리가 남인가?"라는 동일화(同一化) 경향이 드러나게 된다. 동일화는 '같음'의 공간으로 들어올 수 없는 사람들은 타자화(他者化)하는 결과를 가져온다. 헤겔이 '욕구의 체제'(das System der Bedürfnisse)라고 부른 시장 형성도 타인과의 관계를 만드는 또 다른 방식이다. 어떤 사람은 농사를 짓고, 어떤 사람은 음식을 만들어 팔고, 어떤 사람은 옷을 판다. 어떤 사람은 학교에서 가르치고, 어떤 사람은 주유소를 운영하고, 어떤 사람은 운전을 한다. 노동의 분업을 통한 교환 관계는 타인과 함께 살아가는 체제를 이루어 낸다.

타인과의 관계에서 세 번째로 자명한 사실은 생명체의 근본 경향, 곧 '자기보존'의 욕구와 관계있다. 모태에서 수정을 통한 배아의 생성에서 출생, 성장에 이르기까지 사람은 개체로서 '존재하려는 노력'(conatus essendi)을 죽을 때까지 지속한다. 여기에 두 가지 요소가 개입한다. 첫째, 유기체의 보존과 성장에 필요한 영양물을 외부로부터 유입하여 동화(同化)하고 이화(異化)하는 행위가 있어야 한다. 우리 몸은 자기 자신의 존재를 유지하기 위해서 능동적이고 적극적인 노력을 하지 않을 수 없다. 동화와 이화 작용은 몸에 필요한 양분은 공급하고 불필요한 노폐물은 배출함으로써 몸의 균형을 유지하게 해 준다. 두 번째 요소는 능동적 활동의 재료가 되는 것은 내가 아닌 것, 나와 다른 것, 곧 타자로부터 와야 한다는 것이다. 이때의 '타자'는 내가 아니며, 나와 다르다는 의미에서 역시 타자이지만 인격을 지닌 '타인'과는 구별되는 다른 조건들(공기, 음식물, 관습, 문화, 제도 등을 포함해서)이다. 개체의 삶은 외부로부터 주어진 타자들을 자기속에 동화하여 능동적으로 자기 것으로 만드는 가운데 존속한다.

우리의 일상 경험에서 생각해 보면 방금 열거한 세 가지 사실은 누구나 쉽게 수긍할 수 있는 것들이다. "타인으로부터 선물 받은 생명을 우리는 각자 자신의 삶으로 가꾸어가야 한다"는 일종의 사명을 이로부터 이끌어 낼 수 있다. 우리의 삶은, 하나님 앞에서든 사람들과 함께 살아가든, 언제나 각자의 삶이다. 그런데 만일 우리의 삶의 조건이 바깥으로부터 수많은 타자들을 동화하여 자기 것으로 만드는 활동에서 벗어날 수 없다면, 필연적으로 삶은 경쟁이고, 투쟁이라는 주장을 하지 않을 수 없게 된다. 여기서 타인은 우리에게, 나에게 누구이며, 나는 타인과 어떤 관계를 맺고 살아야 하는가 하는 질문이 등장한다. 타인은 나와 동일한 존재인가, 전혀 다른 존재인가? 나는 타인을 어떻게 대해야 하는가?

내가 만나는 타인(他人)은 나는 아니고, 나와는 다르지만 그도 역시 자신에 대해서 '나'라고 말하는 사람이다. 그렇다면 타인에 대한 물음은 사실 나에 대한 물음을 떠나 생각할 수 없다. 왜냐하면 나와 타인의 관계를 말하기 전에, 각자는 모두 '나'이기 때문이다. 우리가 일상에서 만나는 타인은, 아마도 말을 아직 배우지 못한 어린아이를 제외하고는, 모두 '나'이다. 물론 자신에 대해서 '나'라고 부르는 능력은 학습 없이 곧장 드러나지 않는다. 장 피아제(Jean Piaget)의 연구를 통해 보듯이 말을 처음 배우는 아이들은 자기 자신을, 예컨대 '지하', '지인이', 이렇게 어른들이 부르는 이름으로 먼저 부른다. 그래서 장난감의 소유권을 주장할 때는 '지하꺼', '지인이꺼'라고 말한다. 그러다가 자신을 일컬어 '나'라고 부르기 시작하면서 '내꺼'라는 자기주장을 하게 된다. 자기의식은 피아제 방식으로 보면 경험에 의존하지 않으면서도 발생론적으로는 타인이 나를 불러 주고 나와 관계해 주는 경험을 통해서 드러난다. 일단 이것을 수용해 보자.

그러면 '나'는 누구이며, 나는 무엇인가? 순전히 형식적인 면에서 보면 '나'는 여러 지시어(indexicals) 가운데 하나이다. 예컨대 현재 시간을 지칭할 때 사용하는 '지금'이나 내가 처해 있는 공간을 지칭할 때 사용하는 '여기'와 마찬가지로 '나'는 손가락으로 자신을 가리킬 때 사용하는 지시어이다. 이렇게 보면 '타인'은 '나'라고 지칭되는 사람에 대해서, 그가 아닌 모든 사람을 가리키는 말이다. 만일 내가 지금, 여기서 나를 가리켜 '나'라고 말한다면, 내가 아닌 모든 사람들은 나에게 '타인'이다. 그런데 서 있는 자리를 나에게서 타인으로 바꾸어 보면 타인들도 각자 자신의 자리, 자신의 입장에서 모두 '나'라고 할 수 있는 존재들이다. 이렇게 형식적으로 규정하는 가운데 두 가지 사실이 드러남에 주목해 보자.

첫째, 만일 언어 사용 능력이 없다면 누구나 자신을 가리켜 '나'라고 할 수 없다. 언어를 사용해서 나와 내가 아닌 것, 곧 나와 너, 나와 그를 구별하고 나를 에워싼 주변사물에 대해서 이름을 붙이고 이름을 사용한다. 둘째, 형식적 의미 규정 가운데 '나'라는 지시어로 지칭하는 대상이 시공 속에 주어져 있다는 사실이 드러난다. 만일 시공 속에 '나'라고 부르는 대상이 주어지지 않는다면 '나'라는 말은 의미를 잃고 만다. 왜냐하면 '나'에 대응하는 지시체가 없기 때문이다. 그런데 시공 속에서는 각자 자신을 일컬어 '나'라고 부르는 지시체가 존재한다. 그러므로 자신의 신체가 있는 한 누구든지 자신에 대해서 '나'라고 지칭할 수 있고, 자신이 아닌 자들은 '너' 또는 '그' 또는 '그들'로 구성된 '타인'의 범주 속에 넣을 수 있다.

이로부터 우리는 '나'라는 존재는 신체를 가지고 시공 속에 존재하며 언어를 통해 자신과 타인, 주변 세계와 소통하는 존재임을 확인할 수 있다. 그렇다면 신체성과 내가 어떻게 관계하는지 먼저 생각해 보자. 이때 신체는 공간 속에 무수히 존재하는 물체들과 구별해서 내가 주체가 된 신체, 곧 내 몸으로 체험된 신체임을 잊지 말자. 나의 신체는 내가 1인칭으로 경험하는 몸으로 타인의 몸과 구별된다. 예컨대 타인이 가시에 찔렸을 때, 찔림으로 인해 고통을 표현한다면 그 표현을 보고 내가 공감을 나눌 수 있지만 그의 고통을 내 몸으로 체험하지 못한다. 그런데 나의 신체는 무엇보다 살아 있는 몸이다. 살아 있는 몸은 숨을 쉬고 생명이 붙어 있을 뿐 아니라 문자 그대로 '삶을 산다'.

'삶을 산다'는 것은 나에게 무엇인가? 나는 가족들과 함께 먹고 마시고, 잠자고, 책 읽고, 산책하고, 음악을 듣고, 글을 쓴다. 이 모든 행위는 몸으로 수행된다. 나의 몸은 많은 것들을 '필요'로 한다. 필요들은 나의 몸에서 '욕구'로 표현된다. 나는 먹고 싶어 하고, 자고 싶어 하고, 읽고 싶어 하고, 좋은 그림과 좋은 경치를 보고 싶어 하고 음악을 듣고 싶어 한다. 이 모든 것을 나는 타인과 더불어 함께 할 수 있지만 타인이 나를 대신해서 해 줄 수는 없다. 삶은 역시 내가 사는 것이다. 내가 먹고 내가 읽고 내가 듣고 내가 자는 것이다. 레비나스의 말을 빌리자면 나의 '나 자신임'(ipseity)이 여기서 존립한다.[12] 나는 무엇보다도 먹고 마시는 존재요, 결핍의 존재요, 타자와 타인을 필요로 하는 존재이다.

만일 내가 이런 존재임을 인식한다면 이로부터 (실제로는 아니더라도 적어도 논리적으로) 따라오는 귀결은 타인도 나와 같은 존재라는 사실을 인식하는 것이다. 타인도 나와 마찬가지로 잠을 자기를 원하고, 먹기를 원하고 자신의 삶을 자신이 원하는 대로 살기를 원한다. 이로부터 우리가 "타인은 누구인가?"라는 물음에 대해서 얻을 수 있는 답은 "타인도 나와 같은 존재"라는 것이다. 내가 잠을 자야 하면 타인도 잠을 자야 하고 내가 먹어야 하면 타인도 먹어야 한다. 내가 내 삶을 누리기를 원하면 타인도 자신의 삶을 누리기를 원한다. 타인과의 관계에서 일차적으로 인정해야 할 일은 바로 이것이다. 타인은 몸으로 나와 분리된 독립 존재이며, 나와 마찬가지로 외부로부터 오는 타자를 필요로 하는 욕구의 존재이며, 따라서 나와 동일하게 삶에 필요한 것들을 충족시켜야 할 신체적 존재임을 인정해야

---

12 Emmanuel Levinas, *Totalité et Infini*, 2부; 강영안, 『타인의 얼굴』, 3장 참조.

한다. 이는 타인이 나에게 호소할 때 내가 그에게 적절히 반응할 수 있는 조건이다.

앞에서 얘기한 첫째 항목, 곧 내가 언어로 나를 지칭할 수 있고 언어를 통해 타인 및 세계와 소통할 수 있다는 사실로 다시 돌아가 보자. '지금', '여기', '나', '너'와 같은 이른바 '지시어'는 화자(話者)와 맥락에 의존한다. 특정 시점, 특정 장소에 구체적으로 처해 있는 사람은 자신에 대해서, 자신이 말하는 시간과 장소에 대해서 '나', '지금', '여기'라고 말할 수 있다. '나, 너, 그, 그들', '지금, 어제, 내일', '여기, 저기, 거기'는 말하는 사람과 맥락에 따라 자유롭게 가변적으로 사용된다.

그런데 생각해 보자. 이러한 '언어 행위'는 어디서, 어떻게 시작되는가? 말을 배울 때의 상황을 생각해 보라. 나는 혼자 힘만으로 말을 하지 않았을뿐더러 나에 대해서 '나'라고 말하지 않았다. 태어나기 전, 나의 이름을 지어 두었던 부모와 형제자매들이 나의 이름을 먼저 불러 주었다. 우리 모두는 '나'이기 이전에, 그들이 먼저 나를 '너'라고 불러 주었고 관계해 주었다. 이 관계없이, 나는 나에게 내가 될 수 없었다. 나는 그들이 나를 '너'라고 불러 주었기 때문에 '나'가 되었다. 마르틴 부버가 "나는 너에게서 내가 된다"(Ich werde am Du) 또는 "인간은 너에게서 내가 된다"(Der Mensch wird am Du zum Ich)라고 한 말은 이런 배경에서 나왔다.[13] 나는 타인이 나를 향해 '너'라

---

13 Martin Buber, *Ich und Du* (Stuttgart: Reclam, 1995), pp.12, 28.

고 불러 주고 관계를 맺을 때, 그때 '나'로서 등장한다. 이때 나는 내가 아닌 다른 이, 곧 '타인의 타인'으로 등장하는 나이다. 타인이 나를 불러 줄 때 '나'이듯이 나도 타인에 대해서 '타인'이다.

그런데 타인이 나를 부를 때 '타인의 타인'으로 내가 등장한다는 말을 단순히 하나의 형식에 제한하여 이해해서는 안 된다. 타인이 나를 부를 때, 나는 타인의 부름에 반응을 보인다(또는 반응하기를 거부한다). 만일 내가 부름에 반응을 보인다면 나는 고개를 돌리고, 눈을 맞추고, 물음을 던짐으로 나는 타인의 부름에 응대할 수 있다. 부름과 부름에 대한 응대는 단순한 욕구의 차원에 제한되지 않는다. 나에게 필요한 것, 내가 가지고 싶은 것을 가지고자 하는 욕구보다는 오히려 함께 있고 싶어 하고 함께 삶을 나누고 싶어 하는 '갈망'과 부름에 대한 응대가 서로 이어진다. 소유가 아니라 존재, 욕구가 아니라 갈망이 타인의 존재와 더불어 들어선다. 그런데 이 갈망은 나의 필요에서 산출되는 것이 아니라 저편으로부터의 부름, 저편으로부터의 개입에 의해 산출된다. 욕구와 상관없이, 욕구를 넘어 저편으로부터 부름을 듣게 될 때, 나에게는 그에 대한 갈망이 생성된다.

예를 들어, 어떤 소년이 예기치 않게 한 소녀를 만났다고 하자. 말 한마디 붙여 보지 못하고 눈빛 한번 제대로 나눠보지 못했더라도 그 소년 속에는 소녀에 대한 그리움이 생성된다. 이 그리움은 성적인 욕구와 무관하게 나 아닌, 내 밖의 타인에 대한 갈망이다. 한번도 나사렛 예수에 관해 들어 보지 못한 사람이 그의 무한한 사랑의 얘기를 듣는 순간, 예수에 대한 갈망이 마음 한 자리에 생성되었다고 하자. 이제 이 갈망은 자기의 테두리, 동일자의 울타리를 넘어 타자를 향해 나아가도록 부추긴다. 이때 나는 여전히 나의 욕구의 테두리 안에 발을 붙이고 머물지만 갈망하는 타자와의 만남, 타자에 대한 추구를 통해, 내 속에 들어온 타자를 경험한다. 이 타자는 나의 필요와 욕구로 통제할 수 없는 타자이다.

2) 타자의 의미

다시 일상으로 돌아와서 생각해 보자. 일상 속에서 우리는 타인을 어떻게 경험하는가? 집에서는 가족의 한 사람으로, 교회에서는 같은 교우로, 학교에 가면 (동료 교수들은) 같은 동료로, (학생들은) 학생으로 경험한다. 지하철을 탈 때는 지하철을 함께 이용하는 같은 승객으로, 길거리를 걸을 때는 (그 가운데는 외국인들도 끼어 있지만 대부분은) 같은 대한민국 시민으로 경험한다. 이처럼 우리가 구체적으로 삶을 살고 있는 일상에서는 신체로, 생각으로, 내가 지금 하고 있는 작업으로, 나는 타인들과 구별되지만 그럼에도 내가 만나는 타인들은 필요한 경우에는 말을 건넬 수 있고 공동의 주제를 가지고 토론할 수 있고, 각자의 삶을 배경으로 의견을 주장하고 나눌 수 있는 존재이다. 우리가 일상에서 만나는 타인은 닫혀 있지도 않고, 적대적이지도 않고, 소통 불가능한 존재들이 아니다. 원하기만 하면 하루에도 수십 명의 사람과 소통할 수 있고, 수십 명의 사람과 삶의 감정과 정서를 나눌 수 있다. "지옥, 그것은 타인들이다"(L'enfer, c'est les autres)라는 사르트르의 말이 지나친 과장이 아닌가 물어볼 정도로 우리의 일상은 그렇게 나쁘지 않다. 타인들과 같이 살아가는 일상은 분명히 천국은 아니지만 그렇다고 지옥이라 말할 수도 없다.

물어보자. 과연 타인들과 나누는 일상의 삶이 별 문제없이 돌아가는가? 우리 사회에서 일어나는 현상들 가운데 몇 가지만 들여다보아도 이 물음에 대해서 긍정적으로 답하기가 그리 쉽지 않다. 만일 타인과의 관계가 원활하다면 우리처럼 소셜 미디어(social media)가 뛰어나게 발전한 사회에서 '소통의 부재'에 대한 이야기가 그토록 자주 나오는 까닭이 무엇인가? 정부와 국민 사이, 정당과 정당 사이, 각 부처와 부처 사이, 상사와 부하 사이, 계층과 계층 사이, 한 지역과 다른 지역 사이, 목회자와 성도 사이, 선생과 학생 사이, 부모와 자식 사이, 부부 사이, 관계가 형성되고 관계가 존재하는 곳이면 어느 곳이나 '소통의 부재'가 문제가 된다. 이것이 우리 사회에서 타인과 관련해서 나타나는 현상 가운데 하나라면, 두 번째로는 명품에 대한 집착을 들 수 있다. 명품 가방을 찾고, 값비싼 구두를 신고, 외제차를 모는 것은 타인의 시선을 끌고 타인의 부러움의 대상이 됨으로 해서 자신의 존재를 드러내고자 하는 인간의 보편적 욕망과 무관하지 않을 것이다. 돈 많은 사람들이 선호하는 운동을 하고, 남들이 쉽게 하지 못하는 고가의 관광 여행을 하는 것도 타인의 존재를 떠나, 타인의 인정과 무관하게 생각될 수 있는 것은 아니다. 좀 더 멋있는 옷을 찾고, 유행을 따르고, 성형을 통해 미모를 인정받고 싶어 하는 욕망도 타인의 존재를 떠나 생각할 수 없다.

세 번째 현상으로 부동산과 학벌에 대한 집착을 들 수 있다. 언제, 어디서나, 시대와 지역을 초월해서 사람은 소유하고 싶어 한다. 그런데 현재 우리 사회는 부동산과 학벌을 그 무엇보다도 선호한다. 좀 더 좋은 대학에 가고 싶어 하고, 좀 더 값나가는 부동산을 소유하고자 하는 것은 그로 인해 주어지는 타인의 인정에 대한 욕구가 무엇보다 강하게 작동된 탓이라 볼 수 있다. 소통 부재, 명품 선호, 부동산과 학벌에 대한 집착. 이 세 가지 현상은 서로 별개의 것이나 셋 다 모두 타인의 존재와 관계한다는 점에서 공통적이다. 타인과의 관계에 개입되는 '매개체'가 다만 다를 뿐이다.

소통 부재부터 생각해 보자. 나는 소통 부재가 타인과 힘의 분배를 제대로 하지 않기 때문에 오는 현상이라고 생각한다. 힘은 여기서 물리적 힘이나 경제적 힘이 아니라 의사를 결정할 수 있는 힘이다. 타인의 말에 귀 기울이고, 타인의 고통을 고려하면서 선택과 결정을 한다면 '소통의 부재'란 말이 나올 수 없다. 그런데 '소통의 부재'란 말이 끊이지 않는 것은 타인에 대한 존중, 타인에 대한 신뢰, 타인의 존재에 대한 인정이 가정에서, 회사에서, 학교에서, 그리고 거의 모든 조직에서 제대로 자리 잡지 못하고 있기 때문일 것이다. 그런데 무엇이 소통의 부재를 부추기는가? 문화, 곧 사고방식과 행동 양식의 차이 때문이라 말할 수 있을 것이다. 부모와 자식, 나이든 상사와 젊은 부하, 공무원과 주민, 교회 목회자와 성도들이 생각하고 행동하는 양식, 기대 지평이 서로 다르기 때문에 양쪽 모두 상호 소통과 이해의 어려움을 토로한다. 각자 스스로 판단하고 행동할 수 있는 자유와 지적 능력을 지닌 개체임을 인정하는 것(모던적,

포스트모던적, 자유주의적, 진보적 사고)과 우리 모두는 주어진 문화와 전통, 공동체 속에서 태어나 타인과 함께 살아야 할 공동체적 존재임을 인정하는 것(전통적, 공동체적, 보수적 사고)의 적절한 조화 없이는 소통의 부재에 대한 불만은 지속될 것이다.

명품 선호도 타인의 존재 없이는 설명할 수 없다. 명품 가운데 두 가지 종류를 구별해야 할 것이다. 하나는 명품이라 하더라도 세상에 단 하나만 있는 명품은 아마도 그것을 가질 수 있는 극소수를 제외하고는 누구나 가지고 싶어 하지는 않을 것이다. 그리고 그것을 가진 사람은 아마도 다른 소유로 인해서 이미 타인으로부터 인정을 받고 있을 수 있기 때문에 특별히 어떤 새로운 명품에 크게 관심을 쓰지 않을 수 있다. 따라서 선호 대상이 되는 명품은 비록 소량이라 하더라도 시장에 나올 수 있는 것이어야 한다. 소량의 명품은 이른바 '베블런 효과'가 말하듯이 가격이 비쌀수록 소비가 늘어난다. 왜냐하면 명품을 소비하는 것으로 인해서 사회적 지위나 부를 과시할 수 있기 때문이다. 베블런은 이러한 현상을 '과시적 소비'(conspicuous consumption)란 말로 그려 낸다.[14] 필요에 따른 소비가 아니라 남에게 과시하기 위해서 하는 소비를 일컫는 것이다. 만일 타인이 없다면, 타인들이 부러워하고 인정하지 않는다면 과다 지출을 통해 명품을 살 필요가 없다.

부동산과 학벌 중시 현상도 타인의 존재를 떠나서 이해하기가

---

14 Thorstein Verblen, *The Theory of the Leisure Class* (New York: MacMillan, 1899).

힘든 것이다. 과거 신분 사회에서는 신분이 한 사람의 지위와 권력을 결정했지만 오늘과 같이 민주화된 사회에서는 부와 학력이 타인의 존경과 인정을 받는 사회적 지위와 권력을 얻는 수단으로 보이기 때문에 누구나 부를 소유하고 좋은 대학에 들어가고자 한다. 르네 지라르나 자크 라캉의 말을 굳이 빌릴 필요 없이 사람은 타인이 욕망하는 것을 욕망한다. 타인이 가지고 싶어 하는 것, 타인이 되고 싶어 하는 것을, 타인을 모방함으로써 나도 가지고자 하고, 되고자 한다. 이런 의미에서 사람의 욕망은 언제나 '모방 욕망'이다. 이때 나와 타인 사이에는 경쟁 관계가 조성된다. 따라서 타인은 내가 이겨야 할 존재이고 극단적인 경우에는 제거해야 할 대상이 된다. 만일 욕망을 이런 방식으로 본다면 나와 타인은 공존, 공생하기보다는 상호 투쟁 속에 들어간다. 타인의 존재는 존재하고자 하는 욕망, 타인으로부터 인정받고자 하는 욕망을 증대시킨다.

창세기 4장에 나오는 가인과 아벨의 사건은 욕망 때문에 타인을 배제한 전형적인 이야기이다. 가인과 아벨은 모두 제사를 통해서 하나님의 인정을 받기를 욕망했다. 그런데 하나님은 아벨의 제사는 기쁘게 받으셨고 가인의 것은 받아들이지 않으셨다. 가인은 아벨을 부러워했고, 부러움은 시기를, 시기는 미움을 낳았다. 아벨에 대한 가인의 미움은 그를 받아들인 하나님에 대한 '원망'이자 '원한'이었다. 원한은 분노로 이어지고 분노는 얼굴 색깔을 바꾸었다. 창세기 4장 5절에는 "가인이 몹시 분하여 안색이 변하니"라고 기록되어 있다. 가인과 아벨은 하나님의 인정을 받고자 했다. 말하자면 하나님은 이들의 욕망 대상이었다. 그러나 아벨은 인정을 받고 가인은 거부당했다. 하나님에 대한 원한과 분노를 가인은 아벨을 죽임으로써 그의 경쟁자를 배제하는 방식으로 드러내었다. 동일한 대상에 대한 욕망은 경쟁자를 만들어 내고 경쟁자들은 상대방을 배제하고자 애쓰게 된다. 희생양은 이 과정에서 만들어진다. 르네 지라르가 보여 주듯이, 가정에서, 학교에서, 회사에서, 사람들이 같은 대상을 두고 욕망하는 한, 이러한 '희생양 메커니즘'은 사람이 사는 곳이면 어디에서나 발견된다.[15]

그런데 물어보자. 타인은 정말 내 밖에 있기만 한 것인가? 내가 시선을 의식하는 타인은 내 밖에서, 몸과 마음으로 떨어져 존재하는가? 내가 알기 전에, 내가 의식하기 전에 타인은 벌써 내 안에 들어와 있지 않은가? 아니, 타인과 타자는 이미 나에 앞서 나를 형성하고, 나를 만들지 않았는가? 예컨대 내가 쓰는 말을 생각해 보자. 나는 타인이 없이 말을 배울 수 없다. 내가 할 수 있는 우리말, 그리고 다른 나라 말들은 모두 타인으로부터 배운 것이다. 어느 것도 내 머리에서, 내 생각에서 나온 것들이 아니다. 남들이 하는 말, 남들이 가르쳐 준 말을 내가 배워 말을 한다. 어휘뿐만 아니라 언어를 통제하는 규칙들을 나는 타인들로부터 배웠다. 언어의 규칙은 내가 만든 것이 아니라 타인이 만든 것이다. 타인으로부터 부과된 언어의 규칙은 나의 자유를 구속하지만 내가 익힌 규칙으로 인해 나는

15 르네 지라르, 김진석 역, 『희생양』(민음사, 2007) 참조.

자유롭게 우리말을 구사할 수 있다.

타인으로부터 배워 이제 나의 것이 된 것들, '나 속에 있는 타자들'은 언어에만 국한되지 않는다. 어떤 경우에 어떻게 처신해야 할지, 무엇을 선택해야 할지, 이와 같은 것들을 통제하는 규칙들을 나는 특정한 사회, 특정한 문화 속에서 배워서 익혔다. 나의 지식, 내가 가진 믿음, 내가 짊어지고 있는 책임, 내가 추구하는 이상, 이것들은 나 자신이 생각해 보고, 나 자신이 따져 보고, 나 자신이 받아들인 것들이지만 나 홀로 얻어 내거나 나 홀로 주장하고 걸머진 것들이 아니다. 이것들은 내가 배웠고, 수긍했고, 받아들여 어느새 내 것이 되어 버린 '나 속에 있는 타자들'이다. 만일 이런 타자들이 내 속에 없다면 무슨 일이 일어나는가? 나는 타인을 이해하고 타인과 함께 살아갈 수 있는 공통의 지각 능력, 곧 '상식'(common sense)을 갖지 못했을 것이다. 비록 내 몸이 타인과 분리되어 있더라도 몸을 구성하는 요소와 내용은 타인과 거의 전적으로 공유하듯이 나의 생각, 나의 마음도 타인과 분리되어 있으면서도 사실은 타인과 비슷하고 유사한 것들을 매우 많이 공유하고 있다고 해야 할 것이다.

다시 한 걸음 물러나 생각해 보자. 타자 없이, 타인 없이 내가 존재할 수 있는가? 나를 형성한 세포, 세포에 투입된 영양, 나의 몸을 형성하고 있는 모든 것들은 사실 나의 외부에서 온 것이다. 나는 내 밖에 있는 공기를 들이쉬고 내뱉는 일을 반복하지 않고서는 몸을 유지할 수 없고, 내 밖에 있는 물과 음식물을 먹고 마시지 않고서는 영양을 섭취할 수 없고, 내 밖에 있는 햇빛이나 인공 연료의 도움을 받지 않고서는 몸의 온기를 유지할 수 없고, 나를 떠받치고 있는 땅과 내가 깃들어 살 수 있는 집과 함께 사는 가족과 친구들과 동료 없이 현재의 삶을 살 수 없다. 이 모든 것들은 사실은 '나 속에 있는 타자들'이다. 내 몸뿐만 아니라 몸으로 존재하는 나를 나라고 말할 수 있게 하는 나의 영혼, 이것도 내가 만들어 낸 것이 아니다. 내가 나의 몸을 만들어 낸 주체가 아니듯이 나는 나의 영혼을 만들어 낸 주체가 아니다. 나의 몸, 나의 영혼, 이것은 타자로부터 내가 받은 것이다. 만일 나의 부모가 없었다면, 그리고 부모의 정자와 난자가 만난 순간이 없었다면, 나는 존재할 수 없다. 나는 '주어진 존재'(being given)이다.

내가 누구에게 주어졌는가? 일차적으로 나는 내가 아닌, 나의 부모에게 주어졌다. 나는 나의 부모에게 '주어진 존재'이다. 이렇게 '주어진 존재'인 나를 부모는 먹이고 재우고 입혀 주었다. 나는 '주체'라기보다 오히려 관심과 배려, 보살핌의 '수용체'이다. 하나님이 주시고 부모가 나에게 공급해 준 물과 공기와 음식이 내 몸 속에 들어와 나를 형성하지 않았다면 나는 생존할 수 없었다. 이런 의미에서 나는 부모에게 뿐만 아니라 나 자신에게도 '주어진 존재'이다. 왜냐하면 나는 나를 만들지 않았고 나를 먹이지 않았고 나를 입히지도 않았기 때문이다. 우리는 한때 태어난 존재요, 갓난아이였다는 사실을 잊기 때문에 우리가 모두 '주어진 존재'요, 우리 삶이 '받은 삶'이라는 사실을 망각한다.

'주어짐'(being given)을 조금 더 생각해 보자. 주어짐은 주는 편에서 보면 '줌'(giving) 없이는 일어나지 않는다. 그런데 줌은 줌의 대상이 음식이든 옷이든, 책이든 돈이든, 아니면 시간이든 몸이든, 무엇이든지 간에 관심이나 배려, 사랑 없이는 가능하지 않다. 설사 이기적 동기가 작용한다고 하더라도 그로부터 말미암은 관심과 배려, 사랑은 나를 키워 내고 나의 존재를 가능케 한 원동력이다. 이런 과정을 통해서 '주어진 존재'인 나는 나의 삶을 나의 삶으로 살 수 있고, 나의 삶에 책임질 수 있게 된다. 이때 나의 삶은 나에게 주어진 삶, 곧 내가 '받은 삶'에 그치지 않고 내가 가꾸고 내가 일구어 가야 할 삶으로 등장한다. 독일어로 굳이 말해 보자면 삶은 가베(Gabe, 선물)이면서 동시에 아우프가베(Aufgabe, 과제, 임무)가 된다. 그런데 아우프가베로서의 삶, 과제로서의 삶은 나를 내어 주는 것, 곧 나의 시간과 돈과 힘과 지식, 곧 내가 가진 것들을 타인에게 내어 놓는 것으로 가능하다. 내가 나의 삶을 받았으니, 내가 내 발로 서게 되었을 때는 나도 내 삶을 타인에게 선물로 내어 주어야 한다.

그런데 우리 자신이나 주위를 돌아보면 우리에게 주어진 삶을 다시 타인에게 '선물'로 주기보다는 오히려 '독'으로 만드는 경우가 너무나 많다. 동생 아벨을 시기하고 질투한 나머지 원한을 품게 되고 분노를 갖게 되어 결국에는 동생을 죽이게 된 가인은 자신의 삶을 타인뿐만 아니라 자신에게도 독이 되게 하였다. 삶 자체가 그에게는 선물이 아니라 '애물'이 되었다. 그래서 가인은 자신의 생명이 위협에 노출된 사실을 하나님께 불평하였다. '아우의 지킴이'(brother's keeper)가 될 수 없었던 그는 자신의 생존을 위해서 성을 쌓고 타인으로부터 올 수 있는 공격에 대비했다. 타인에 대한 불안을 품고 살 수밖에 없는 삶은 선물로 받은 삶이 될 수 없다. 오늘도 마찬가지일 것이다. 건강이나 재산, 가진 것이 거의 없이 하루를 겨우 자신의 몸뚱이 하나 보전하는 데 쓸 수밖에 없는 사람을 제외하고는, 자신의 시간과 돈, 힘과 재능을 오직 자신의 이익만을 위해 쓰는 사람은 자신과 주위 사람들에게 애물이 될 것이다. 왜냐하면 오직 독점을 통해서만이 소유할 수 있는 것들은 집 안 깊숙이 숨겨 둔 하나의 우상이 되고, 우상은 그들의 영혼을 굴복시키고 종속시키고 결국 탈취해서 진정한 삶, 인간다운 삶을 불가능하게 만들기 때문이다.

3) 타자와 함께하는 윤리, 타자를 위한 윤리

우리의 일상에서 타인은 나와 긴장 관계에 있는 사람으로, 나를 쳐다보고 때로는 인정하거나 무시하는 관찰자로, 내가 모방해야 할 사람으로, 나와 경쟁 관계에 있는 사람으로, 내가 할 수 있다면 배제해야 할 사람, 또는 이와는 반대로 내가 보살펴야 할 사람으로, 내가 연대하고 함께할 사람으로, 그로 인해서 나의 삶이 보람을 찾는 사람으로 다가온다. 타인은 나에게 도움을 주는 사람이기도 하고 나의 도움을 받는 사람이기도 하다. 타인은 나의 삶에 디딤돌이 되기도 하고 거침돌이 되기도 한다. 타인은 나의 친구이기도 하고, 적이기도 하다. 타인은 나와 무관하게, 아무런 의미 없이, 그런 방식으로 존재하기도 한다. 타인은 하나의 의미로 나에게 오는 것이 아니라 여러 가지 의미로, 여러 가지 얼굴로 다가온다. 따라서 우리의 일상의 삶에서 타인과의 관계를 순전히 현상적으로만 볼 때는 타인을 일의적(一義的, univocally)으로 규정할 수 없다.

하지만 우리는 타인과 함께 산다. 타인 없이는 어느 누구의 삶도 가능하지 않다. 그렇다면 만일 타인과의 정당한 관계, 다시 말해 타인에 대한 윤리를 생각한다면 어떤 관계, 어떤 윤리를 생각할 수 있는가?

타인에 대한 윤리를 생각하기 전에 타인에 대한 인식 가능성의 문제를 생각해 보자. 우리는 타인을 알 수 있는가? 타인은 앞에서 말한 대로 그의 몸, 그의 마음을 가지고 살아간다. 나는 그의 마음, 그의 몸속에 들어갈 수 없다. 따라서 내가 나 자신을, 타인이 자신을 1인칭으로 알듯이 알 수는 없다. 왜냐하면 나는 타인이 아니기 때문이다. 마찬가지로 타인도 나의 몸, 나의 마음을 1인칭적으로 알 수 없다. 왜냐하면 그는 내가 아니기 때문이다. "마음의 고통은 자기가 알고 마음의 즐거움은 타인이 참여하지 못하느니라"(잠 14:10)라는 말은 나와 타인의 분리를 전제한다. 그런데 나는 아직 한 번도 만나 보지 못한 어떤 사람이 어디에 사는지, 직업이 무엇인지, 무엇을 좋아하는지, 어떤 정치적 신념을 가지고 있는지, 그의 종교가 무엇인지 알 수 있다. 어딘가에 실린 기사나 글을 보고 알거나 다른 사람들이 하는 얘기를 듣고서 나는 그가 누군지, 무슨 생각을 하는지 안다고 말할 수 있다. 이러한 3인칭적인 앎은 사물에 대한 지식과 크게 다르지 않다. 어느 정도 조사와 연구를 통해서 얻을 수 있는 지식이다.

문제는 나와 얼굴로 대면하는 타인, 곧 내가 2인칭으로 부를 수 있는 타인의 마음을 내가 알 수 있는가 하는 것이다. 만일 내 앞에 있는 사람이 배를 움켜쥐면 그의 배에 무슨 일이 있다는 것을 나는 안다. 평소에 밝게 지내던 사람이 얼굴이 어두워 보이면 무슨 근심, 걱정이 그에게 있다는 것을 안다. 오는 말이 만일 곱지 않으면 그의 마음속에 무슨 불편한 생각이 자리하고 있음을 안다. 또는 상대방이 자신의 마음을 나에게 털어놓을 때 나는 그의 마음을 안다. 그런데 이러한 앎은 3인칭적인 앎과 근본적으로 구별되지 않는다. 왜냐하면 외적 표현을 통해서 접근 가능할 뿐 타인의 마음속에서 무슨 생각이 진행되는지 나는 알 수가 없기 때문이다. "열 길 물속은 알아도 한 길 사람 속은 모른다"는 속담은 이것을 두고 하는 말이다. 뇌 촬영을 통해서 마음을 읽어 내고자 하는 노력이 어느 정도 성공한다고 해도 사람 속에 있는 생각을 결코 깡그리 읽어 낼 수는 없을 것이다.

그렇다면 타자와의 마땅한 관계는 어떤 것인가? 무엇보다 타인을 3인칭적인 지식의 대상으로 보기 이전에 내가 이해하고 존중해야 할 사람으로 보고, 그렇게 대하는 것이다. 왜냐하면 이해와 존중을 통하지 않고서는 타인과의 관계가 열리지 않기 때문이다. 만일 타인을 이해하고 그를 존중하지 않는다면 윤리적 관계가 사실상 형성되지 않는다. 왜냐하면 만일 타인을 존중할 수 있는 인격으로 보지 않는다면 타인을 그 자체로 고유한 가치를 지닌 '목적 자체'로 볼 수 없기 때문이다. "네가 대접을 받고 싶은 대로 남을 대접하라"(마

7:12; 눅 6:31)는 이른바 '황금률'(golden rule)이 권유하는 바가 바로 이것이다.[16] 만일 내가 타인으로부터 존중받고, 이해받기를 원한다면 나도 타인을 이해하고 존중해야 한다. 타인을 이해하고 존중하면 막혔던 벽이 무너지고 서로 소통할 수 있는 길이 열린다. 이것이 가능하기 위해서는 타인도 나와 같이 먹어야 하고, 입어야 하며, 잠을 자야 할 존재임을, 타인도 나와 마찬가지로 존중받기를 원하는 존재임을, 다시 말해 타인도 나와 같은 존재임을 인식하는 것이 필요하다. 만일 타인도 나와 같은 존재임을 인식하지 못한다면 황금률의 가르침은 실행될 수 없다.

황금률은 아마도 일상에서 가장 쉽게 생각하고 실천할 수 있는 타인에 대한 윤리일 것이다. 그런데 여기서 한 걸음 더 나아가 보자. 익숙하고 평범한 것들을 한번 깨뜨려 보자. 그렇게 하자면 타인을 나와 동등한 존재로, 나와 같은 존재로 볼 뿐 아니라, 한 걸음 나아가서 타인을 '나보다 나은 존재'로 보는 것이다. "남을 자기보다 낫게 여긴다"(빌 2:3)는 것은 남을 자기보다 위에 있는 존재로, 남을 더 중요한 존재로 생각하는 것이다. 힘에 눌려서 남을 나보다 더 우월한 존재로 보는 것이 아니라 자발적인 생각을 통해서 남을 나보다 낫게, 남을 나보다 더 중요하게 생각하라는 가르침이다. 그렇게 하자면 누구나 자신을 낮출 수 있어야 한다. 자기를 낮추지 못하면 남을 높일 수 없다. 자기를 내세우면 타자는 멀찌감치 밀려나거나

---

16 Young Ahn Kang, "Global Ethics and A Common Morality," in *Philosophia Reformata* 71 (2006), pp.79-95.

완전히 배제된다. 타인과 참된 평등을 위해서는 나와 타인의 관계가 불균형 관계(asymetrical relation)여야 한다는 레비나스의 견해는 남을 나보다 낮게 여겨야 한다는 생각을 지지한다.

그런데 나와 타인의 관계가 상호성에서 비균등성으로, 그리고 다시 비균등성에서 완전한 자기 비움으로 나아간다면 급진적인 전환이 발생한다. 상호성의 단계가 칸트나 리쾨르가 그리는 나와 타자의 관계라면 비균등성은 레비나스가 그의 『전체성과 무한』으로 대표되는 중기 철학에서 그린 관계이다. 자기 비움, 타인을 위해 대신 짐을 짊어짐은 레비나스가 후기 철학에서 나와 타자의 관계를 보는 방식이다.[17] 그런데 레비나스가 그린, 타인을 위해 인질이 되고, 타인을 위해 핍박받고, 타인을 위해 목숨까지 내어놓는 '주체', 타인을 대신함으로 대속의 고통을 당하는 수동적인 주체를 우리는 예수 그리스도에게서 발견한다. 바울은 예수께서 하나님과 동등한 존재이나 그것을 고집하지 않고 자기를 비워 사람의 모습을 취하고 낮아지고 십자가를 지고 죽음을 당하기까지 자기를 내어놓으셨음을 상기시킨다(빌 2:6-8). 비우심, 낮아지심, 십자가 죽음의 고통을 당하심. 이것이 예수가 보이신 모범이다. 바울의 가르침은, 이제 예수의 죽음과 부활의 능력으로 그와 하나된 사람들, 곧 그를 따르는 제자들은 예수가 살았던 것처럼 살고 그가 생각하는 것처럼 생각하면서 살아야 한다는 것이다. 그것이 바로 타인을 위해서 자기를 비우고,

---

17   여기서 언급한 레비나스 철학의 발전 단계에 대해서는 강영안, 『타인의 얼굴』 참조.

낮아지고, 고통의 짐을 대신 짊어지는 데까지 나아가는 것이다. 이처럼 타인을 사랑하고 유익하게 하는 삶이 곧 '나의 나됨'을 세워 가는 것임을 예수는 몸소 보여 주신다. 목숨을 내어놓기까지 타인을 사랑한 모습에서 타인은 배척과 홀대의 대상이 아니라 포용과 사랑의 대상으로 드러난다.

타인은 우리에게 누구인가? 이 지점에서 다시 물어볼 수밖에 없다. 타인은 우리가 귀 기울여야 할 사람, 우리가 다가가야 할 사람, 우리가 용서하고 사랑해야 할 사람, 우리가 연대해야 할 사람이다. 타인에 대한 이러한 관점은 일종의 탄탄한 '체계'를 따라 돌아가는 우리의 일상에서 보면 하나의 침입이고 침투임이 틀림없다. 타인은 당연한 세계를 문제시하고 정해진 틀을 깨뜨리게 만든다. 그러나 이러한 깨어짐, 깨뜨려짐 없이는 우리는 일상에서 구원에 대한 희망을 품을 수 없다. 딴 세상에서 온 것처럼 들리는 타인의 목소리는 잘 먹고 잘 사는 나의 일상을 흔든다. 나의 자유와 나의 번영, 나의 행복을 질책하는 타자의 목소리에 귀 기울이고 그들의 호소를 들어주는 일이 타인과 더불어 살아가는 정치에서 으뜸으로 고려해야 할 사항이다. 왜냐하면 타자의 문제, 타인의 문제는 정의의 문제를 떠나 생각할 수 없기 때문이다.[18]

이제 1강에서부터 지금까지의 논의를 마무리 지어 보자. 인간의

---

18 Miroslav Volf, *Exclusion and Embrace: A Theological Exploration of Identity, Otherness and Reconciliation* (Abingdon Press, 1996) 참조.

삶의 자리는 일상이다. 일상을 떠나 삶을 생각하고자 하는 사람에게도 일상은 피할 수 없는 현실이다. 그런데 일상은 1강에서 본 것처럼 우리가 벗어날 수 없고, 누구에게나 비슷하고, 반복적이며, 평범하고, 모든 것이 결국에는 덧없이, 일시적인 것으로 지나가고 마는 현실이다. 이 현실 속에서 우리는 먹고 마시고, 자고, 일하고, 쉬고, 타인들의 얼굴을 대면한다. 이 속에서 우리는 웃고 울며 이 속에서 우리는 행복과 불행을 체험한다. 그런데 사람이 처한 조건을 보면 같기도 하고 다르기도 하다. 몸을 지니고 시간과 공간 속에서 이 땅을 살아가는 조건은 유사하다. 만일 우리가 행복을 순간적이고 단회적이며 일시적인 즐거움의 상태라 정의한다면 우리의 삶은 주어진 조건과 그때마다 가지는 감정 상태에 따라 행복과 불행이 교차되는 현실이라 볼 수 있을 것이다. 그러나 삶의 행복과 불행이 지속적인 상태, 전체적인 상태라고 생각하면 행복을 순간적이고 일시적인 기쁨이라 보기보다는, 때로는 역경에 직면하고 슬퍼할 일을 만난다 하더라도 언제나 마음 깊숙한 자리로부터 치솟아 오르는 기쁨으로 보게 된다. 그러자면 1강에서도 강조했듯이 우리에게는 삶을 전체적으로 볼 수 있는 '판단의 틀' 또는 '세계관'이 필요하다. 이 세계관을 어디서 찾을 것인가? 1강에서 물음으로 남겨 두었던 것에 대해 이제 끝부분에서 나는 두 가지 대안을 제시할 수 있다고 생각한다. 하나는 자연주의 무신론이고 다른 하나는 유신론이다(이 둘에 대해서는 간략하게만 여기서 언급하겠다).

존재하는 것은 오직 자연뿐이고 모든 것은 자연의 법칙을 따라 존재하고 운동한다는 주장을 자연주의(naturalism)는 담고 있다. 따라서 자연주의는 그 자체로 무신론을 함축한다.[19] 세계관으로서 진화론은 자연주의 무신론의 한 형태이다. 일단 자연주의가 옳다고 생각해 보자. 그렇다면 우리는 삶에 대해서 무엇을 말할 수 있는가? 무엇보다 삶은 자연 체계 안에서 이루어지되, 모든 생명체에 내재한 살고자 하는 의지가 삶의 방향과 과정을 결정한다. 삶을 움직이고 전체로 포괄하고 파악하는 외재적 존재, 외재적 목적은 없다. 따라서 삶의 의미, 삶의 목적은 엄밀한 의미에서 말할 수 없다. 자연주의 무신론을 가장 분명하게 대변한 사람으로 우리는 버트런드 러셀을 들 수 있을 것이다. 러셀의 다음 말을 들어 보자.

사람은 얻을 수 있는 목표를 예측할 수 없는 원인들의 산물이라든지, 사람의 출생과 성장, 그가 가지고 있는 희망과 두려움, 그의 사랑과 믿음은 단지 원자들의 우연한 배열의 결과에 지나지 않는다든지, 어떠한 정열도, 어떠한 영웅주의도, 어떠한 강렬한 사유와 감정도 무덤 넘어서의 개인의 삶을 보존할 수 없다든지, 모든 세대의 수고와 헌신과 영감과 번쩍이는 천재성도 태양계의 종말이 오면 소멸할 수밖에 없다든지, 인류의 업적을 자랑하는 전당도 이 우주가 파멸하면 어쩔 수 없이 분토가 되어 버리고 만다는 말들은 논란의 여지가 없지는 않더라도 너무나

---

19 나는 여기서 알빈 플란팅가의 자연주의 정의를 따른다. Alvin Plantinga, "Against Naturalism," in: Alvin Plantinga & Michael Tooley, *Knowledge of God* (Oxford, Blackwell, 2008), pp.1-69. 이 가운데 p.17 참조.

확실해서 어느 철학도 그것을 부인하기가 어렵다. 영혼의 거처는 차후에 이러한 진리들을 발판으로 할 때에만, 돌이킬 수 없는 절망에 기초할 때에만 안전하게 세워질 수 있다.[20]

러셀이 말하고자 하는 것은 분명하다. ① 사람은 목표를 예측할 수 없는 원인들의 산물이다. ② 사람의 출생과 성장, 그의 희망과 두려움, 그의 사랑과 믿음은 원자들의 우연한 배열의 결과에 지나지 않는다. ③ 어떠한 정열이나 영웅주의, 강렬한 사유와 감정도 내세에서 개인의 삶을 보존할 수 없다. ④ 모든 세대의 수고와 헌신, 영감과 천재성도 태양계의 종말로 소멸될 수밖에 없다. ⑤ 인류의 업적도 우주가 파멸되면 분토가 된다. 따라서 우리의 삶의 철학, 우리의 세계관은 이러한 '진리들'을 발판으로 삼을 때만이 안전하게 세워질 수 있다. 이러한 세계관은 어렵지 않게 '자연주의', '유물론', '결정론', '현세주의', (삶에는 어떤 토대나 근거, 어떤 목적이나 의미가 없다는 의미에서) '허무주의'라고 이름 붙일 수 있다. 만일 이런 관점에서 행복을 본다면 행복은 어떻게 보일까? 러셀 자신은 행복이 가능하다고 생각한다. 자신이 내세우는 세계관을 통해서 행복을 얻을 수 있고, 행복을 얻을 수 있을 뿐만 아니라 그의 책 『행복의 정복』(The Conquest of Happiness) 제목처럼 행복을 '정복'할 수 있다.[21]

---

20 Bertrand Russell, "A Free Man's Worship," in: Paul Edwards(ed.), *Why I am Not a Christian?* (New York, Simon & Schuster, 1957), p.107.

21 러셀의 행복론은 Bertrand Russell, *The Conquest of Happiness* (London, George Allen & Unwin, 1930); 버트런드 러셀, 이순희 역, 『행복의 정복』(사회평론, 2005) 참조.

유신론은 러셀의 자연주의적 무신론이나 세속주의와는 전혀 다른 관점을 가지고 인간의 삶을 본다. 유신론이 옳다고 가정해 보자. 그렇다면 유신론은 우리의 삶에 대해서 무엇을 말하는가? 나는 나의 탄생과 삶의 과정과 죽음을 한꺼번에 보지 못한다. 삶을 전체로서 의미를 부여할 수 있는 가능성이 나에게는 없다. 그러나 유신론은 나의 탄생에서 죽음에 이르기까지 삶 전체가 하나님의 손에 있다고 가르친다. 나아가서 나의 삶이 우연의 결과가 아니라 하나님의 사랑과 하나님의 계획의 산물이라고 본다. 나의 열정, 나의 피와 눈물과 땀, 나의 노력, 나의 정의감이 무위로 끝나지 않고 열매를 맺을 것이라는 믿음에 근거를 제공해 준다. 유신론은 삶을 전체적으로 볼 수 있는 관점을 제공한다.

특별히 기독교 유신론은 나의 행복과 불행을 타인과의 비교에서 찾지 않는다. 오히려 하나님과의 교제에서 행복을 찾는다. 성령 안에서 예수 그리스도를 통해서 자신을 보여 주신 하나님은 사람들이 추구하는 부와 명예와 권력과 행복을 모두 소유하신 분이다. 그분과의 교제를 통해서 나누고 나누어도 줄어들지 않는 부요로움과 지혜, 그리고 무엇보다도 우리 자신을 있는 그대로 받아 주시는 그분의 인정(認定)과 사랑을 누린다. 그분 안에서 삶 전체를 조망하고 판단할 수 있을 뿐 아니라 부요로움과 지혜와 그토록 추구하는 타자로부터의 진정한 인정을 누린다.[22]

---

22 이러한 관점에서 행복에 관한 연구서로는 Vincent Brümmer, *Atonement, Christology and the Trinity. Making Sense of Christian Doctrine* (Hampshire, Ashgate, 2005); *Happiness, Well-*

유신론 세계관을 따르면 인간은 지구상에 살아 있는 식물과 동물들과 마찬가지로 이 땅이란 공간을 삶의 자리로 배정받았다. 동시에 탄생에서 죽음에 이르기까지 시간적 존재로 지음 받았다. 땅이라는 공간 축과 탄생에서 죽음까지 진행되는 일생(一生)이라는 시간 축을 중심으로 사람마다 각각 자신의 삶을 타인과 더불어 일상 가운데 살아가는 존재가 인간이다. 이 존재들은 하나님의 형상, 하나님의 모습을 따라 지음 받았다. 하나님은 무엇보다 말씀으로 사물을 불러내시고, 만드시고, 명령하시고, 복 주시는 분이다(창 1장). 인간은 그 말씀으로 지음 받고, 말씀에 반응하는 자로, 하나님이 주시는 복으로 삶을 영위하는 존재로, 남자와 여자로 삶을 나누는 존재로(창 1장), 땅을 보존하고 가꾸며 노동하는 존재로, 이름을 부여하는 존재로, 서로를 책임지는 존재로(창 2장) 지음 받았다. 그럼에도 반항으로 인하여 하나님과 자연과 이웃으로부터 소외된 존재로, 땀 흘려 일해야 삶을 영위할 수 있는 존재로 그려진다(창 3장). 그러나 비록 불순종으로 인하여 삶의 평화가 깨졌지만 일상의 삶을 책임지고 살아가는 존재로 인간을 성경은 그린다. 필연성, 유사성, 반복성, 평범성, 일시성의 성격을 띨 뿐 아니라 시공간 안에서 신체와 정신의 존재로 타인과 함께 삶을 살아가는 조건에 처한 인간의 일상의 삶은 비록 죄로 인하여 훼손되긴 했지만 그럼에도 하나님의 창조 질서 속에서 주어진 것이다. 이 삶은 하나님 사랑과 이웃 사

being and the Meaning of Life. A Dialogue of Social Science and Religion, Vincent Brümmer & Marcel Sarot (eds.) (Kampen, Kok Pharos, 1996) 참조.

랑을 통해 행복의 길을 걸어가는 삶이 될 수도 있고, 오직 자기만을 사랑하는 삶을 통해 불행한 길을 걸어갈 수도 있다.

그런데 어떻게 이웃 사랑과 하나님 사랑의 길을 걸어갈 수 있는가? 바울은 데살로니가 교회에 보낸 첫 번째 편지에서 다음과 같이 말한다. "항상 기뻐하라. 쉬지 말고 기도하라. 범사에 감사하라. 이것이 그리스도 예수 안에서 너희를 향하신 하나님의 뜻이니라"(살전 3:16). 영혼 깊숙이 우러나는 감사가 있을 때 우리는 기뻐하지 않을 수 없다. 삶을 주어진 것으로, 선물로, 은혜로 수용할 때, 우리가 어디에 처하든지, 우리는 감사한 마음을 갖게 되고, 감사하는 마음에서 마르지 않는 기쁨이 솟아난다. 기쁨이 있는 곳에는 찬양이 있고, 감사의 기도가 있다. 그러므로 바울은 기도를 권한다. 기도와 감사와 기쁨, 이 셋은 마치 하나의 둥근 고리처럼 이어져 있다. 기도와 감사와 기쁨은 우리 자신을 있는 그대로 수용하고 사랑하며 타인을 수용하고 사랑할 수 있게 해 준다. 감사가 없고 기쁨이 없는 곳에는 자신에 대한 수용이나 타인에 대한 이해와 사랑이 자리할 공간은 없다. 새로운 것 없이 늘 반복되는 일상의 삶 속에서 이웃 사랑과 하나님 사랑을 믿음과 소망 가운데 실천할 수 있는 길을 바울은 보여 준다. 중요한 것은 자연주의 관점을 따른 세계관으로 일상을 보는가, 아니면 유신론에 근거한 세계관으로 일상으로 보는가 하는 문제이며 행복을 삶의 일시적 만족으로 보는가 아니면 행복을 지속적인 기쁨의 상태로 보는가 하는 문제이다.

얼굴을
가진다는 것

3강에서 나는 타자를 다루었다. 일상 속에 반복해서 만나는 타자는 '얼굴'을 통해 만난다. 길을 걷거나 지하철을 타거나 시장에 가거나 우리는 언제나 사람의 얼굴을 보게 된다. 대학에서 일하는 사람들은 연구실을 지나갈 때 동료 교수들의 얼굴을 보게 되고 강의실에 들어가면 학생들의 얼굴을 보게 된다. 우리가 보는 얼굴 가운데는 아는 얼굴, 낯익은 얼굴이 있는가 하면 피하고 싶을 정도로 싫어하는 얼굴도 있다. 모르는 사람들 가운데도 눈길을 끄는 얼굴이 있는가 하면 눈길을 거두고 싶은 얼굴도 있다. 그러나 일상에서 만나는 얼굴들은 대부분 스쳐 가는 얼굴일 뿐 별다른 의미를 만들어 내지 않는다. 사람들로 가득 찬 지하철에서는 입김이 와닿을 정도로 얼굴이 가까이 있으나 만남은 없다. 우리는 일상에서 타인들의 얼굴을 외면하고 그냥 스쳐 가는 방식으로 대한다. 만일 만나는 사람마다 인사를 하고, 부딪히는 사람마다 애써 눈도장을 찍고자 하면 (선거에 출마한 사람을 제외하고는) 일상이 교란되고 말 것이다. 이것으로 얼굴과 일상의 관련에 대해서 할 수 있는 이야기를 다했다고 할 수 있을지 모른다. 그러나 이왕 시작을 한 것이니 한번 생각해 보자. 얼굴은 우리에게 무엇인가? 얼굴을 볼 때 도대체 무슨 일이 일어나는가? '나의 얼굴', '너의 얼굴', '그의 얼굴', '그들의 얼굴'은 나에게 어떤 의미가 있는가? 만일 얼굴을 대하는 방식이 있어야 한다면 그것은 어떤 것일까? 말하자면 '얼굴의 현상학'과 '얼굴의 해석학', 그리고 '얼굴의 윤리학'을 (만일 이것이 가능하다면) 어떻게 구상할 수 있을지 생각해 보자.

1. 얼굴의 현상

먼저 얼굴에 관한 가장 일반적인 현상부터 드러내 보자. 얼굴은 사람의 머리 앞부분에 위치한 표면(表面)이다. 사람뿐만 아니라 우주 만물에는 표면이 있다. 우리가 숨 쉬고 살고 있는 지구에도 표면이 있다. 지구 표면은 대륙과 대양으로 덮여 있고 대양은 수면을 드러내고 대륙은 숲과 토양과 강과 인공적인 조형물로 덮여 있다. 좀 더 가까이 우리 주변을 둘러보면 사람들과 건물과 도로와 그 위로 다니는 차량들이 우리가 밟고 있는 땅의 무늬(文)와 결(理)을 만든다. 이 모든 사물에는 표면이 있다. 흐르지 않는 물의 표면처럼 평면으로 된 것이 있는가 하면 흐르는 물의 표면처럼 굴곡을 보이면서 햇빛을 반사하는 것도 있다. 지표면처럼 밋밋하게 펼쳐진 표면이 있는가 하면 산처럼 골짜기를 안고 솟아 있는 표면도 있다. 표면은 사물의 가시적 측면이다. 표면을 통해서 우리는 사물을 보고 사물을 구별한다.

가시적(可視的) 관점에서 보면 표면은 적어도 두 가지 특징을 띤다. 첫째, 어떤 표면이라도 표면 배후에는 드러나지 않아 보이지 않는 감추어진 면(裏面)이 있다. 산이나 강, 도로나 건물 모두 드러난 면과 드러나지 않는 면, 두 면을 가지고 있다. 드러난 면은 철따라, 시간 따라, 날씨 따라, 해의 위치에 따라 보이는 부분이 다르게 나타난다. 둘째, 보이는 부분, 곧 표면은 예컨대 눈앞에 드러나는 건물처럼 언제나 한 측면, 한 면모(façade)를 드러낼 뿐 옹근 모습 전체를 보여 주지 않는다. 사물 자체가 언제나 하나의 위치에 놓여 있고 표면을 통해 사물을 관찰하는 우리 자신이 한 시점, 한 지점에 서서 사물을 볼 수밖에 없기 때문이다. 여기에는 시간 t_1에서 시간 t_2, 시간 t_3, … 시간 t_n의 흐름과 나의 위치 p_1, p_2, … p_n의 변경 가운데 나의 의식을 통한 통합 작용이 개입한다. 그렇지 않다면 표면을 통해서 우리가 보는 사물을 하나의 일정한 사물(예컨대, 건물)로 확인하지 못한다. 지극히 적은 표면적을 가진 모래알조차도 이 점에서는 예외가 아니다. 표면을 볼 때 우리는 한꺼번에 전체를 통째로 볼 수 없다. 그럼에도 드러나는 표면을 통해서 우리는 사물을 보고 지각하고, 사물을 일정한 사물로 확인하고 이름 붙인다.

 사람의 얼굴도 사물의 표면과 마찬가지로 사람의 머리 앞부분을 차지하는 표면이라는 사실은 다른 사물을 우리가 보고 파악하고 확인하는 과정이 동일하게 얼굴에도 적용됨을 말해 준다. 예를 들어 내 앞에 있는 탁자를 보자. 이 사물을 나는 탁자로 파악한다. 칸트 식으로 말하는 것이 만일 허용된다면 나는 이렇게 말할 수 있다. "나는 나의 감각을 통해서 공간 안에 주어진 사물을 본다. 사물의 생김새를 보고 나는 이 사물에 내가 알고 있는 '탁자'라는 개념을 적용시킨다." 이 탁자를 나는 지금 내가 얘기하기 위해 준비한 원고를 두는 자리로 사용한다. 사람의 얼굴도 탁자를 보는 것과 마찬가지로 내가 만난 적이 있는 사람이든 전혀 만난 적이 없는 사람이든 그것이 사람의 머리 앞부분에 있고 살색을 띤 표면과 구멍 모양을 한 눈, 코, 입, 귀가 있는 것을 보고 얼굴로 인식한다.

 낯선 도시에 갔다고 가정해 보자. 건물, 도로, 차량, 가로수, 길거리에 다니는 사람들, 도시의 냄새, 소음 등으로 구성된 도시의 '얼굴'이 나에게 생소하듯이 도시의 사람들도 나에게 생소하다. 그러나 그 도시를 다니는 사람들의 얼굴을 그려 보라는 요구를 내가 받는다면 나는 하나의 표면 위에 눈과 코, 입, 이마와 볼, 귀를 그려 볼 수 있을 것이다. 모든 것을 단순화해서 보았을 때 얼굴은 표면과 (두 개골과 식도로 연결된 일곱 개의) 구멍으로 구성된 하나의 사물이다. 사진으로 이것을 담아 낼 수 있고 그림으로 그릴 수 있고 기억 속에 저장할 수도 있다.

한 걸음 물러서서 물어보자. 도시의 얼굴과 도시 속의 사람 얼굴은 어떤 점에서 다른가? 대상을 지각할 수 있는 눈에는 둘 다 처음 보기 때문에 사물로 다가온다. 다양한 요소들이 도시의 얼굴을 형성하듯이 도시 안에 다니는 사람들도 다양한 얼굴들을 하고 있다. 그럼에도 사람의 얼굴은 이마에서 볼, 턱에 이르기까지의 표면과 눈과 코와 입, 그리고 귀로 구성된다는 점에서 공통의 요소를 가진다. 그렇다고 해서 사람의 얼굴이 이마와 볼과 턱과 눈과 코와 입과 귀의 합성이라는 말은 아니다. 이것들을 임의로 배치해 놓는다고 해서 사람의 얼굴이 되는 것은 아니다. "얼굴을 짜맞추는 각 부분들은 그 어떤 얼굴도 만들어 내지 못한다. 각 부분들의 총체 그 이상이기 때문이다".[01] 사람의 얼굴에는 사람마다 배열이 다르고 크기가 다르고 모양이 다르다고 해도 눈이 있을 곳에 코가 있지 않고 귀가 있을 곳에 입이 있지 않다. 얼굴은 일정한 배치와 일정한 관계로 형성된 형태(Gestalt)로 등장한다.[02] 따라서 얼굴은 특정한 누구의 얼굴일 수 있고 타인이 객관적으로 확인할 수 있다. 그렇지 않다면 얼굴을 찍은 사진을 주민등록증이나 여타 신분증에 본인 확인 수단으로 올리지 않을 것이다. 하지만 이때의 얼굴은 여전히 예컨대 지문(指紋)이나 성문(聲紋)처럼 다른 사물과 마찬가지로 지각되고 개념에 포착되고 표상되는 하나의 대상이다.

---

01 막스 피카르, 조두환 역, 『사람의 얼굴』(책세상, 1994), 72면 참조.
02 폴라니는 이런 방식으로 얼굴을 지각하는 방식을 지각의 보편적 특징임을 보여 준다. Michael Polanyi, *The Tacit Dimension* (Graden City, New York: Doubleday, 1966), p.3 이하 참조.

그런데 얼굴은 단지 물리적인 대상에 그치지 않는다. 얼굴에는 눈이 있고 피부가 있다. 눈과 피부에는 색깔이 있다. 피부는 성의 차이, 나이, 인종, 심지어는 부의 정도를 보여 준다. 옷과 몸짓뿐만 아니라 얼굴을 통해서 그 얼굴의 주인이 속한 계층과 직업이 어느 정도 드러난다. 모든 것이 얼굴에 쓰여 있다고 말할 수 없으나 예컨 대 며칠 동안 세수조차 못한 얼굴을 서울역 근처에서 보게 되면 그 가 노숙자일 가능성이 높다는 것을 읽어 낼 수 있다. 얼굴은 안색(顔 色)이나 주름, 햇볕에 탄 상태를 통해서 세월의 흐름과 건강 상태, 사회적 지위와 위치를 피부로 말해 줄 뿐 아니라 희로애락애오구 (喜怒哀樂愛惡懼)의 감정을 드러낸다. 이때의 얼굴은 얼굴을 지닌 사 람이 단순한 사물(thing)이 아니라 한 나라와 문화, 한 사회 안에 위 치를 지닌 인물, 곧 인격(person)임을 보여 준다. 얼굴을 '내면의 거 울'이라고 부를 수 있는 것은 이 단계에 이르러서야 비로소 가능하 다. 하지만 이렇게 본 얼굴은 여전히 3인칭에 머무는 얼굴이다. 나 의 얼굴, 너의 얼굴이 아니라 수많은 그의, 그녀의 또는 그들의 얼 굴이다. 이때의 얼굴은 하나의 체계와 문화, 하나의 지역과 사회 속 에 귀속될 수 있고 체계화될 수 있고 표상될 수 있는 대상으로 등 장한다. 이 얼굴은 지역을 따라 아프리카 사람이거나 아시아 사람 일 수 있고, 종족을 따라 이누에 족이거나 마오리 족일 수 있다. 미 추(美醜)와 호오(好惡)의 감정을 따라서는 예쁜 얼굴, 호감이 가는 얼 굴이거나 못생긴 얼굴, 미운 얼굴일 수가 있다. 얼굴은 이렇게 여러 방식으로 분류된다. 체계화되고 분류가 되기 때문에 얼굴 가운데서도 어떤 얼굴은 환영을 받고 어떤 얼굴은 배척당한다. 여기에도 푸코가 말하는 '포함과 배제의 법칙'이 적용된다.03 관상학에서 관심을 둔 얼굴은 아마도 이 범주에 들 것이다.

그러면 언제 얼굴은 나에게 다가오는가? 사람들이 얼굴을 드러낼 때, 내가 그들의 얼굴을 볼 때, 무슨 일이 일어나는가? 만일 얼굴의 현상학을 말할 수 있다면 이때 얼굴은 어떻게 나타나는가?

우리는 우리의 일상에서 수많은 얼굴들을 본다. 우리가 보는 얼굴은 모두 타자의 얼굴이다. 이때 타자는 2인칭으로 부르거나 3인칭으로 부를 수 있는 사람이다. 그런데 나에게 나의 얼굴은 어떻게 다가오는가? 나는 거울을 통해 나의 얼굴을 본다. 거울 속에서 나의 눈길을 만나고 나의 코를 보며 나의 낯빛을 지각한다. 그런데 내가 거울을 통해서 보는 나의 얼굴은 말이 나의 얼굴일 뿐 [시점(視點)이나 각도에 따라 내가 나를 볼 수 있는 범위가 타인을 보는 것과 다르다고 해도] 내 앞의 다른 사람의 얼굴을 보는 방식과 동일하다. 거울을 통해서 보는 얼굴, 사진을 통해 보는 얼굴은 이미 대상화된 얼굴이다. 이때의 얼굴은 다른 무엇을 통해서 —하이데거의 용어를 사용하자면— 내 '앞에 주어짐'(Vorhandenheit)의 존재 방식을 갖는다. 내가 내 손의 촉감으로 만지고 누르고 쓰다듬는 나의 몸의 일부로 얼굴을 체험하는 것이 아니라 내 앞에 놓인 사물들을 보는 것과 마찬가지로 지각한다.

이와 달리 내가 직접 체험하는 얼굴은 그것을 통해 내가 세상을

03　Michel Foucault, *L'ordre du discours* (Paris: Gallimard, 1971), p.11 이하 참조.

보고 느끼고 이해하는 일종의 ―다시 하이데거의 용어를 차용하자면― 도구성(Zuhandenheit)의 성격을 띤다. 나는 내 얼굴로 다른 사람을 대면하고, 사물들을 보며, 차가움과 뜨거움을 경험한다. 내가 내 얼굴을 통해서 타인과 세상을 접촉하고 세상과 소통하는 방식은 마치 안경을 통해 주변 사물을 보는 방식과 유사하다. 나는 나의 안경을 대상화하지 않듯이 나의 얼굴을 대상화하지 않는다. 마치 눈과 안경이 하나가 된 것처럼 내가 보아야 할 사물을 보듯이 나는 나의 얼굴과 하나가 되어 세상을 보고 세상과 관계한다. 이때 나의 얼굴은 나에게 보이지 않는 방식으로 존재한다. 나는 나의 얼굴을 볼 수 없다. 만일 내가 나의 얼굴을 보아야 한다면 나는 세상과 관계하고 소통하는 것이 아니라 내 자신에게 시선을 돌리고 내 자신을 문제 삼는 상황이 빚어진다. 세상을 만나고 타인을 만나는 동안 나는 나의 얼굴을 보지 않고 나의 얼굴을 의식하지 않는다. 이런 의미에서 나의 얼굴은 나에게 의식과 반성 이전에 주어진다.

그런데 언제 내 얼굴이 문제가 되는가? 언제 나는 내 얼굴을 의식하게 되는가? 다시 물어 보자면 언제 나의 얼굴은 나에게 '가시적으로' 나타나는가? 적어도 세 가지 경우를 생각해 볼 수 있다.

무엇보다 먼저 떠오르는 것은 나도 모르게 나를 향해 무엇이 달려들 때 나는 내 얼굴을 가리고, 내 얼굴을 감싸게 된다. 나의 얼굴은 몸의 다른 부분과 마찬가지로 피부로 덮여 있다. 피부는 내 몸 전체를 마치 자루처럼 감싸고 있다. 우리의 몸, 우리의 신체는 라캉의 불경스러운 말처럼 '피부 자루', '살갗 자루'(sac de peau)이다.[04] 나는 살갗으로 덮인 이 자루를 통해 타인과 공간적으로 구별된다. 아무리 가깝고 사랑스러운 사람이라 할지라도, 심지어 성관계를 할 때조차도, 나를 에워싼 이 자루의 살갗을 침투해 들어오지 못한다. 나는 살갗을 통해 타인과 구별된다. 타인과 구별되는 살갗을 통해 나는 나이다. 살갗은 나의 나됨을 공간적으로 구성하는 일종의 초월적 조건이다. 그런데 얼굴은 이 살갗 가운데서도 상처받기가 가장 쉬운 살갗으로 노출되어 있다. 그러므로 무엇이 나를 위협해 올 때 나는 의식을 동원하지 않고서도, 거의 반사적으로, 나의 얼굴을 감싸게 된다. 이를 통해 나는 나의 상처 가능성, 타인으로부터 침해 가능성을 의식한다.

두 번째로 생각해 볼 수 있는 상황은 타인이 나를 쳐다볼 때이다. 타인의 시선을 의식할 때 나는 나에게 눈이 있고 얼굴이 있다는 사실을 의식한다. 혹시나 내 얼굴에 무엇이 묻었거나 내 거동에 무슨 문제가 있거나 내 주변 상황이 예사롭지 않은지 나는 확인하게 된다. 이때 나는 내 얼굴이나 몸을 거울을 통해 보는 것처럼 객관적으로 보기를 원한다. 만일 타인의 시선이 나를 일깨우지 않는다면 나는 나의 얼굴을 보고 싶은 욕구를 가지지 않게 될 것이다.

세 번째로 생각할 수 있는 상황은 내가 비난받을 일을 했거나 타인에게 떳떳하지 못할 행위를 했을 때 내 얼굴이 화끈거리는 느낌

---

04 Rudolf Bernet, "The Encounter with the Stranger: Two Interpretations of the Vulnerability of the Skin," in: Jeffrey Bloechl (ed.), *The Faces of the Other and the Trace of God* (New York: Fordham University Press, 2000), p.45 참조.

을 받는 것이다. 이럴 경우 나는 타인을 내 눈으로 보지 못하고 얼굴은 붉어지고 목소리는 떨린다. 부끄러움을 느끼는 순간 나는 나의 얼굴을 의식하고 나의 얼굴을 본다. 창세기 3장의 이야기를 따르면 선악을 알게 하는 나무의 열매를 먹은 뒤 아담과 하와의 눈이 열렸다. 그렇게 해서 그들은 하나님의 얼굴을 보지 못하고 자신들의 얼굴, 자신들의 벌거벗음을 보게 된다. 그들은 자신들의 얼굴을 숨겼다. 부끄러움, 수치가 그들을 덮었기 때문이다.[05] 얼굴이 이런 방식으로 다가오는 것은 각각 자신이 직접 스스로 경험한다.

여기서 두 가지를 잠시 언급해 두자. 첫째, 얼굴을 들 수 없게 되는 상황은 내 자신이 한 일에 대한 것에 제한되지 않는다. 내 가족, 내 친구, 내 나라도 '나' 속에 포함될 수 있다. 예컨대 나의 아들이 잘못을 했을 경우 나는 내가 잘못했을 때와 마찬가지로 나의 얼굴을 들지 못한다. 이때의 얼굴은 우리가 흔히 '체면'(體面)이라고 부르는 '사회적 얼굴'이다. 타인의 인정과 존경 대신에 타인의 질책과 비난과 조소에 대한 두려움은 나에게 얼굴이 있다는 사실을 어떤 다른 무엇보다 무겁고 절실하게 인식시킨다. 둘째, 나의 얼굴에 대한 의식은 부끄러움뿐만 아니라 내가 당하는 억울함에서도 비롯된다. 타인으로부터 부당한 대우를 받을 때 나의 얼굴은 붉어지고 그것이 심하면 심할수록 나는 고개를 더욱더 들 수 없는 상황에 빠진다. 나는 나의 얼굴을 파묻고 마치 큰 바윗덩어리가 떨어지는 것을 막으

---

05 부끄러움의 경험에 대한 자세한 논의로는 Dietrich Bonhoeffer, *Ethics*, Eberhard Bethge (ed.) (New York: MacMillan, 1964), pp.148-150 참조.

려는 사람처럼 머리를 감싸게 된다. 자기의식은 칸트가 본 것처럼 사물을 대상으로 개념화할 때 비로소 작용하기보다는 오히려 그것보다 훨씬 앞서 억울함을 당할 때, 내가 타인의 부당한 요구와 폭력에 속수무책으로 노출이 될 때 그때 먼저 작용한다.[06]

그러면 앞에서 했던 질문을 다시 해 보자. 나와 관계없는 3인칭 얼굴은 나에게 어떻게 다가오는가? 우리의 일상에서 마주치는 얼굴들은 3인칭의 성격을 띤다. 내가 얼굴을 알고 있는 사람이라 해도 현재 나와 대화를 나누는 상대가 아닐 경우 3인칭으로 지칭되는 사람들의 범위에 들어간다. 그의 얼굴을 떠올리고 그에 관해 언급할 수 있을지라도 이 순간 나에게 2인칭 존재로 등장하지 않는다. 나를 지켜보고 관찰하는 사람도 나에게는 3인칭이다.

3인칭 존재가 언제 나에게 2인칭으로 등장하는가? 그가 제3자로 나를 볼 때, 또는 내가 지르는 소리를 들을 때, 그는 나에게 여전히 3인칭 존재로 머물러 있다. 이때 3인칭 존재는 나에게 얼굴이 알려진 존재일 수도 있고 얼굴이 알려져 있지 않은 존재일 수 있다. 그런데 이 3인칭 존재가 나에게 2인칭으로 등장할 수 있는 조건은 무엇보다 내가 그를 보고 그가 나를 볼 수 있어야 한다. 만일 내가 그를 보되, 그가 나를 보지 못한다면 나는 그를 지각하고 관찰하는 입장에 서 있다. 나는 그에게 익명의 3인칭 존재에 그친다. 만일 그가 나를 보되, 내가 그를 보지 못한다면 그는 나에게 익명의 3인칭 존

---

06 칸트 철학에서 자기의식과 대상 의식에 관한 자세한 논의는 강영안, 『주체는 죽었는가』(문예출판사, 1996), 120-125면 참조.

재에 그친다. 그러나 내가 그를 보고 그가 나를 볼 때, 눈과 눈이 마주치고 얼굴과 얼굴이 마주할 때 그때 그와 나 사이, 나와 그 사이에는 '나와 너'의 2인칭 관계가 형성된다.

서로 눈길이 마주치고 얼굴을 대면하는 것은 하나의 필요조건일 뿐 이로 인해 그가 나에게 2인칭 얼굴로 등장하지 않는다. 따라서 서로 '말 건넴'이라는 두 번째 조건이 필요하다. "안녕하세요?"처럼 단순한 인사를 건네거나 "이 물건 좀 들어 주시겠어요?", "저를 좀 도와주시겠어요?"라고 타인에게 요청하는 말은 나와 타인을 이어 주고 나와 너의 관계를 만들어 준다. 이때 말은 반응을 부르고 반응은 마음을 움직이고 움직여진 마음은 행동으로 드러난다. 만일 말이 있다고 하더라도 말을 듣는 사람의 내면의 움직임이 없다면 '나와 너 사이' 얼굴과 얼굴을 마주한 관계는 일어나지 않는다. 이때의 마음을 관심, 배려, 공감 등으로 표현할 수 있을 터인데 나는 이것이 나와 너를 이어 주는 세 번째 필요조건이라 생각한다.

이 세 조건, 곧 ① 서로 마주 봄, ② 말 건넴, ③ 마음 씀(관심, 배려, 공감)이 하나로 결합되면 이것들이 필요충분조건이 되어 3인칭의 얼굴은 2인칭의 얼굴, 곧 너의 얼굴로 전환된다.

여기서 잠시 멈추어 생각해 보자. 우리가 일상에서 보는 얼굴은 (잠재적으로 2인칭으로 부를 수 있지만) 대부분 3인칭 얼굴들이다. 이 얼굴들은 한 종족, 한 나라, 한 문화의 규칙에 따라 말하고 행동하며 몸짓하는 사람들의 얼굴이다. 이 얼굴은 말하자면 일종의 '체계' 안에 들어 있다. 그런데 놀랍게도 얼굴 표정(웃음, 울음, 놀라움, 슬픔, 수치감

등등의 표현)은 문화와 지역을 벗어나 보편적인 성격을 대체로 띠고 있다.[07] 내가 내 얼굴을 볼 때도 크게 이 범주를 벗어나지 않는다. 나의 고유한 생각과 취향, 선호나 특징이 있다고 해도 내가 짓는 표정은 제3자가 볼 때도 쉽게 파악되고 이해된다. 나는 거울을 통해서 나의 얼굴을 볼 때 이 3자적 관점, 또는 3인칭적 관점을 가지고 보게 된다. 이때 나는 내 고유의 체험을 통해 나를 인식하기보다는 3자적 관점에서 나를 지각하고 나를 바라본다.

나의 얼굴에 대한 지각이 3자적 관점임을 보여 주는 예가 아마 화장이 아닌가 생각한다. 일정한 지역 사람들의 화장한 모습이 개인에 따라 약간의 차이는 있지만 크게 보면 대동소이한 것은 화장을 할 때 바라보는 눈은 나의 눈이기보다 3인칭의 눈이기 때문일 것이다. 내가 내 얼굴을 보고 만지는 것이 아니라 거울을 보고 있는 나를 통해서 타인이 나를 만진다. 방향을 조금 바꾸어 생각하면 제3자의 얼굴, 곧 남의 얼굴이 나와 관련된 '너의 얼굴'로 전환되는 경우도 크게는 '체계'를 벗어나지 않는다. 여기서 '너'는 내가 그를 인격적으로, 나와 말을 주고받는 상대자로 대한다고 해도 나의 기대와 나의 이해의 '지평'을 넘어서 있지 않다. 2인칭 얼굴이 3인칭 얼굴과 다른 것은 이제 더 이상 '낯선' 얼굴이 아니라 '낯익은' 얼굴, 친숙하고 가까운 얼굴, 나의 삶의 지평 안으로 들어온 얼굴이 되었다는 것이다. 이때의 얼굴은 내가 표상하고 통제하고 관리하는 대상

---

07 대니얼 맥닐, 안정희 역, 『얼굴』(사이언스북스, 2003), 289면 이하 논의 참조.

이 아니라 해도 나의 기대와 이해, 나의 지식의 지평 안에 머문다는 사실은 여전히 남는다.

2. 얼굴의 의미

지금까지 얼굴이 현상하는 방식에 대해서 사물에서 인격으로의 전환과 인격 가운데서도 3인칭 얼굴과 1인칭에서 보는 얼굴의 경험, 그리고 3인칭 얼굴에서 2인칭 얼굴의 전환에 이르기까지 대략적인 그림을 그려 보았다. 나는 얼굴이 일종의 객관적인 사물로, 그리고 인격으로 드러나는 방식과 나에게 드러나는 방식, 그리고 너의 얼굴이 나에게 드러나는 방식을 서술하였다. 매우 거칠지만 이것을 일종의 '얼굴의 현상학'이라 불러 보자. 그렇다면 이로부터 우리는 무엇을 배울 수 있는가? 아니, 여기에 대해서 우리는 무엇을 묻고, 따지고, 반성해 볼 수 있는가?

먼저 물어보자. 왜 얼굴이 문제가 되는가? 왜 얼굴에 대해서 사람들이 관심을 갖는가? 단적으로 답해 보자면 얼굴이 없어지기 때문일 것이다. 어떻게 얼굴이 없어지는가? 사람들은 모두 얼굴을 가지고 있다. 텔레비전을 통해서, 인터넷을 통해서, 영화를 통해서 우리는 그 어느 때보다 많은 얼굴을 보고 있다. 그럼에도 왜 얼굴이 없어진다는 생각을 하게 될까? 예로부터 사람들은 외모를 중시하였다. 매우 엄숙한 유학자들도 안색, 자태, 옷차림을 중시했다. 그렇지 않았다면 "정기의관, 존기첨시, 잠심이거, 대월상제(正其衣冠, 尊其瞻視, 潛心以居, 對越上帝)"란 말로 주희는 『경재잠(敬齋箴)』을 시작하지 않았을 것이다.[08] 그런데 요즘은 외모 가운데도 얼굴을 가장 중시한다. 그렇지 않다면 성형외과가 성행할 이유가 없을 것이다. 주름을 없애고 눈을 키우고 코를 세우고 턱을 깎은 결과가 무엇인가? 누구나 선망하는 얼굴과 비슷하거나 같아졌다는 것이다. 따라서 결국 원래는 다양했던 얼굴들이 지워지거나 사라진다. 좀 과장해서 말하자면 이제 얼굴은 탈착이 가능한 가면처럼 되었다.

이것이 얼굴 지우기, 또는 얼굴 없애기의 한 경우라고 본다면 두 번째 경우는 사람을 무시(無視)하는 경우가 될 것이다. 사람을 무시하는 것은 얼굴을 똑바로 쳐다보되, 제대로 응대하지 않고 짓밟거나 사람 이하로 대하는 것이다. 60-70년대에 중고등학교를 다니거나, 군대를 다닌 남자들은 이런 경험을 한 기억들이 있다. 여기서는 우리 각각이 하나의 얼굴, 하나의 이름을 갖기보다는 집단 속의 한 부분으로 짓밟힘의 대상이 되는 경우가 종종 있었다. 이때 나는 ─ 레비나스의 용어를 빌리자면─ 단지 '있다'(il-y-a)고 할 수 있을 뿐, 있음을 나의 것으로 가지지 못한다.[09] 나는 독립적인 존재자로 존중받지 못하고 탈인격화하는 힘의 권역 속에 얼굴 없이 종속된다. 이러한 경험은 수용소 경험을 통해 좀 더 적나라하게 묘사된다. 제

---

08 주희의 『경재잠』은 퇴계의 『성학십도』를 통해 우리에게 익숙하다. 이황 지음, 윤사순 역주, 『퇴계선집』(현암사, 1993), 360면 참조.
09 이 용어의 사용에 대해서는 강영안, 『타인의 얼굴』, 용어 색인 참조.

2차세계대전 때 전쟁 포로가 되어 독일 하노버 근처 수용소에서 벌목 작업에 동원되었던 레비나스는 수용소 경험을 언급하는 가운데 개에 관한 이야기를 들려준다. 이 개는 행색이 초라한 유대인 포로들을 볼 때마다 꼬리를 흔들며 반겨 준다. 독일군들은 결국 이 개를 쫓아버린다. 유대인 포로들이 '보비'라는 이름을 붙여 준 이 개에 대해서 레비나스는 나치 독일에서의 '마지막 칸트주의자'라고 이름 붙인다. 왜냐하면 수용소 주변 사람들이 포로들을 인간 이하로 취급하는 것과는 달리 행위의 준칙을 보편화할 머리가 없음에도 그 개는 그들을 인간으로 맞아 주었기 때문이다.[10] 한 걸음 물러나 생각해 보면 포로수용소에 있는 사람들과 마찬가지로 수용소 안과 수용소 주변의 독일 사람들 역시 하나의 '체제' 안에서 체제가 부여한 얼굴을 가졌을 뿐 ―따라서 엄밀한 의미에서는 얼굴이 없었다.― 체제를 거역하여 다른 얼굴, 다른 목소리를 가질 수 없었다.

다시 물어보자. 각자 자신의 얼굴을 갖는다는 것은 무엇을 뜻하는가? "사람으로 무시 받지 않고 억울함을 당하지 않는 것." 다시 이것을 긍정문의 형태로 바꾸면 "사람으로, 인간으로, 고유한 인격적 개체로 존중받는 것"이라고 말해 볼 수 있다. 문제는 이것이 어떻게 가능한가 하는 것이다. 하나의 가능한 방식은 눈에 보이는 사물에서 출발한 앞의 방식과 전혀 다른 방식을 취해 보는 것이다. 눈에 보이는 것, 곧 가시적인 데서 출발해서 눈에 보이지 않는 것, 곧 비

10　Emmanuel Levinas, "Nom d'un chien ou le droit naturel," in: *Difficile liberté* (Paris: Albin Michel, 1976), pp.213-216.

가시적인 데로 나아가는 방식이 아니라 눈에 보이지 않는 데에서 출발해서 눈에 보이는 데로 오는 방식이다. 가시적인 관점에서 얼굴을 보면 얼굴은 무엇보다 사물의 표면 가운데 하나이다. '얼굴'은 사물의 표면이되, 단순한 '사물'이 아니라 '인물', '사람', '인격'이라 부를 수 있는 존재의 머리 앞면을 일컫는다.

그런데 이 얼굴을 지닌 존재는 '나'라고 말할 수 있는 존재이다. 나와 마주 선 존재에 대해서는 '너'라고 하고 그 밖의 사람에 대해서는 '그'라고 말한다. 이렇게 말할 때 출발점은 무엇인가? 역시 '나'가 된다. 따라서 인물, 인격들을 일컬을 때 '나'를 일컬어 '1인칭'(the first person), '너'를 일컬어 '2인칭'(the second person), '그'를 일컬어 '3인칭'(the third person)이라 부른다. 순서로 보자면 내가 출발점이고 그가 종착점이다. 모든 것을 '나' 중심으로 생각하되, 언제나 '그'를 표준으로 삼아 나를 보고 너를 보는 사고가 형성된다. 이것은 하나의 체계, 하나의 전체성을 이룬다. 얼굴의 의미는 이 체계 안에서, 이 전체성의 틀 안에서 표상되고 이해되며 해석된다. 그렇다면 이와 정반대 방향에서 볼 수 있는 방법은 무엇인가? 비가시적인 것, 눈에 보이지 않는 것에서 출발하되 나 중심이 아니라 타자 중심으로 생각해 보는 것이다. 그러면 이것이 어떻게 가능한가?

앞에서 한번 물은 적이 있는 물음을 다시 한 번 더 물어보자. 나는 나의 얼굴을 언제 의식하는가? 나는 앞에서 세 가지 경우를 예로 들었다. 타인으로부터 침해를 당할 때, 타인의 시선이 나를 바라볼 때, 부끄러움을 경험할 때 나는 내가 얼굴을 가지고 있다는 사실을 의식한다. 사르트르의 표현을 빌리자면 나는 '내 자신 안에 있는 존재'(être en soi, 卽自的 存在)에서 '타자를 의식하는 존재'(être pour soi, 對自的 存在)로 전환한다. 그런데 나의 얼굴을 의식하는 데 그치지 않고 진정한 얼굴을 대면하기에는 이 사건으로는 충분하지 않다. 그러므로 '얼굴의 현상학'으로는 얼굴의 회복을 얻을 수 없다. 따라서 만일 얼굴을 이야기하려면 다른 방식이 요구된다. 다른 방식이란 '자신의 집에 편히 머물러 있는 존재'(être chez soi)에서 타인의 부름에 어떤 방식으로든지 반응하고 응답하는 존재[레비나스의 용어로 '타자를 위한 이'(l'un pour autre)]로의 전환을 그려 내는 것이다. 이것이 레비나스 철학이 '얼굴의 현상학'을 넘어 일종의 '얼굴의 해석학'과 '얼굴의 윤리학'을 통해 드러내고자 한 현실이다. 여기서 중요한 인식적 개념은 '계시' 또는 '현현'이다. 얼굴은 내가 익숙한 곳에서 오지 않고 내가 전혀 익숙하지 않은 곳, 예기치 않는 곳에서 나에게 갑자기 다가온다. 이것을 레비나스가 어떤 방식으로 기술하는지 대략 윤곽만 드러내 보자.[11]

레비나스가 그리는 인간 각자의 모습은 삶을 향유하는 존재이다. 나는 먹고 마시고 잠자며 좋은 경치를 즐거워하고 삶을 누린다. 나는 노동하고 거주한다. 일상의 삶을 즐기고 누리는 가운데 나의 나됨이 있다. 이런 의미에서 즐김과 누림, 곧 향유(jouissance)가 나의 나됨, 주체의 주체성을 구성하는 일차적 조건이다. 그런데 나는 나 홀

---

11 아래 논의된 것보다 훨씬 더 자세한 내용은 강영안, 『타인의 얼굴』 참조.

로 땅에 거주하지 않는다. 나와 함께 일하는 동료들과 나와 함께 삶을 나누는 남자, 여자, 아이들, 곧 가족들과 함께 이 땅에서 삶을 산다. 나와 타인이 함께 만드는 세계는 전체성을 띤다. 그런데 이 전체성은 그 자체로 완결되지 않는다. 왜냐하면 전체성 바깥에서 이것을 깨뜨리며 동시에 가능하게 해 주는 무한자의 차원이 있기 때문이다. 레비나스는 자신의 주저를 『전체성과 무한』(Totalité et Infini, 1961)이라고 이름 붙였다. 전체성은 동일자의 지평이고 인간의 자기실현의 원 속에서 무한히 자기를 확장해 가는 힘이다. 무한자는 이와 반대로 동일자, 자기성의 원 속에 포섭될 수 없다. 무한자는 그 원 밖에서, 우리의 존재 지평 밖에서 들어온다. 이 무한자와의 만남을 레비나스는 '얼굴의 현현'(l'épiphanie du visage)이란 말로 표현한다.

여기서 우리는 두 가지 물음을 물어볼 수 있다. 첫째, 얼굴의 현현은 어떻게 발생하며 얼굴의 현현을 통해 전체성이 깨어진다는 것은 무엇을 뜻하는가? 둘째, 타자가 나에게 나타남을 뜻하는 얼굴의 현현은 어떻게 체제를 벗어나, 체제 바깥의 '절대 타자'를 지시하는가?

먼저 기억할 것은 얼굴로 나타나는 타자의 현현은 세계 안에 주어진 대상의 현상 방식과는 근본적으로 다르다는 것이다. 대상은 그것이 나타나는 맥락과 지평을 통해 이해되고 파악된다. 하지만 얼굴의 현현은 맥락과 지평을 떠나 스스로 자기 자신에 의해서만 의미를 갖는 사건이다. 얼굴의 현현에는 현상학적 '벗겨 냄'(dévoilment, Entbergung)이 적용되지 않는다. 얼굴의 현현에 직면하는 "절대 경험은 (인식 주체의 활동으로) 드러냄이 아니라 (얼굴 자체가 스스로)

나타남이다."[12] 따라서 타자의 얼굴은 현상학적 환원이나 기술을 통해 드러나는 것이 아니라 스스로 자신의 힘을 통해 나타날 뿐이다. 자연현상이나 문화의 산물은 하나의 일정한 관점에서 접근하여 그것이 처한 맥락에 따라 이해할 수 있다. 하지만 타자의 얼굴은 레비나스를 따르면 그 자신이 스스로 비추는 빛이다.[13]

레비나스는 타자를 형이상학적, 윤리적 관계에서 이해하려고 한다. 타자는 그가 어디서 왔든지, 젊었든지 늙었든지, 가난하든지 부자이든지, 동족이든지 이방인이든지 그가 지닌 사회적, 경제적, 문화적, 민족적 특수성과 상관없이 "벌거벗음 가운데 나타나는 얼굴"이다.[14] 벌거벗음은 얼굴 현상의 본질적인 특징이며 "자기 자신에 의한 현현", "맥락이 없는 의미화", "전체성의 깨뜨림"을 다르게 표현한 것이다. 타자는 그가 누구든 간에 단적으로 타자이며 나에게 '낯선 이'이다. 따라서 타자는 나의 전체성의 한 부분에 속하지 않을 뿐더러 벌거벗은 몸과 도움을 청하는 눈빛으로 내 집에 들어 주도록 호소한다. 타자는 벌거벗은 얼굴로 나의 세계로 침투해 온다. 타자가 벌거벗은 얼굴로 나타난다는 사실은 그가 누구이든 상관없이 내가 그를 환대하고 그에게 관용하며 그의 생명을 존중해야 한다는 뜻이다. 따라서 레비나스는 "얼굴로서의 얼굴의 현현은 인간성을 열어 준다"(L'épiphanie du visage comme visage ouvre l'humanité)고 말한다.[15]

---

12 Emmanuel Levinas, *Totalité et Infini*, p.37.
13 Emmanuel Levinas, 같은 책, p.39.
14 Emmanuel Levinas, 같은 책, p.49.
15 Emmanuel Levinas, 같은 책, p.188.

얼굴의 현현 가운데 나타나는 타자는 나와는 전적으로 다른 타자이다. 타자는 후설이 보는 것처럼 지향적 대상으로 주제화될 수 있는 존재가 아니다. 얼굴의 현현은 타인을 지각하고 "그가 어떠어떠하다"는 술어를 붙이는 인식적 행위를 유발하는 것이 아니라 그를 받아들여 선을 실천하고 정의를 세우느냐, 아니면 그렇게 하지 않느냐 하는 실천적인 행동을 유발한다. 타자의 얼굴의 현현은 지극히 높은 분으로부터 나에게 책임을 호소하는 목소리이고,[16] 나의 자유를 문제 삼고 "내 길만을 가는 쾌락의 힘"(une joyeuse force qui va)에 제동을 걸며 나의 이기적인 불의를 심판한다.[17] "얼굴은 나의 책임을 상기시키고 나를 심판한다. 얼굴 가운데서 나타나는 존재는 높음의 차원, 초월의 차원에서 온다."[18] 이런 뜻에서 레비나스의 자아와 타자의 관계는 마르틴 부버의 '나-너' 관계와는 구별된다. 윤리적 사건으로서의 얼굴의 현현 속에서 타자와 맺는 관계를 레비나스는 비대칭적이라 본다.[19]

얼굴의 현현을 통해서 나를 문제 삼는 타자는 내가 개념으로나 이념으로, 어떤 기호 체계나 해석체계로 포착할 수 없는 타자이다. 다시 말해 얼굴의 현현은 개념이나 체계로 파악될 수 없는 존재를 알려 준다. 표상하고 객관화하는 사유 저편(au-delà)에 있는 존재, 우리의 자연적 경험의 잉여로 출현하는 존재를 레비나스는 데

16　Emmanuel Levinas, *Totalité et Infini*, p.3.
17　Emmanuel Levinas, 같은 책, p.146.
18　Emmanuel Levinas, 같은 책, p.190.
19　Emmanuel Levinas, 같은 책, pp.24, 74, 190, 201.

카르트가 신존재 증명을 할 때 쓴 표현을 이어받아 '무한자'라고 부른다.[20] 타자의 얼굴은 마치 데카르트의 '무한자'처럼 문자 그대로 '위에서부터 나타남'(épiphanie)이요, 하나님이 나타나듯이 나에게 다가온다는 것이다. 이런 의미에서 "무한자의 이념은 높음과 고귀함, 저 너머로의 상승을 표시한다"(L'idée de l'infini désigne une hauteur et une noblesse, une transascendance).[21] 레비나스가 나와 타자의 분리를 그토록 강조한 것은 타자를 나(동일자) 속으로 끌어들이는 것을 막기 위함이다. 나와 타자는 각각 그 무엇으로도 환원될 수 없는 독립적인 존재이다. 왜 이렇게 보느냐 하면 나와 타자의 독립적 관계가 보장되지 않으면, 따라서 나의 나됨과 타자의 타자성이 확보되지 않으면 나와 타자 사이의 윤리적 관계, 곧 진정한 초월이 가능하지 않기 때문이다.

그러면 레비나스가 말하는 얼굴은 무엇인가? 얼굴은 현실 가운데서 매우 특이한 현상이다. 사물들은 그것이 전체 속의 한 부분으로 또는 하나의 기능으로 각각의 고유한 의미를 가진다. 얼굴은 이 점에서 사물과 전혀 다르다. 이때의 얼굴은 보이는 얼굴, 한 체계 안에서 이해할 수 있고 파악할 수 있는 형상을 가진 얼굴이 아니라 형상 없이 눈에 볼 수 없는 방식으로, 다시 말해 목소리로 나에게 다가오는 얼굴이다. 필립 네모와의 대담에서 레비나스는 "얼굴은 말한다"라고 주장한다. 얼굴은 나에게 호소하고 나에게 질책하

---

20 Emmanuel Levinas, 같은 책, pp.xiv, 19, 186 .
21 Emmanuel Levinas, 같은 책, p.12.

고 나에게 명령한다는 말이다. 이런 의미에서 얼굴이 자신을 보이는 방식을 레비나스는 '계시'라는 말을 붙인다. 얼굴의 현현은 내 자신의 노력을 통해서 나타나는 것이 아니라 스스로 자기 자신으로부터 나타나는 절대적 경험이란 사실을 강조하기 위해 종교적 언어를 사용한 것이다.

그렇다면 물어보자. 타자의 얼굴이 어떤 체계, 어떤 틀 속에 포섭될 수 없다면 타자가 나에게 갖는 힘은 어디서 오는가? 레비나스의 대답은 우리의 예상을 벗어난다. 타자의 얼굴에서 오는 힘은 상처받을 가능성, 무저항에 근거하고 있다는 것이다. 얼굴이 상처받을 수 있고 외부적인 힘에 대해서 저항이 불가능하기 때문에, 바로 그 때문에 얼굴로부터 도덕적 호소력이 나온다고 레비나스는 생각한다.[22] 궁핍 속에 있는 인간은 우리에게 윤리적 명령에 직면하게 한다. 그의 궁핍과 곤궁으로부터 나온 호소는 나에게 명령으로 다가온다. 나는 타자의 얼굴에서 오는 호소를 거절할 수 있다. 그러나이것은 불의를 자행하는 행위가 된다. 따라서 얼굴은 나의 동정을 유발하는 것이 아니라 내가 정의로워야 한다는 요구를 한다. 스스로 방어할 수 없는 눈길은 "너는 살인하지 말라"는 요구를 담고 있다. 무력함 자체가 곧 도움에 대한 명령이다. "얼굴은 직설법이 아니라 명령법으로, 한 존재가 우리와 접촉하는 방식이다. 그것을 통해 얼굴은 모든 범주를 벗어나 있다."[23] 타인의 얼굴의 현현은 하나

---

22 Emmanuel Levinas, 같은 책, p.172.
23 Emmanuel Levinas, *Difficile liberté*, p.270.

의 모순에 직면하게 만든다. 얼굴은 타자의 무력함과 주인됨을 동시에 계시한다. 가장 낮은 것은 가장 높은 것과 결합한다. "타자는 타자로서 높음과 비천함의 차원에 스스로 처해 있다. 영광스런 비천함. 타자는 가난한 자와 나그네, 과부와 고아의 얼굴을 하고 있고, 동시에 나의 자유를 정당화하라고 요구하는 주인의 얼굴을 하고 있다."[24]

3. 얼굴의 윤리

이제 끝으로 물어보자. 얼굴은 보이는 곳에 있는가, 보이지 않는 곳에 있는가? 우리는 일상에서 수많은 얼굴들을 본다. 우리나라처럼 니캅이나 부르카를 쓰지 않는 문화권에서는 누구나 드러나게 볼 수 있는 부분이 얼굴이다. 그런데 우리는 우리 자신을 중심으로 타인의 얼굴을 보고 얼굴을 대한다. 때로는 얼굴을 곧장 보기도 하고, 다소곳이 보기도 하고, 얼굴 보기를 피하기도 한다. 그런데 모든 얼굴이 언제나 우리에게 보이는 것이 아니다. 주어진 체계 안에서 삶을 나누고 이야기를 나누는 얼굴들은 일상 속에서는 보이지 않는 얼굴로 존재한다. 따라서 일상 속에서 얼굴은 보이기도 하고 보이지 않기도 한다고 방금 한 질문에 대해서 싱겁게 답할 수밖에 없다.

24　Emmanuel Levinas, *Totalité et Infini*, p.229.

그런데 레비나스가 말하는 얼굴은 보이지 않는 얼굴이다. 때로는 주름진 얼굴로, 고통받는 얼굴로 등장하지만 그 신음조차 보통의 귀에는 잘 들리지 않는 얼굴이다. 우리 삶의 체제 안에는 사실상 자리가 없는 얼굴이라 하는 것이 차라리 옳을 것이다. 마치 예수가 "인자는 머리 둘 곳이 없다"고 말한 것처럼 레비나스가 말하는 타인의 얼굴은 이 세상의 체계, 존재하는 세계의 체계 안에서는 들어앉을 자리가 없다. 이 얼굴은 전혀 보이지 않는 모습으로 불청객처럼 나의 세계로 침투해 들어와 나를 불편하게 만든다. 아리스토텔레스가 누스(nous), 지성 또는 정신에 대해서 "바깥"(thurathen)에서 온 것이라 말하듯이 레비나스가 말하는 얼굴은 바깥에서 온 것이다. 따라서 이 얼굴은 일상 속에 침투해 온 비일상이라고 하는 것이 옳을 것이다. 일상적 삶은 오히려 향유하고, 노동하고, 세계 안에서 거주하는 삶이라면 이 삶 속에, 이 전체성 속에 얼굴로 침입해 오는 타자는 지극히 높음으로부터, 또는 지극히 낮은 곳으로부터 오는 이이다. 그리하여 나를 문제 삼고 타자를 나의 집에, 나의 삶 속에 자신을 받아 주기를 요구하는 타자이다.

얼굴의 문제는 이렇게 보면 결국 나의 나됨, 인간의 인간됨의 문제와 내재와 초월의 문제에 맞닿아 있다. 우리는 우리 자신에게서 두 가지 경향을 발견한다. 하나는 내 안으로 회귀하고자 하는 경향, 홉스와 스피노자의 말대로 "존재하려는 노력"이다. 그리고 여기서 한 걸음 더 나아가서 니체가 주장하는 것처럼 단순히 '자기 보존'에 머물지 않고 끊임없이 '자기 상승'(Selbststeigerung)을 추구하는 경향이다. 다른 하나는 밖으로 초월하고자 하는 경향, 나를 벗어나 타자를 갈망하고 타자 속에서, 타자와 더불어 삶을 나누고 삶을 누리고자 하는 경향이다. 앞의 경향을 내재의 경향이라고 한다면 뒤의 경향을 초월의 경향이라 부를 수 있다.

우리의 일상을 보면 기본 틀은 언제나 내재의 경향을 따라 짜여 있다. 내 자신, 내가 속한 집단의 존재 유지를 무엇보다 우선해서 추구하는 방식으로 사람들은 일상을 살아간다. 그럼에도 타인을 필요로 하기 때문에 나의 범위를 넓혀 '우리'를 확대한다. 이 '우리', 이 '울타리' 안에 포함되는 사람들끼리는 '남'과는 달리 공고한 유대관계를 쌓게 된다. 타자와 구별되는 동일자의 영역이 여기서 형성된다. 이 틀에서 보면 낯선 얼굴과 낯익은 얼굴은 쉽게 구별된다. 낯선 얼굴은 호기심의 대상이 될 수 있고 경계의 대상이 되거나 거부의 대상이 될 수도 있다. 하지만 대부분은 무관심의 대상이기가 쉽다. 사람 따라 차이는 있지만 대체로 사람들은 낯을 가린다. 아는 얼굴과 모르는 얼굴, 익숙한 얼굴과 익숙하지 않은 얼굴을 구별한다. 예컨대 직장 동료처럼 낯익은 얼굴들 사이에도 지나가는 배처럼 서로 쳐다보고 인사를 나누거나 함께 일을 하기는 해도 참으로 서로 이어져서 얼굴과 얼굴을 마주하고 마음을 터 놓고 삶을 나누는 경우는 그리 많지 않다. 서로 얼굴을 마주하기는 하되 멀리 떨어져 있는 외딴섬처럼 멀뚱멀뚱 바라보기가 일쑤다.

그럼에도 서로 이어지기를 바라는 마음, 나 홀로 내 안에 닻을 내리고 정박해 있기보다는 저편으로 향해 넘어가서 서로 이어지기를 바라는 마음이야 누구에겐들 없으랴. 이 마음을 레비나스는 욕구(besoin)와 구별해서 '형이상학적 갈망'(le désir métaphyque)이라 이름 붙인다.[25] 이 갈망은 잃어버린 땅(失地), 잃어버린 고향(失鄕)에서 비롯된 갈망, 따라서 과거로의 회귀를 시도하는 갈망이 아니라 나로부터의 초월, 내가 아닌, 나와 다른, 나의 권역 안에서 장악할 수 없는 타자에 대한 갈망, 곧 사람과 사람 사이의 평화를 기대하는 미래로 향한 갈망이다. 그래서 레비나스는 이 갈망을 "우리가 태어나지 않은 땅에 대한 갈망", "눈에 보이지 않는 자에 대한 갈망"이라 말한다.[26] 이 갈망은 결국 타자에 대한 관심과 책임으로, 이웃을 얼굴과 얼굴로 맞대고 선대(善待)하는 행위로 구체화된다. 이때 사람들은 자신의 참된 얼굴을 가지게 되고 보이는 얼굴 속에서 지금, 여기에 부재하는, 따라서 내가 어떤 방식으로 표상하고 주제화할 수 없는, 보이지 않는 얼굴을 섬기게 된다. 타인의 얼굴을 섬기는 방식은 언제나 물질로, 몸으로 실현되어야 한다는 것이 레비나스의 주장이다. 레비나스 철학에서 우리는 눈에 보이지 않는 데서 시작하여 눈에 보이는 것으로 귀결되는 과정을 보게 된다.

마지막으로 한 가지 더 물어보자. 얼굴과 얼굴을 대면하는 경험을 하게 되면 무슨 일이 일어나는가? 다시 말해 나의 일상 가운데 비일상의 침투를 내 뼛속 깊이 체험할 때 무슨 일이 일어나는가? 나는 더 이상 오직 내 중심으로, 3인칭적 체계가 요구하는 삶의 틀 속

---

25 Emmanuel Levinas, *Totalité et Infini*, p.3.
26 Emmanuel Levinas, 같은 책, pp.3-4.

에 갇혀 살 수 없다. 나는 나 아닌 타자의 부름에 응답하게 되고, 응답할 수 있게 되고, 응답할 수 있게 됨으로 인해 나의 기득권을 절대적으로 주장할 수 없게 된다. 그럼에도 나는 여전히 일상 속에서 먹고 잠자고 사람들과 이야기하는 존재이며, 나는 여전히 일하며 병들며 때로는 시간의 단조로움과 삶의 외로움과 허망함에 시달리기도 한다. 하지만 차이가 있다면 나의 삶의 세계는 나 홀로, 우리 홀로 똘똘 뭉쳐 사는 소우주로 더 이상 닫아 두고 살 수 없는 세계가 된다. 평소에는 문을 닫고 살아가지만 때로는 문을 열고 타자를 환영하고 환대할 수 있는 삶의 공간이 타자의 얼굴을 대면할 때 빚어진다. 언제나 문을 열어 두고 살 수 있는 사람도 없지만, 역(逆)으로 언제나 문을 꽁꽁 걸어 두고 살 수 있는 사람도 없다. 문은 열고 닫는 것이다. 타인의 얼굴을 만날 때 그에게 문을 열어 주고 그를 환대하는 것이 나 자신이 참된 나, 참된 주체가 되는 길임을 레비나스는 보여 주었다. 그의 철학은 일상 가운데 비일상의 틈바구니를 만들어 일상이 사람의 얼굴을 갖도록 해 주었다.

제 4 강

토론 및 질의 응답

1. 김기봉 교수와 토론

김기봉(경기대 사학과 교수): 철학이란 무엇인가에 대한 가장 일상적인 정의를 내린 사람은 칸트라고 생각합니다. "사람들은 철학(Philosophie)을 배울 수 없다. 다만 철학함(philosophieren)을 배울 수 있을 뿐이다." 철학자는 누구보다도 비일상적으로 생각하는 사람입니다. 그렇기 때문에 대부분의 철학자들은 일상에 관심이 없습니다. 그런데 강영안 선생님은 3번에 걸친 강연을 통해 가장 비철학적인 대상인 일상에 대한 철학함을 보여 주셨습니다. 바로 이 점이 강 선생님께서 다른 철학자들과 구별되는 진정한 철학자라는 생각을 하게 만듭니다.

일상이란 말의 딜레마는 누구나 일상이란 무엇인지를 알지만, 막상 일상이란 무엇인지를 물으면 누구도 대답하기 힘든 말이라는 점입니다. 그래서 강 선생님이 첫 번째 강연에서 모리스 블랑쇼의 말을 인용하셨습니다. "일상은 도망간다. 이것이 일상의 정의다"(Le quotidien échappe. C'est sa définition). 일상에 대한 물음은 결코 일상적이지 않습니다.

일상은 인간 삶의 대부분의 시간입니다. 먹고, 자고, 일하고, 쉬는 시간이 일상에 속합니다. 일상은 무의식적 삶입니다. 프로이트는 의식과 무의식의 정신을 빙산에 비유했습니다. 드러난 의식이 빙산의 일각이라면, 드러나 보이지 않는 인간 정신의 대부분이 무의식이라는 것입니다. 프로이트의 위대함은 무의식이란 인간 정신의 미지의 세계를 발견하여 심리학이라는 새로운 학문을 창조했다는 점입니다. 마찬가지로 강 선생님은 인간 삶의 대부분인 일상을 철학의 대상으로 만드셨다는 점에서 강 선생님의 일상의 철학은 프로이트의 심리학에 비견됩니다.

일상에 대한 성찰은 결코 쉽지 않습니다. 그래서 강 선생님이 하신 강연이 일상인들에게는 어려울 수 있습니다. 그래서 저는 선생님 강의에 대한 전문적인 토론을 하기보다는 일상적인 질문을 통해 강 선생님께서 하신 말씀을 일상인들의 언어로 풀어 보고자 합니다. 이런 취지로 세 가지를 질문 드리겠습니다.

먼저 일상의 개념에 대한 질문입니다. 매주 토요일마다 많은 분들이 석학인문강좌에 오십니다. 참여자 대부분은 거의 고정적으로 오시는 분들 같습니다. 그렇다면 이분들에게 석학인문강좌는 일상입니까, 비일상입니까?

인간 삶의 시간은 크게 세 부분으로 구성되어 있다고 말할 수 있습니다. ① 일하는 시간, ② 쉬는 시간, ③ 노는 시간. 그런데 이 셋 가운데 어느 시간이 일상입니까? 그리고 석학인문강좌를 들으러 오시는 분들에게 이 시간은 이 셋 가운데 어느 것입니까?

이 물음에 대한 답은 주관적이라고 생각합니다. 어느 분은 석학인문강좌가 일하는 시간이고, 다른 분에게는 휴식시간, 그리고 또

다른 분에게는 노는 시간일 수 있습니다. 아니면 이 세 가지 모두를 여기서 다 하시는 분도 있으실 겁니다. 저는 개인적으로 그렇게 사시는 분이 가장 잘 살고 행복한 인생을 사는 분이라 생각합니다.

자기 몸이 지금 여기에 와있다는 것은 내 존재 전체가 와 있는 것입니다. 내 존재 전체가 다 와 있다는 것의 의미를 가장 잘 표현한 말이 톨스토이가 했던 명언입니다. "지금 이 시간이 가장 중요한 때이고, 지금 하고 있는 일이 가장 중요한 일이고, 지금 만나는 사람이 가장 중요한 사람이다."

여러 가지 말씀을 드렸지만 저의 첫 번째 질문을 다시 정리하면 두 가지로 나뉩니다. 첫째, 일상이란 무엇인가에 대한 객관적 정의는 없고, 각자가 어떻게 사느냐에 따라 '일상이란 무엇인가'가 다르지 않은가 하는 점입니다. 둘째, '일상이란 무엇인가'에 대한 철학함이란 언제나 존재 전체로 사는 것, 깨어 있는 비일상적인 삶을 일상적으로 사는 것, 곧 불교의 위파사나 수행에서 말하는 샤띠(마음 챙김)를 지칭하는 것이 아닌가 생각합니다. 결국 강 선생님 강연의 핵심 내용을 한마디로 요약하면, 일상에 대한 물음을 통해 일상을 초월해서 살라는 메시지를 전하시려는 것 아닙니까? 이 질문은 강 선생님의 일상의 철학을 제 자신이 제대로 이해했는지 알고 싶어서 드리는 질문 아닌 질문입니다. 이것이 첫 번째 질문입니다.

강영안: 지난 3주간 제 강의를 들어주신 여러분께 감사를 드립니다. 그리고 질문을 던져주신 김기봉 선생님께도 감사를 드립니다. 김 선생님이 생각하시는 것과 제 생각이 크게 다르지 않은 듯합니다. 그러나 질문을 받았으니 어떤 방식으로든 답을 해야겠습니다. '일상의 철학'이라 강연 제목을 붙였습니다만 이때 '일상'이란 '일상의 삶'입니다. 이것을 만일 영어로 옮겨 보라 하면 'Philosophy of Everyday Life'라 할 수 있겠습니다. 우리는 우리의 삶을 살되, 어제나 오늘이나 내일이 크게 다름없이, 날마다 비슷한 삶을 살고 있습니다. 이것이 일상이고 일상의 삶입니다. 강의 중에 말씀드린 것처럼 우리는 삶을 크게 시간 축과 공간 축으로 나누어 놓고 바라볼 수 있습니다. 태어날 때부터 죽을 때까지의 시간 축과 태어난 곳에서부터 학교를 다니고 직장 생활을 하고 죽기 직전까지 거주하는 삶의 공간 축 사이에서 타자와 더불어 살아가는 삶을 저는 우리의 삶이라 이해합니다. 삶은 각자가 살아가는 삶입니다. 남들과 함께 살고 있고, 남을 위한 삶이라 하더라도 삶은 언제나 나의 삶입니다. 이 속에서 먹고 마시고 자고 일하고 쉬고 남들과 편안하게 지내고 때로는 싸우고 웃고 울고, 희망을 가지나 때로는 절망하면서 살아가는 삶을 저는 일상이라 부를 수 있지 않을까 생각합니다.

이러한 일상을 모르는 사람은 아무도 없습니다. 그러나 일상이 '무엇'인지 막상 정의를 내려 보라 하면 쉽지가 않습니다. 마치 『고백록』 11권에서 아우구스티누스가 시간에 관해서 말하는 것과 비슷한 상황입니다. "아무도 나에게 묻지 않으면 [시간이 무엇인지] 나는 안다. 그러나 묻는 이에게 설명하려 하면 [시간이 무엇인지] 나는 모른다." 일상도 마찬가지입니다. 일상을 모르는 사람은 없습니다. 그러나 막상 그것이 무엇인지, 마치 삼각형을 정의하는 것처럼 정의 내리려 시도하면, 그 시도는 실패하고 맙니다. "일상은 도망간다"는 블랑쇼의 말은 아마 이것을 뜻할 것입니다. 손앞에 놓여 있고 눈앞에 보이지만 잡으려 하면 잡히지 않고, 여기 있다 하면 저기 있고, 저기 있다 하면 여기 있는 삶의 현실. 그것이 우리의 일상이 아닐까 생각합니다. 일상은 우리가 삶을 살아가는 '삶의 자리'이고, 그것을 통해서 삶을 살아가는 '삶의 통로'이고 일상은 또한 우리가 삶을 제대로 살아가자면 '삶의 목표'가 되는 삶이라고 말할 수 있을 것입니다.

오늘 이 자리에 참석하신 분들이 일하러 오셨는지, 쉬러 오셨는지, 놀러 오셨는지를 질문 받았는데요, 여기 강연장에 오신 분들이 이 자리에서 귀를 기울여야 하고 같이 생각해야 하고 긴장해야 하는 점에서 분명히 일을 하고 있다고 말해야 할 것입니다. 여기 오신 분들이 "나는 이 자리에서 그냥 쉬고 있다"고 말하는 분은 아무도 없을 것입니다. 이 자리는 동네 사람들이 떠드는 이야기를 듣는 자리가 아니라 철학을 이야기하고 인문학을 이야기하는 자리이기 때문에 집중해서 듣고 생각해야 합니다. 그러다 보면 알아듣지 못하는 말도 있고 답답하기도 하고 피곤해 지기도 합니다. 이런 의미에서 분명히 우리는 지금 모두 일하고 있다고 말할 수 있습니다. 그러나 일은 일이되, 이 자리에 참석하는 것으로 돈을 벌거나 성적을 받거나 업적을 평가받거나 하는 것은 아니기 때문에 우리가 통상 '일'

이라고 부르는 것과는 분명히 구별할 수 있습니다. 만일 이 자리에 참석해서 강의 듣는 것을 즐긴다면 이것이 큰 휴식이 될 수 있는 것은 분명합니다. 예배나 예불, 미사에 참석하여 큰 쉼을 얻는 것처럼 인문학 강의를 들으면서 우리는 쉼을 누릴 수 있습니다. 그런데 이것이 노는 것이냐고 물으면 조금 더 생각해 봐야겠습니다.

일상적 삶과 놀이가 구별되는 점이 있습니다. 놀이는 특정한 시간과 공간의 제한 속에 일어납니다. 예컨대 바둑을 둔다든지 아니면 축구를 할 때 놀이하는 시간과 공간이 정해집니다. 두 번째 특징은 놀이를 통해 어떤 금전적 이득을 기대하지 않는다는 것입니다. 축구 선수의 경우에 축구는 놀이가 아니라 일입니다. 동네 축구는 일이 아니라 놀이입니다. 놀이의 세 번째 성격은 자유로운 행위라 할 수 있습니다. 누구도 강제로 놀이를 시킬 수 없습니다. 그런데 이 모든 것보다 더 중요한 특징은 어떤 놀이든지 규칙을 따른다는 것입니다. 만일 규칙을 어기면 놀이가 될 수 없습니다. 예컨대 육군 대장과 병장이 바둑을 둔다고 해 봅시다. 육군 대장은 바둑을 둘 때 돌을 두 번 두고 병장은 한번 둔다고 해 보죠. 그러면 이것은 바둑 두기가 아닙니다. 그러면 여러분들이 이 자리에 와서 강의 듣는 것이 놀이인가? 저는 놀이의 성격이 있다고 생각합니다. 두 시부터 네 시까지 정해진 시간에, 정해진 공간에서 석학인문강좌가 진행됩니다. 정해진 규칙을 따라 이 행사가 진행되고 있습니다. 주로 제가 이야기하고 여러분은 들으셨지만 오늘 같은 날은 질문을 하실 수가 있습니다. 여기 오신 분들 가운데 어떤 이득을 바라보고 온 분은 한 분도 없으리라 생각합니다. 그리고 예비군 소집이나 민방위 훈련 때처럼 강제로 동원된 분은 한 분도 계시지 않습니다. 여러분들은 인문학 강의가 듣고 싶은 마음으로 모두 자유롭게 이 자리에 참석하셨습니다. 이런 점에서 오늘 이 자리에 참석하신 여러분은 놀이에 참여하고 있다고 하겠습니다.

저는 평생 공부를 한다고 해 왔습니다. 저는 저의 공부를 놀이 삼아 하려고 무척 애를 써 왔습니다. 결국 일은 하고, 그로 인해 소득이 있었습니다. 제가 서강대 교수로 일을 했으니 월급을 받았습니다. 그러나 돈을 벌기 위해서 제가 공부하고 교수 생활을 했다고 생각하지 않습니다. 철학을 공부하고 논문과 책을 쓰는 일이 힘들지만 그래도 놀이 삼아 재미있게 하려고 애썼습니다. 저는 공부가 참 재미있습니다. 저에게는 노는 것과 일하는 것이 서로 모순되지 않고 거의 하나처럼 살아올 수 있었던 것에 대해서 깊이 감사하는 마음이 있습니다. 강의가 시원찮아 미안하지만 여러분 가운데는 강의를 즐긴 분들이 계실 겁니다. 그렇다면 이 자리에 오셔서 여러분들은 일도 하고 쉼도 누리고 놀기도 하신다고 말씀드릴 수 있겠습니다.

김기봉: 선생님 답변을 듣다 보니 질문이 생기는 것이 있습니다. 자식이 있는데 자식이 잘하는 것을 시킬까요, 좋아하는 것을 시킬까요? 선생님은 잘할 수 있고, 좋아하는 것을 하셨는데 선생님 같으면 자식에게 어떻게 하라고 하시겠습니까?

강영안: 일에 관해서 강의할 때 강의안에는 있었지만 강의할 때는 언급하지 않은 것이 있습니다. 서강대에서 가르칠 때였습니다. 어떤 학생이 찾아와서 저에게 물었습니다. "선생님, 철학을 평생 직업으로 하고 싶은데, 해도 되겠습니까?" 그래서 제가 학생에게 스스로 물어보라고 했습니다. 첫째, "내가 좋아하는가?"입니다. 여기 계신 선생님들 가운데 좋아하지는 않았지만 먹고살기 위해서 어쩔 수 없이 평생 어떤 일을 했다고 말씀하실 분들이 계시겠지요. 좋아하는 일을 해야 힘이 나고, 힘이 나야 쉽게, 결과도 좋게 무엇을 해낼 수 있습니다. 철학을 평생 업으로 하려면 철학을 무엇보다 좋아해야 합니다. 두 번째 물음은 "내가 잘 할 수 있는가?"입니다. 철학을 하고 싶다면 철학을 할 수 있는 능력이 있는지, 그런 자질이 갖추어졌는지 확인해 보아야 합니다. 세 번째는 "내가 꼭 해야 할 일인가?"를 물어보라고 했습니다. 관심이 있고 좋아하고 능력이 있다 해도 꼭 해야 하는 일인지 아닌지를 확인하는 것이 중요합니다. 일종의 사명 또는 의무와 관련된 물음입니다. 금고털이를 예로 들어 봅시다. 세상의 어떤 금고라도 털 자신이 있다고 말한 백동호라는 사람이 있다고 들었습니다만 그가 아무리 금고털이를 좋아하고 잘할 수 있다 해도 그런 일을 하라고 권할 사람은 없습니다. 관심이 있고 능력이 있어도 금고털이는 자신이나 타인에게 유익한 일이 아니기 때문입니다. 이런 일을 삶의 목표나 사명으로 삼을 수가 없습니다. 자신이나 타인에게 이로움을 끼칠 수 있는 일을 하라고 우리는 권하지요. 물론 철학은 자신이나 타인에게 유익한 일이라고 저는 생각

합니다. 그러므로 정말 좋아할 수 있고 능력이 된다면 철학을 하라고 권합니다. 그런데 어떤 일은 좋아하기는 하지만 능력이 뒤따르지 않을 수 있고, 능력은 충분히 되지만 좋아하지 않을 수 있고, 관심도 있고 능력도 되지만 그 일을 자신의 삶의 가치나 사명, 또는 목표로 삼지 않을 수도 있습니다. 가장 좋은 것은 이 세 가지가 일치하는 경우가 아닐까 생각합니다. 저도 아이들 키우면서 이 이야기를 늘 해 왔습니다. 좋아하는 것을 하라고 말했지요. 좋아하는 것을 하다 보면 능력이 발견되고, 그 일이 자신이나 사회에 해를 끼치는 것이 아니라면 일의 가치나 사명도 발견하게 될 것이라고 말이지요.

김기봉: 강 교수님이 새로 여신 '일상의 철학'의 백미는 강연의 마지막 부분인 타자에 대한 성찰입니다. 제가 제대로 이해했는지 모르지만 강 교수님은 타자를 "나의 숫자보다 하나 적은 존재이면서 무한대 신"이라고 정의하시는 것 같습니다. 여러분은 타자가 나보다 숫자가 하나 적은 이유를 아십니까? 모든 사람은 자기 자신에게 나입니다. 타자란 그 '나들'에서 나 하나를 뺀 나머지 전체입니다. 나와 타자는 분리된 것이 아니라 내가 있기에 타자가 있고 타자가 있기에 내가 있는 것입니다.

그렇다면 "타자는 지옥이다"라는 사르트르의 말은 나와 타자의 관계를 악마화하는 불행의 씨앗입니다. 내가 존재할 수 있는 것은 타자가 있기 때문입니다. 나는 타자가 만든 옷을 입고, 음식을 먹으며, 자동차를 타고 살아갑니다. 이런 식으로 생각하면 마르틴 부버의 말대로 "나는 너에게서 내가 된다"(Ich werde am Du)는 테제가 성립합니다. 내가 있어서 타자가 있는 것이 아니라, 타자가 있기에 내가 존재할 수 있다는 것입니다. 이런 식으로 사유하면, 타자란 바로 무한대 신과 같은 존재입니다. 저는 강연에서 강 선생님의 타자에 대한 이런 말씀을 듣고 몸에 소름이 돋을 정도로 큰 감동을 받았습니다.

이렇게 나 중심에서 타자 중심으로 인식의 전환은 근대 철학을 뒤집는 혁명입니다. 나 중심의 세계관을 연 근대 철학의 아버지가 "나는 생각한다. 고로 존재한다"고 말한 데카르트입니다. 데카르트는 타자로 이뤄진 세계를 내 중심으로 구성하려고 했고, 이렇게 해서 만들어진 근대적 주체가 이기적 개인을 탄생시켰다고 말할 수 있습니다.

근대 이후 가장 큰 문제는 이기적 개인이 모여 어떻게 이타적 공동체를 형성할 수 있는가였습니다. 이기적 개인을 전제로 해서 데카르트와 정반대의 대답을 제시한 사람이 경제학의 아버지 애덤 스미스입니다. 애덤 스미스는 인간이 생산 활동을 하고 교환을 하는 근본 목적은 이기심을 충족하기 위해서라고 했습니다. 이것을 그는 『국부론』의 다음 유명한 문장으로 설명했습니다.

"우리가 매일 식사를 마련할 수 있는 것은 푸줏간 주인과 양조장 주인, 그리고 빵집 주인의 자비심 때문이 아니라, 그들 자신의 이익을 위한 그들의 고려 때문이다. 우리는 그들의 자비심(慈悲心)에 호소하지 않고 그들의 자애심(自愛心)에 호소하며, 그들에게 우리 자신의 필요를 말하지 않고 그들 자신에게 유리함을 말한다."

애덤 스미스는 이기적인 인간이 타인이 원하는 것을 주는 이유는 타인도 답례로 나에게 원하는 것을 줄 것이라는 기대를 갖기 때문이라 했습니다. 이렇게 해서 주고받는 것으로 성립하는 게 바로 교역입니다. 하지만 문제는 이렇게 순전히 이기심을 충족하기 위해 남과 교역하는 것으로 이타적 공동체가 형성될 수 있는가입니다. 애덤 스미스는 개인이 공동체의 이익을 위해 자기를 희생하는 선행을 할 수 있는 근거에 대해 숙고했고, 그 결과로『도덕감정론』을 집필했습니다. 여기서 그는 모든 사람의 마음속에는 '공정한 관찰자'가 있다고 보았습니다. 그는 인간이 아무리 이기적 존재라고 말해도 남을 위해 좋은 생각을 하고 올바른 행동을 할 수 있도록 알려주는 가상의 인물이 있다는 것을 다음의 예를 통해 증명했습니다.

"어느 날 중국과 같은 거대한 제국에 지진이 일어나 갑자기 그 많은 주민이 사라졌다고 가정해 보겠습니다. 그는 먼저 재앙의 무서움에 몸서리치면서 잠깐의 애도하는 마음을 갖고 그런 재난이 자기에게는 안 일어났다는 것을 천만다행으로 생각하면서, 기분 전환을 통해 자기 일상으로 되돌아가고자 할 것입니다. 그런 멀리서 일어난 엄청난 재앙보다는 자기 자신에게 생긴 자그마한 사고가 더 큰 불행으로 괴로워하는 게 인간입니다. 만일 그가 내일 새끼손가락을 잃어야 한다면 불안해서 잠들지 못할 것입니다. 그런데 만약 내가 가진 새끼손가락을 희생해서 전혀 모르는 일억 명의 사람들을 살릴 수 있다면 기꺼이 하겠습니까?"(애덤 스미스, 김광수 역, 『도덕감정론』, 한길사, 2016, pp.326-327) 이성적으로는 그래야 한다고 생각하지만, 감정적으로는 망설이는 게 인간입니다. 이 둘의 모순을 극복하는 방안으로 애덤 스미스가 생각해 낸 것이 우리 내면에 있는 우리 행위의 위대한 재판관이자 중재인입니다.

"우리가 다른 사람들의 행복에 영향을 미치는 일을 하려고 할 때마다 그는 우리의 열정 가운데 가장 뻔뻔스러운 열정을 깜짝 놀라게 하는 목소리로 우리에게 다음처럼 환기시킨다. 우리는 어떠한 점에서도 다른 사람들보다 탁월할 것이 없는 대중 가운데 한 사람에 불과하며, 우리가 그토록 수치스럽고 맹목적으로 우리 자신을 다른 사람들보다 우선시한다면 우리는 분개심, 혐오와 저주의 적절한 대상이 될 것이다. 그를 통해서만 우리 자신이라는 존재 및 우리 자신과 관련된 일이 실질적으로 작은 비중만을 지님을 배우게 되고, 이러한 공정한 관찰자의 시각을 통해서만 자기애가 야기하는 자연적인 왜곡이 교정될 수 있다."(애덤 스미스, 『도덕감정론』, pp.327-328)

저의 질문은 애덤 스미스가 말한 '공정한 관찰자'가 강 교수님이 말씀하시는 타자라고 말해도 되는가입니다.

강영안: 애덤 스미스의 '공정한 관찰자'는 제가 이해하는 타자의 한 부분입니다. 전체는 아닙니다. 저의 강의에서는 타자를 '내가 아

닌 것', '나와 다른 것'으로 정의했습니다. 물론 내용보다는 형식에 치중한 정의입니다. 만일 이렇게 보면 제 앞에 놓인 이 컵도 저에게는 타자이고 책이나 책상도 타자이고 우리가 지금 들어와 앉아 있는 이 강당도 저에게는 타자입니다. 우리가 먹는 음식도 저에게는 타자이고 마시는 공기도 저에게는 타자입니다. 이런 의미에서 우리는 타자 없이 살 수 없습니다. 우리 몸만 아니라 내가 아닌, 나와 다른 무수한 타자 덕분에 우리는 숨 쉬고 움직이고 살아갈 수 있습니다. 그리고 동시에 사람도 우리에게 타자입니다. 내가 아닌 사람, 나와 다른 사람이 나에게 타자입니다. 우리와 같은 공간에서 살아가는 어머니나 아버지를 타자라고 부르지 않습니다. "우리가 남이가?"라는 물음 속에 이러한 인식이 담겨 있습니다. 그러나 엄밀한 개체의 관점에서 보면 같은 공간에 살고 있는 어머니나 아버지, 자식도 타자임이 분명합니다. 만일 이렇게 본다면 타자는 나를 뺀 모든 사람이라고 말할 수 있습니다. 여기에는 중요한 사실이 있습니다. 모든 사람이 각각 나라는 사실입니다. 잠을 자도 이 한 개체인 내가 자야 하고 먹어도 내가 먹어야 합니다. 공부를 해도 내가 해야 합니다. 아파도 내가 아픕니다. 자식이 아플 때, 자식의 병을 자신에게 가져와 대신 아프고 싶어 하는 부모들이 있습니다. 자식도 부모님이 편찮으실 때 오히려 내가 대신 아팠으면 좋겠다고 생각합니다. 그러나 이것은 가능하지 않습니다. 우리는 각자 구별된 몸을 가진 나이기 때문입니다. 나 외 다른 사람은 모두 나에게 타자입니다. 생각도 마찬가지입니다. 다른 사람이 좋은 생각을 나에게 일깨워 줄 수 있지만 그러나 생각은 역시 내가 해야 합니다. 단순히 신체적이기 때문이 아니라 정신적으로도 우리는 각각 구별된 나요, 구별된 개체입니다. 내가 먹어야 하고 내가 자야 한다는 것으로부터 헤아려 생각해 보면 나와 다른 타자도 그가 먹어야 하고 그가 자야 한다고 생각하지 않을 수 없습니다. 타자를 타자로서 환대하고 대우한다는 말은 타자도 나와 같은 존재임을 인정하고 존중한다는 뜻입니다. 이렇게 보면 타자는 나와 함께 살아가는 동료이기도 하고 친구이기도 하고 때로는 나와 경쟁자이기도 하고, 이것이 악화되면 타자는 나에게 적대자이기도 합니다. 이것은 우리의 경험의 차원에서 일어나는 현상입니다. 함께 일하고 함께 경제 행위를 하고 함께 세계를 구축합니다. 이것은 정치적 차원일 수 있고 경제적 차원일 수 있으며 심지어 문화적 차원일 수 있습니다. 서로 주고받는 거래 관계가 여기에 개입됩니다. 이런 의미에서 보면 윤리적 관계는 아직 여기에 들어오지 않습니다.

김 교수님이 잠시 언급한 마르틴 부버의 "Ich werde am Du"를 다시 생각해 보십시오. 저는 이 말을 "나는 너에게서 내가 된다"고 번역하였습니다. 부버가 『나와 너』(Ich und Du, 1923)란 책에서 서로 짝이 되는 두 가지 말이 있다고 말합니다. 하나는 Ich와 Es(영어로 하면 I와 It)의 짝말이고 다른 하나는 Ich와 Du(영어로 하면 I와 You)의 짝말입니다. 이 컵과 저의 관계는 나와 사물의 관계이고 경제적 관계입니다. 물을 담아 마시는 도구로 돈을 주고 살 수 있습니다. 그러나 제 맞은편에 앉아 있는 김기봉 교수와의 관계는 그런 관계가 아닙니

316

다. 나와 사물의 관계가 아니라 나와 너의 관계, 나와 인격의 관계입니다. 컵은 제가 만질 수 있고 파기할 수 있습니다. 물론 저는 김기봉 교수의 몸을 만질 수 있고 입고 있는 옷의 질감을 이야기할 수 있습니다. 그러나 지금 김기봉 교수와의 교류는 일종의 만남입니다. 서로 대화를 나누고 있습니다. 여기에는 인격적 교류가 있습니다. 서로 존중하는 윤리적 관계가 여기서 형성됩니다. 그러므로 타자는 앞에서 이야기했듯이 단순히 경험의 차원에서 보면 내가 이용할 수 있고, 사용할 수 있는, 거의 사물화된 타자일 수 있고, 부버가 말하듯이 그에게서 내가 나 자신이 되는 타자는 인격적 만남의 타자이기도 합니다. 관계가 형성되고 만남이 있는 타자를 통해 우리 자신이 각각 우리 자신이 된다는 것이 여기서 중요합니다.

애덤 스미스가 '공정한 관찰자'를 도입할 때 그 속에는 우리가 사용하는 이성은 계산하는 이성이라는 관점이 깔려 있습니다. 삶을 살아갈 때 무조건 나의 이익만 챙긴다면 결국 나에게 이익이 되지 않습니다. 푸줏간 주인이나 빵집 주인이 이익을 보겠다고 엉터리 고기를 쓰거나 저질 밀을 쓴다고 합시다. 그러면 당장에는 이익을 볼 수 있으나 길게 보면 결국 신뢰를 잃게 되고 장사를 더 이상 할 수 없게 됩니다. 스미스가 생각한 이성은 이렇게 계산하는 이성입니다. 여기서 한 걸음 나아가, 칸트가 생각하는 윤리적 이성을 생각해 보십시다. 이 세계는 칸트가 볼 때 정의가 실현되지 않는 세계입니다. 정직하고 진실되고 공의로운 사람이 오히려 고통을 당하고 악하고 못된 사람이 오히려 더 잘 사는 것처럼 보이는 세상입니다.

이렇게 해서는 도덕 질서가 성립될 수 없습니다. 그래서 칸트는 신이 존재해야 하고, 자유가 있어야 하고, 영혼이 불멸해야 한다고 주장합니다. 인간이 도덕적으로 살기 위해서 이 세 가지는 반드시 수용하지 않으면 안 되는 것으로 칸트는 이야기하고 있습니다. 공정한 심판자로서 신이 있어야 하고, 심판받을 수 있는 영혼이 살아 있어야 하고, 그리고 행위에 대해서 심판받으려면 행위의 근거가 되는 자유가 주어져야 한다는 것이지요. 칸트는 행위의 심판자로서의 신과 행위의 주체로서의 영혼과 행위의 근거로서의 자유를 요청하였습니다. 애덤 스미스가 주장한 자본주의 사회를 도덕적으로 기초지으려는 의도가 칸트에게 있었다고 해석할 수 있는 여지가 있습니다.

김기봉: 앞에서 제기한 두 질문은 질문이라기보다는 실상은 강 선생님의 일상의 철학을 제 나름대로 이해한 대로 말씀드린 것이고, 이 세 번째 질문이 강 선생님의 '일상의 철학'을 해체하는 질문다운 질문이라고 말할 수 있습니다.

일상은 역사에서 가장 안 변하는 것입니다. 정권이 바뀌었다고 보통 사람의 일상이 크게 바뀌지는 않습니다. 그런 일상에서 변화가 일어날 때 가장 큰 혁명이 일어난 것입니다. 지금 우리는 그런 혁명이 일상적으로 일어나는 문명사적인 전환기를 살고 있습니다. 인류 역사상 가장 큰 변화가 가장 빠르게 일어나는 시대를 우리는 살고 있습니다. 그 변화의 키워드가 제4차 산업혁명, 인공지능입니다. 흔히 인공지능은 인류의 마지막 발명품이 될 거라고 말합니다. 인공지능은 인간의 일, 휴식, 놀이라는 삶의 주요 영역에 근본적인 변화를 초래할 것입니다. 그렇다면 저의 세 번째 질문은 인공지능 시대 일상에 대한 철학함을 어떻게 하느냐입니다.

역사란 일상의 대부분을 형성하는 일, 휴식, 놀이가 변화해 온 과정이라고 말할 수 있습니다. 먼저 고대 그리스 시대에서 노동은 어원이 그러하듯이 노예의 일이었습니다. 귀족은 노예의 노동을 통해 여가를 즐기고 사유함으로써 철학이라는 학문이 발생했습니다. 이는 조선시대 양반도 마찬가지입니다.

근대란 그런 노동이 인간 삶의 정체성이라 할 수 있는 직업이 된 시대입니다. 독일어로 당신은 누구인가의 정체성을 묻는 질문이 "직업이 무엇입니까?"(Was sind Sie von Beruf)입니다.

인공지능 시대가 오면 인간의 많은 직업이 사라지고, 인류 종은 일하지 않고 사는 잉여 인간이 될 가능성이 있습니다. 그렇다면 인류는 일상의 대부분의 시간을 무엇을 하며 지내야 할까요? 놀이하는 인간이 되어야 하지 않을까요? 강 선생님께서 하신 일상의 철학 강연은 일과 휴식만 있고 놀이가 빠져 있습니다. 앞으로 인류는 어떻게 의미 있게 노느냐가 일상의 철학함의 중심 주제가 될 거라고 저는 생각합니다.

그런데 정말 심각한 문제는 인공지능과 인류 종의 관계입니다. 인공지능은 생각과 판단은 인간보다 잘 하지만 아직 의식은 없습니다. 하지만 만약 인공지능이 자의식을 가진다면, 그래서 그들도 일상에 대한 철학함을 한다면 어떤 일이 발생할까요? 그러면 SF 영화가 이야기하는 일들이 발생할 것입니다.

정말 세상은 너무나 빠르게 변합니다. 이 '참을 수 없는 존재의 가벼움'에 벗어날 수 있는 유일한 길은 가장 하찮은 삶의 영역인 일상에 대한 철학함을 하는 것이고, 그 지혜의 방법을 우리에게 주셨다는 것이 강영안 교수님의 강연이 우리에게 준 가장 큰 선물이라고 생각합니다.

강영안: 지금까지 하던 일의 대부분을 아마 인공지능에게 넘겨주어야 할지 모릅니다. 문명사의 발전은 결국 도구를 발견한 역사입니다. 인간은 돌도끼에서부터 시작해서 끊임없이 도구를 만들었습니다. 도구를 만드는 데는 전쟁이 중요한 계기였습니다. 우리가 지금 쓰고 있는 컴퓨터와 인터넷, 그리고 그 바탕에 있는 인공지능도 전쟁과 무관하지 않습니다. 만일 인공지능으로 노동이 기계에게 넘어가게 되면 인류에게는 엄청난 여가가 주어질 것입니다. 그런데 이 여가를 인류가 어떤 방식으로 보내는가 하는 것이 문제입니다.

문제는 인간 존재의 깊은 심연에 깔려 있는 권태입니다. 권태, 지루함을 어떻게 벗어나는가 하는 것이 문제입니다. 여행을 간다든지, 운동을 한다든지, 술을 마신다든지 하는 방식으로 지루함을 극복하려고 애쓰게 됩니다. 파스칼은 이것을 프랑스어로 '디베르티스망'(divertissement)이라 불렀습니다. 우리말로 저는 이 말을 '시간 죽이기'라고 번역하고 싶습니다. 삶의 근본 문제에 직면하기보다는 사람들은 온갖 번잡한 일로 시간을 보내고 자기 자신을 잊어버리려는 노력을 한다는 것이 파스칼의 생각입니다. 사람들은 노동에서 해방 되면 철학을 할 것이라 가끔 말하지만 저는 그렇게 생각하지 않습니다. 과거 소크라테스나 플라톤 같은 사람들은 노동하지 않는 사람들이었고 그들은 여가 시간을 철학하는 데 보냈습니다. 그러나 미래의 사람들은 이미 오늘날 사람들의 살아가는 방식에서 볼 수 있듯이 대부분 파스칼이 이야기하는 방향을 더욱 추구하리라 생각합니다.

여가를 어떻게 보낼 것인가, 어떻게 놀 것인가? 저에게 답은 없습니다. 다만 요한 하위징아(Johan Huizinga)의 생각을 잠시 이야기해 볼 수 있을 듯합니다. 하위징아는 1938년 『호모 루덴스』(Homo Ludens, 놀이하는 인간)란 책을 씁니다. 몇 가지 주장을 하위징아는 이 책에서 하고 있습니다. 첫 번째, 아마 가장 중요한 주장은 인간 문화에는 놀이의 요소가 있다는 것입니다. 이때 문화는 20세기 인류학자들이 '삶의 방식'으로 이해하는 것과는 달리 여전히 고전적인 의미로 이해된 문화, 예컨대 철학, 예술, 법률, 종교 등 자연과 대비된 개념으로서의 문화입니다. 이 밑바탕에는 놀이가 있다고 하위징아는 주장합니다. 그런데 이 책의 핵심은 마지막 장에 있습니다. 사람들은 여기까지 읽지 않고 첫 두 장 정도에 머물고 맙니다. 이 책은 사실 놀이에 관한 설명보다는 모든 문화에는 놀이 요소가 있기 때문에 그로 인해 문화의 위기가 올 수 있다는 측면을 이야기 해 주고 싶어했습니다. 모든 것이 놀이가 될 수 있을지라도 놀이 바깥에 있는 요소, 놀이를 놀이되게 하는 일종의 초월적 요소의 인식을 하위징아는 촉구하고 있습니다. 그것이 다름 아니라 윤리입니다. 하위징아는 1930년대에 이미 군사주의 문화, 그리고 그 가운데 마치 아이처럼 군사 문화를 놀이로 즐기는 (히틀러의 나치즘에서 볼 수 있는 것처럼) 일종의 '치기'(稚氣, 이것을 하위징아는 'puerilism'이라 부른다)가 있다는 것을 경고합니다. 이때 바깥에 있는 것이 다름 아니라 '윤리'입니다. 윤리는 놀이를 가능하게 해 주는 조건이라고 하위징아는 생각했습니다. 제가 앞에서 놀이에 관해서 이야기할 때 규칙의 중요성을 이야기했습니다. 규칙은 놀이의 구성 조건입니다. 예컨대 축구나 바둑에 규칙이 없다면 축구나 바둑이 되지 않습니다. 그런데 이때 규칙은 놀이 바깥에 있습니다. 이것을 '윤리'란 말로 표현할 수 있습니다. 저는 인공지능의 시대에 더욱더 이런 방식의 삶의 추구가 필요하지 않은가 생각합니다.

제가 앞에서 타자를 이야기할 때 언급하지 못한 것이 두 가지 있습니다. 첫째, '내 속에 있는 타자'입니다. 내 속에 있는 타자, 내 안에 있는 타자는 문화를 통해서, 양심을 통해서, 관습을 통해서 내면화되어 내 자신의 자신됨을 형성합니다. 두 번째는 '고통 받는 타자'입니다. 저는 유럽 철학이든 영미 철학이든 현대 철학이 인간의 고통에 대한 문제에 관심을 가지게 된 것을 다행스럽게 생각합니다. 인간은 고통 받는 존재입니다. 물론 기뻐하고 즐거워할 수 있지만 이런저런 이유로, 이런저런 종류의 고통을 받는 존재가 인간입니다. 고통 받는 타자와 연대하고 공감하고 배려하는 것에 대한 관심,

그러니까 오직 자기 자신에 대한 관심에서 벗어나, 이것을 뛰어넘어, 타자의 고통에 귀 기울이고 타자와 함께하는 삶의 추구가 현대 철학에서 일어나고 있습니다. 인공지능이 발달하는 현 단계와 미래의 사회에 이러한 삶의 추구가 더욱 필요하고 의미 있으리라고 생각합니다.

하나만 덧붙이겠습니다. 제가 인공지능에 관해서 처음 듣고 공부한 때가 1980년이었습니다. 그때 저는 루뱅 대학에 재학 중이었습니다. 헤르만 룰란츠(Herman Roelants) 교수가 가르치던 과학철학 시간에 그때 나온 지 얼마 되지 않았던 MIT의 와이젠바움(Joseph Weizenbaum)의 『컴퓨터의 힘과 인간 이성』(Computer Power and Human Reason, 1976)이란 책을 논의하고 그가 그 책에서 얘기하는 '엘라이자'라는 심리치료 프로그램을 알기 위해서 전산과에 들러 직접 타자를 치면서 대화를 나누어 본 적이 있었습니다. 와이젠바움의 책 마지막 결론 부분이 흥미롭습니다. 근대 문명, 곧 지난 500년 동안 서구 인간은 '도구적 이성'을 발전시켰습니다. 그러나 도구적 이성으로는 총체적 인간에 접근할 수 없습니다. 인간에게 기계의 측면이 있고 인간의 사고에도 데이터 처리 능력이 있기는 하지만 인간은 기계 이상이고 사고도 데이터 처리 능력을 훨씬 벗어납니다. 여기에는 타자에 대한 배려도 있고 공감도 있고 전체에 대한 생각도 있습니다. 그러므로 중요한 것은 인공지능이 할 수 있는 계산 능력만이 아니라 판단 능력입니다. 와이젠바움은 이 판단 능력의 필요성을 매우 강조합니다. 이때 판단은 단순히 사물을 서술하는 능력뿐만 아니라 사물을 바로 보고, 둘러보고, 뒤집어 보고, 두루 볼 수 있는 능력입니다. 이런 방식의 삶을 더욱 중시하는 것이 인공지능 시대 우리의 삶의 한 측면이 아닐까 생각합니다.

2. 청중 질문과 답변

[질문 1] 의식주 중에서 의(옷)가 빠지고 '일'이 들어간 이유는 무엇입니까?

[답변] 특별한 이유는 없습니다. 의, 식, 주, 셋 다 우리 삶에서 중요합니다. 다만 강의 시간의 제한 때문에 '옷 입는다는 것'을 함께 생각해 볼 틈이 없었을 뿐입니다[2강 보충 부분 참조].

[질문 2] 사람의 먹는 행위는 자연적 조건과 문화적인 조건의 결합으로 발생하는데, 사람이 먹을 수 있는 것과 먹을 수 없는 것은 무엇이라고 할까요?

[답변] 강의 가운데서 말씀드린 것처럼 '먹을 수 있는 것'과 '먹을 수 없는 것'은 자연과 문화를 통해 규제됩니다. 자연과 관련된 것은 예컨대 우리가 씹을 수 있는지 없는지, 소화를 시킬 수 있는지 없는지(이 경우에는 예컨대 돌이나 쇠는 먹을 수 없습니다), 독이 있는지 없는지(이 경

우에는 예컨대 독버섯이나 복어)를 가려서 먹을 수 있는 것과 없는 것을 정하는 경우가 될 것입니다. 문화적으로는 대부분 종교적으로 먹을 수 있는 것과 먹을 수 없는 것을 정하는 경우가 될 것입니다. 이와 관련해서는 문화인류학자들의 연구가 많이 있으니 참고하시길 바랍니다.

[질문 3] "사람이 먹기 위해 사는 것이 아니라, 살기 위해 먹는다"는 명제는 참입니까? 사람이 살기 위해 먹는다는 것이 명증적 진리라고 볼 수 있는가요?

[답변] 만일 오직 먹기 위해 산다면, 먹는 것이 삶의 유일한 목적이라면 그 삶은 매우 빈약한 삶이라 하지 않을 수 없을 것입니다. 먹는 것뿐만 아니라 삶의 내용을 이루는 것, 사람의 삶을 가치 있게 하는 것이 많이 있다는 것은 우리의 상식입니다. 따라서 "사람이 먹기 위해 사는 것이 아니라 살기 위해 먹는다"는 말은 우리의 상식에 부합한다고 생각합니다. 먹지 않고서는, 잠자지 않고서는, 우리는 살 수 없습니다. 그러므로 "살기 위해 먹는다"고 말할 수 있습니다. 그런데 한 걸음 물러나 다시 물어볼 수 있습니다. 과연 먹는다는 것이 삶의 수단이기만 한 것인가? 자는 것, 산책하는 것, 공부하는 것, 친구들과 만나 이야기하는 것, 이 모든 것이 삶이라는 목적을 위한 수단이기만 한 것인가 하는 물음을 던져 볼 수 있습니다. 오히려 삶을 이루는 다양한 내용이라고 본다면 이 자체는 수단이 되기 이전에 우

리의 향유의 대상들이라 해야 할 것입니다. 음식을 먹는 것, 책을 읽는 것, 사람과 더불어 이야기하는 것, 맑은 공기를 들이키는 것, 이 자체가 삶이고 삶의 내용이고 삶을 누리는 것입니다. 따라서 목적과 수단 관계로 삶의 내용들을 보기보다는 그 자체 가치 있는 것으로 보는 관점을 갖는 것이 중요하다고 저는 생각합니다.

[질문 4] 신약성서 마태복음 26장에서는 예수께서 잡혀가기 전 겟세마네 동산에서 자신이 기도할 동안 제자들에게 자지 말고 깨어 있으라고 몇 번이나 말했는데(38, 40, 41, 43절), 이때 자지 말고 깨어 있으라고 강조한 말은 무슨 이유인지요?

[답변] 성경을 읽을 때 성경의 한 구절이나 한 이야기가 그때, 그 상황에 적용되는지(contextual application), 그때와 그 상황을 넘어 언제, 어디서나, 누구에게나 보편적으로 적용되는 것인지(universal application)를 판단하는 것이 중요합니다. 예수께서 겟세마네 동산에서 세 제자에게 "깨어 있어라!"라고 한 경우는 당시 상황과 관련해서 보아야 할 것입니다. 예수께서는 극심한 고통 가운데 가장 가까운 제자 세 사람이 자신의 고통 가운데 동참하기를 원했다고 할수 있겠지요. 그러나 제자들은 그렇게 하지 못하고 잠에 빠졌습니다. 성경 다른 부분에서 바울이나 베드로가 깨어 있음을 강조할 때는 종말론적 삶 가운데서 나태하거나 무감각하게 살지 말라는 보편적인 교훈이라 볼 수 있습니다. 우리의 일상에 잠자지 말고 늘 깨어

있으라는 말은 분명 아닙니다.

[질문 5] 일상의 특성을 신체성, 다시 말해서 물리적인 특성에서 비롯되는 것으로 보셨습니다. 그런데 이는 동물과 크게 다르지 않은 수준입니다. 여기에 더해 인간은 정신적 특성을 무시할 수 없습니다. 신체라는 별도의 공간으로 구별되어 있어도, 인간은 다른 이들의 정신에 공감하고 이해하는 능력을 지니고 있습니다. 또한 공간 중에서도 이제는 일상 깊숙이 들어온 사이버공간은 누구나 그 안에서 무에서 유를, 자신만의 새로운 공간을 창조합니다. 그리고 서로의 공간은 긴밀하게 엮여 있어 별도의 공간이 아니라 전체가 하나의 그물망을 이룹니다. 이런 관점에서도 일상의 특성은 신체성에서 비롯될까요?

[답변] 좋은 질문에 감사를 드립니다. 일상의 특성으로 저는 첫 번째 강의에서 필연성, 유사성, 반복성, 평범성, 일시성, 이 다섯 가지를 들었습니다. 이 다섯 가지의 특성을 저는 인간이 처한 삶의 조건들(시간성, 공간성, 신체성, 마음, 타자의 존재 등)과 관련지어 보았습니다. 신체성은 인간이 세계 안에서 살아가는 한 방식이고 통로입니다. 신체성뿐만 아니라 마음도 매우 중요한 요소임은 말씀하신 그대로입니다. 사이버공간 속에서는 우리의 일상의 세계가 몸을 떠나고 지역을 떠나고 심지어 자아조차도 떠나는 듯하지만 그렇기 때문에 오히려 저는 몸과 장소, 타인의 존재에 더 주목하게 됩니다. 인간다움,

인간다운 삶은 이것들을 떠나, 이것들과 상관없이 존재하는 것이 아니라 이것들을 통해, 이것들 속에서 의미있게 체험된다고 믿기 때문입니다.

[질문 6] 스피노자는 신조차도 '존재하려는 노력'이 그 존재를 특징짓는 것이라고 보았다 하셨습니다. 그렇다면 신이 천지만물을 창조한 것도 '존재하려는 노력'의 일환이라고 보아야 할지요? 천지만물을 창조하지 않았다면 신도 존재가 불가능한가요?

[답변] 스피노자는 개체의 존재를 자기 존재 유지 노력으로 보았습니다. 이런 방식으로 모든 존재자들의 존재를 해석하려고 했습니다. 그러나 저는 그렇게 보지 않습니다. (예컨대 그리스도교 전통에서 이해되는) 신은 자기를 내어 주고 자기를 비우는 존재입니다. 심지어 (그리스도교 전통에서 이야기되는) 창조는 신의 자기 비움 없이는 가능하지 않습니다. 따라서 존재 노력을 신의 본질로 볼 수 없게 만듭니다. 스피노자가 그렇게 말할 수 있었던 것은 모든 개별 사물은 '양태로 존재하는 신'(deus quatenus modificatus)으로 이해했기 때문입니다.

[질문 7] 우리는 일상생활에서 타자와의 관계에서 내 맘 같지 않다는 말로 어떤 사안에 대해 자신의 반성에 앞서 타인을 비난하며 자신을 합리화하려고 하는 것 같습니다. 이러한 마음을 극복해 갈 수 있는, 타인에 대한 인식의 전환적 사고에 대해 말씀해 주셨으면 합

니다.

[답변] 타인의 마음에 대한 지식 문제는 강의안에는 들어 있지만 강의 중에는 시간 때문에 말씀을 드리지 못했습니다. 타인의 마음을 만일 인식 대상으로 보면서 접근하게 되면 우리는 타인의 마음을 우리 자신과 비교해서 알 수 있을 뿐입니다. 결코 마음속까지 들어갈 재간이 없습니다. 그러나 타인에게 마음이 있다는 것을 의심할 필요가 없습니다. 만일 타인에게 마음이 없다면 우리가 서로 소통할 가능성은 아예 없을 것입니다. 중요한 것은 20세기 중반 많이 논의되었던 '타인의 마음 문제'가 아니라 타인과의 관계, 타인과의 만남일 것입니다. 타인과의 만남은 인식론의 문제라기보다 윤리학의 문제입니다. 20세기 철학자 가운데 이 문제를 가장 깊이 생각한 철학자는 마르틴 부버(Martin Buber)와 에마뉘엘 레비나스(Emmanuel Levinas)입니다. 부버의 『나와 너』란 책을 읽어 보시기를 권합니다. 레비나스에 관해서는 저의 책 『타인의 얼굴: 레비나스의 철학』(문학과지성사, 2005)을 읽어 보시길 바랍니다.

[질문 8] 내가 생명을 받아 태어나서 살 수 있게 해 준 창조주와 부모와 자연과 이웃에 감사하는 게 순리라고 생각합니다. 그런데 어떤 사람이, 없는 상태로 놔두지 않고 왜 천지를 창조하고 나를 낳았냐고 창조주와 부모에게 대든다면 뭐라고 답을 해 주어야 할까요?

[답변] 답하기가 쉽지 않은 질문입니다. 감사할 줄 모르는 사람에게 할 수 있는 답이 있겠습니까? 우리 자신의 존재, 우리의 몸, 우리의 생각, 우리가 숨 쉬고 살아가는 삶 어느 하나도 타자로부터 오지 않은 것이 없습니다. 비록 내가 힘써 일해 돈을 벌어 산 것들이라 하더라도 돈으로 헤아릴 수 없는 타인의 애씀과 기여가 깃들어 있습니다. 따라서 조금이라도 생각을 하는 사람이라면 내가 받아 누리는 것들, 그것을 가능하게 해 준 분들께 감사의 마음을 가지지 않을 수 없습니다. 저는 감사야말로 조금이라도 따져서 생각해 보면 얻을 수밖에 없는 삶의 근본 태도라고 생각합니다. 감사할 줄 모른다면 삶을 제대로 사는 것이 아니라고 하겠지요. 그런 사람은 논리적으로, 합리적으로 삶을 설명해도 알아들으려고 하지 않으리라 생각합니다.

[질문 9] 우리나라 의식주 문화의 개선점에 대하여 설명하여 주십시오.

[답변] 먹을거리나 잠, 집에 대해서 구체적인 개선점을 얘기할 것이 제게 별로 없습니다. 다만 저는 강의를 통해서 윤리적인 것들을 많이 이야기하였습니다. 나의 먹을 것뿐만 아니라 남도 먹도록 챙겨 주고 나의 주거뿐만 아니라 남들의 주거에도 관심을 두어야 한다는 것이 저의 생각입니다. 타인에 대한 관심은 먹고, 마시고, 잠자고 사는 것을 떠날 수 없습니다. 나뿐만 아니라 남도 제대로 먹

고, 마시고, 숨 쉬고, 잠자고, 일하고, 쉴 수 있는 사회를 만들어 가는 것이 우리에게 주어진 과제가 아닐까 생각합니다.

[질문 10] 데카르트와 칸트 철학의 성격을 비교해 주시고, 또한 두 분의 공통점과 차이점을 말씀해 주셨으면 합니다.

[답변] 데카르트는 서양 근대 철학의 문을 연 철학자이고 칸트는 어떤 의미에서 근대 철학의 체계를 구축한 철학자입니다. 데카르트는 의심할 여지없이 확고부동한 지점을 찾아 그 지점으로부터 의심의 여지없는 철학의 체계를 구축하려고 했습니다. 칸트는 데카르트가 발견한 "나는 생각한다"는 명제를 그대로 이어받아 경험적 인식의 최종 근거로 삼았습니다. 그러나 칸트는 데카르트보다는 훨씬 더 우리의 일상 경험, 실재 세계의 현실성을 수용하였습니다. 데카르트는 우리의 일상 경험 세계의 실재성을 하나님의 신실성(veracitas Dei)에 의존하여 비로소 확보할 수밖에 없었습니다. 따라서 칸트의 철학은 경험적으로는 실재론이고 초월론적으로는 관념론의 성격을 띠고 있습니다. 칸트의 경우, 우리의 인식이나 경험은 직접적이 아니라 언제나 매개적입니다. 그러나 데카르트는 언제나 직접 인식, 명증 인식, 다시 말해 어떠한 매개도 거치지 않고 직접 경험할 수 있는 인식을 추구하였습니다. 자세한 것은 제가 쓴 『강교수의 철학 이야기: 데카르트에서 칸트까지』(IVP, 2001)란 책을 참고하시길 바랍니다.

[질문 11] 칸트의 『순수이성비판』에 대해 알고 싶습니다.

[답변] 칸트의 『순수이성비판』은 신과 세계와 인간 영혼과 관련해서 우리가 형이상학적으로 논의할 근거가 있는지를 따져 묻는 책입니다. 이것에 앞서 칸트는 신이든, 세계든, 영혼이든, 우리의 지식의 대상이 될 수 있는 것들의 가능 조건에 대한 논의를 먼저 하고 있습니다. 이 논의를 목적으로 『순수이성비판』은 크게 두 부분으로 구분됩니다. 첫 부분은 '초월적 요소론'이라는 부분이고, 두 번째 부분은 '초월적 방법론' 부분입니다. '초월적 요소론'은 다시 '초월적 감성론'과 '초월적 논리학'으로 구분됩니다. '초월적 감성론'은 우리의 감성 경험의 조건이 되는 공간과 시간을 다루고, '초월적 논리학'은 다시 두 부분으로 구분되어 우리의 개념과 판단을 다루는 '분석론'과 우리의 지성과 이성의 오류를 다루는 '변증론'으로 구별됩니다. 혹시 『순수이성비판』을 읽고자 하는 분에게 충고를 하자면 우선 초판 서문과 2판 서문을 읽으시고 조금 힘들기는 하지만 뒷부분으로 곧장 가서 방법론을 읽으시길 바랍니다. 방법론을 읽으면 칸트 이론철학의 일반적인 구도와 이론철학과 실천철학의 관계, 수학적 방법과 철학적 방법의 차이 등을 알 수 있습니다. 그런 다음 감성론부터 순서대로 읽으시길 바랍니다. 칸트가 묻고 있는 네 가지 물음에 관해서는 앞에서 이야기한 저의 『강교수의 철학 이야기: 데카르트에서 칸트까지』에서 칸트 부분, 그리고 좀 더 깊이 들어가고 싶은 분은 저의 『자연과 자유 사이』(이 책은 스피노자, 칸트, 셸링의 철학에

관한 책입니다; 문예출판사, 2001)를 읽으시길 바랍니다.

[질문 12] 실존주의 철학에 대하여 알고 싶습니다.

[답변] 실존주의 철학을 몇 마디로 설명하기가 쉽지 않습니다. 시대로 보자면 1940년대와 50년대 유럽에서 한때 유행했던 철학이며 대부분 후설의 영향 아래서 철학이 형성된 하이데거, 사르트르, 메를로퐁티, 그리고 외연을 조금 넓히면 장 발, 가브리엘 마르셀, 야스퍼스, 그리고 문학자들 가운데는 알베르 카뮈, 이오네스코, 베케트 등을 포함시킵니다. 이 가운데 드러내 놓고 자신을 '실존주의자'라고 부른 사람은 사르트르가 아마도 유일할 것입니다. 사르트르는 "실존은 본질에 앞선다"라는 명제를 내세우면서 '실존'을 강조했습니다만 실존주의자 가운데 포함되는 사람들의 공통된 관심은 사람됨, 인간됨의 의미라고 말할 수 있습니다. 실존주의자들이 강조한 인간됨은 과학으로 규정할 수 있는 것과는 달리 인간이 스스로 자신의 존재를 의식하고 자신이 처한 상황을 몸으로, 반성적으로 체험하고 의미를 부여한다는 사실에 있습니다. 그러므로 생물학이나 심리학으로 드러내지 못하는 인간의 불안, 권태, 절망, 죽음, 부조리 등에 이들은 관심을 기울입니다. 실존 철학은 전통적인 철학보다는 훨씬 더 일상의 삶에 관심을 가지면서도 우리 일상의 부조리, 불합리에 더욱더 많은 관심을 가졌다고 할 수 있을 것입니다. 우리말로 읽을 수 있는 책 가운데 실존주의 철학에 대한 깊이 있는 개관

은 뉴욕 주립 대학 조가경 교수가 쓴 『실존철학』(박영사, 2010년 개정판)이 있습니다.

[질문 13] 스피노자의 신 개념과 심신 개념에 대해서 듣고 싶습니다.

[답변] 이 물음도 간략하게 답하기가 쉽지 않습니다. 중요한 것은 스피노자의 신 개념과 심신 이해는 서구의 인격주의적 신 이해와 심신 이원론에 대한 비판에서 비롯된 것이라는 사실입니다. 스피노자는 『에티카』(Ethica more geometrico demonstrata)에서 신을 "절대적으로 무한한 존재자"(ens absolute infinitum)로 정의합니다. 이 정의 자체는 전통 신학과 철학의 정의와 별 차이가 없습니다. 그리고 이어서 신은 '실체'(substantia)이며 실체는 "그 자체로 존재하고 그 자신을 통하여 인식되는 것"(id quod in se est et per se concipitur)이라 정의합니다. 그리고 유일한 실체인 신은 무한한 속성을 가집니다. 심신, 곧 정신과 물질은 신의 무한한 속성 가운데 속합니다. 이 관점에서 보면 존재하는 모든 세계는 유일한 실체인 신의 양태에 불과합니다. 따라서 어느 것도 신의 표현이 아닌 것이 없습니다. 스피노자의 신관은 흔히 범신론이라 이야기하지만 엄밀하게 말하면 '범재신론' 또는 '만유재신론'(panentheism)입니다. "모든 것은 신 안에 있고 신은 모든 것 안에 있다는 말입니다." 자세한 논의는 제가 쓴 『자연과 자유 사이』 가운데 스피노자 부분을 참고하시길 바랍니다.

[질문 14] 레비나스의 철학에 대해서 설명 부탁합니다.

[답변] 레비나스(Emmanuel Levinas, 1906-1995)는 후설과 하이데거의 현상학 전통에서 철학을 시작하여 현상학적 방법을 통해 현상학적 자아 중심과 익명적 존재 중심의 철학을 극복하여 타자의 철학을 수립한 철학자입니다. 제가 해석하는 방식을 따르면 레비나스의 철학은 크게 세 단계를 밟습니다. 첫 번째 단계에는 익명적 존재에서 이름 붙일 수 있는 존재자, 곧 주체의 출현으로, 주체의 출현에서 타자와의 만남으로 이어가는 일종의 '존재론적 모험'이 서술됩니다. 『존재에서 존재자로』와 『시간과 타자』가 이 단계를 보여 줍니다. 두 번째 단계는 『전체성과 무한』이란 책을 중심으로 펼쳐진 사상입니다. 여기서 레비나스는 전체성과 대립되는 무한의 이념을 바탕으로 주체와 타자의 의미를 규정합니다. 주체는 순전히 존재론적 관점에서 볼 때 타자를 자기 자신, 곧 동일자로 환원하고 소유하고 지배하는 존재자입니다. 이 점에서 인간은 근본적으로 '존재론적'입니다. 그러나 무한의 관점에서 볼 때 주체는 타자를 수용하고 환영하고 환대하는 존재입니다. "주체성은 곧 환대"라는 레비나스의 말은 이것을 압축한 표현입니다. 세 번째 단계에서는 타자에 대한 무한 책임, 타자를 위해 대신 고통의 짐을 짊어지는 주체가 모습을 드러냅니다. 『존재와 다르게 또는 존재 저편』이란 책에 세 번째 단계의 사상이 잘 드러나 있습니다. 주체와 타자의 관점에서 레비나스 철학에 대한 설명은 저의 『타인의 얼굴: 레비나스의 철학』을 보시

길 바랍니다.

[질문 15] 근대 철학자들의 고민이 우리의 일상적 삶과 신앙생활과는 어떤 연관이 있는지요?

[답변] 일상에 대한 관심은 근대 철학자들보다 오히려 교회 개혁 운동을 시작한 루터나 칼빈 같은 사람들에게서 분명하게 드러납니다. 그때까지만 해도 현실의 삶, 이 세상의 삶보다는 초월적 삶에 관심이 훨씬 많았습니다. 그러나 루터나 칼뱅 같은 신학자는 우리가 먹고, 마시고, 일하고, 아이 낳는 삶의 중요성을 언급하였습니다. 일상의 삶을 제대로 사는 것이 이 두 개혁자들이 지향한 삶이라 할 수 있습니다. 일상을 떠나, 일상과 무관하게 하는 신앙생활을 이들은 원하지 않았습니다. 렘브란트나 요하네스 베르메이르(Johannes Vermeer) 같은 화가들도 일상에 주목합니다. 그들은 암스테르담 시내를 순찰하는 민병대를 그린다든지 우유를 따르는 여인의 모습이나 집 청소를 하는 여인을 화폭에 담았습니다. 근대 철학자들 가운데 일상에 직접적인 관심을 보인 사람들은 헤겔 이후 철학자들, 예컨대 포이어바흐나 마르크스 같은 철학자들입니다. 마르크스는 『독일 이데올로기』(Die Deutsche Ideologie)에서 이렇게 말합니다. "삶에는 무엇보다도 먹는 것과 마시는 것, 거주와 의복, 그리고 몇몇 다른 것들이 속한다(Zum Leben gehört vor Allem Essen und Trinken, Wohnung, Kleidung und noch einiges Andere)." 일상에 대해 좀 더 구체적

이고 본격적인 관심을 가진 철학자들은 20세기에 와서 볼 수 있습니다. 우리가 흔히 '현상학자'라 부르는 후설, 하이데거, 그리고 레비나스 같은 철학자가 일상에 관심을 가졌습니다. 이들은 일상에 빠져 본래적인 삶을 망각할 가능성에 대해 늘 경고하였습니다. 이 세 철학자 가운데 일상의 삶을 훨씬 긍정적으로 평가한 철학자는 역시 레비나스입니다.

[질문 16] 철학이 신앙인에게 어떤 의미를 가졌는지와 근대 철학이 기독교 신앙에 미친 영향이 무엇인지 궁금합니다.

[답변] 철학과 신앙의 관계는 매우 복잡합니다. 하지만 저는 흔히 생각하는 것처럼 철학과 신앙이 대립된다고 생각하지 않습니다. 어떤 철학이든 일종의 신앙, 궁극적 관심, 또는 세계관이나 신념을 토대로 시작할 수 있습니다. 그것이 반드시 유신론적 신앙일 필요가 없습니다. 과학적 자연주의 또는 과학주의를 바탕으로 철학을 할 수 있고 모종의 신앙을 토대로 철학을 할 수 있습니다. 소크라테스의 경우 플라톤이 쓴 『소크라테스의 변명』을 보면 자신의 철학하는 삶을 신이 자기에게 부여한 소명으로 이해하고 있음이 드러납니다. 서양 전통의 위대한 철학자들은 동시에 신앙인이기도 하였습니다. 칸트의 경우도 이 점에서 예외가 아닙니다. 19세기 중후반에 이르러 철학과 신앙이 서로 대립하는 것처럼 보는 생각이 자리를 잡았습니다. 일본을 거쳐 우리에게 도입된 서양철학은 19세기 중후반

서양철학의 흐름이 반영되었다고 볼 수 있습니다. 그러나 지난 몇십 년을 돌아보면 유럽 철학과 영미 분석철학 전통에서 철학적 신학과 종교철학에 대한 관심이 활발하게 일어나는 것을 볼 수 있습니다. 근대 철학과 신앙의 관계도 몇 마디로 쉽게 정리할 수 없습니다. 서양에서 발생한 '근대'라는 시대는 기독교와 분리해서 생각할 수 없습니다. 짧게 말하자면 "근대는 기독교 없이 생길 수 없었지만 동시에 기독교 신앙에 적대적인 시대"라고도 말할 수 있습니다. 기독교 신학과 관련해서 보면 근대 철학이 기독교 신학에 미친 영향이 적다고 할 수 없습니다.

[질문 17] 의견의 차이를 조정할 수 있는 방법과 상식을 회복하기 위한 철학이 있다면 소개해 주십시오.

[답변] 제가 쓴 『강교수의 철학 이야기』 가운데 로크와 버클리 부분을 참고하시길 바랍니다. 상식 회복과 다원주의 사회에서 살아가는 법을 논의하였습니다.

[질문 18] 철학이 유학자들의 도학(道學)과는 구체적으로 어떻게 다른가요?

[답변] 철학과 도학 사이에는 유사점이 많으리라 생각합니다. 무엇보다도 '삶의 길'(the way of life)에 대한 물음에서 비슷합니다. 서양

철학은 기독교와 만난 뒤로 훨씬 더 이론화되고 체계화되고, 일종의 지적 수단으로 발전하였지만 그럼에도 철학은 언제나 '삶의 길'로 이해되었습니다. 삶을 반성하고, 반성한 대로 삶을 살아가는 두 가지 방식이 철학에 늘 있었습니다. 그러나 유학자들의 도학에서는 사서삼경과 같은 경전이 언제나 중요한 자리를 차지했던 것을 보면 철학보다는 훨씬 더 종교적 성격을 띠고 있지 않았나 생각합니다. 철학에도 주요 텍스트가 있고 특정 텍스트가 규범적 역할을 한 경우가 있었지만 그럼에도 철학에서는 텍스트가 경전의 성격을 띠지 않았다고 할 수 있겠습니다. 피에르 아도(Pierre Hadot)가 쓴 『고대철학이란 무엇인가』(이레, 2008)라는 책을 읽어 보시기를 권합니다.

[질문 19] 고대 그리스에서 발원한 서양철학이 19세기 후반 중국, 일본, 한국에 전래되는 과정과 도입 후 삼국에 끼친 영향 내지 그 효과를 나라별로 설명해 주셨으면 합니다.

[답변] 19세기 후반 서양철학은 일본을 거쳐 중국과 한국으로 전파되었습니다. 란가쿠(蘭學)를 한 일본인들이 서양철학을 처음 접하고 일본어로 번역하는 작업을 하였습니다. 이 가운데 대표적인 사람이 1862년에서 1865년까지 네덜란드 레이든(Leiden) 대학에서 유학했던 니시 아마네(西周)입니다. 지금 우리가 쓰고 있는 철학 용어 가운데, 예컨대 '철학', '귀납', '연역', '시간', '공간', '의무', '의식' 등 최소한 150개가 넘는 단어를 이분이 번역어로 창안하였습니다. 니시 아마

네가 배운 철학은 당시에 유행하던 실증주의와 공리주의였습니다. 이 두 철학은 사변적인 형이상학뿐만 아니라 당시 현실 정치나 체제에 대해서도 매우 비판적인 철학이었습니다. 그러나 메이지 유신 이후 독일로 일본인들을 유학 보내면서 훨씬 더 체제 순응적인 독일 관념론 철학이 일본에 들어왔고 그 이후 이 철학이 일본에 자리 잡게 되었습니다. 우리나라 초기 철학도 이 흐름을 받아들여 형성되었습니다. 저의 책 『우리에게 철학은 무엇인가: 근대, 이성, 주체를 중심으로 살펴본 현대 한국 철학사』(궁리, 2002)를 참고하시길 바랍니다.

[질문 20] ① 동양철학과 서양철학은 무엇이 다른가요? ② 종교와 철학의 같은 점과 다른 점은 무엇일까요? ③ 개인의 철학(소신)과 학문의 철학은 구분이 되나요? ④ 역술(점)을 「철학」이라고 하는데, 타당한 말인가요?

[답변] 관점에 따라 여러 가지로 이야기할 수 있습니다. 서양철학이 들어오면서 우리에게도 철학이 있다는 의식 아래 '동양철학'을 거론하였습니다. 동양철학이나 서양철학은 차이가 있겠지만 다같이 묻고, 또 묻는 활동임에 틀림이 없습니다. 종교와 철학은 삶의 문제에 관심을 가진다는 점에서 유사하지만 종교에는 일정한 경전, 공동체, 의식(儀式) 등이 있지만 철학에는 그런 것이 없습니다. 흔히 '개인의 철학', '경영철학', '우리 회사의 철학'이란 말을 쓰지만 학문

적 철학과는 무관합니다. 학문적 철학에서 중요한 것은 역시 논증입니다. 논증을 통해서 우리가 합리적으로 수용해야 할 것과 그렇지 않은 것을 구별하는 활동이 철학에서 중요하다고 하겠습니다. 역술을 철학이라 하는 것은 우리 한국의 경우만 있는 것으로 압니다. 한국전쟁 이후 역술이 '철학'이란 말을 가져가 쓰기 시작한 것으로 추정합니다. 그래서 일반인들은 대학 철학과에서 역술을 가르치는 것으로 오해하는 경우도 있습니다.

[질문 21] 철학은 돈 내고 배워야 한다는 의미가 무엇을 뜻하는지 궁금합니다.

[답변] "철학은 돈 내고 배워야 한다"는 말은 제가 가끔 하였습니다. 독학의 위험을 지적하기 위한 말입니다. 교범이나 교본을 보고 우리는 무엇을 배우려고 할 수 있습니다. 선생을 만날 수 없을 때 그렇게밖에 할 수 없습니다. 그러나 어떤 배움이라도 제대로 배우려면 선생님이 있어야 합니다. 세상의 어떤 기술이나 지식도 선생 없이 배울 수 있는 것은 극히 드물 것입니다. 철학을 혼자서 책을 읽으면서 하게 되면 각자 자기 방식대로 하기가 쉽습니다. 철학에는 역사도 있고 전통도 있고, 기본적으로 익혀야 할 지적 훈련도 있습니다. 따라서 이것들을 선생에게서 배우라는 말입니다. 철학을 제대로 배우려면 대학 철학과에 입학하여 매주 차근히, 여러 선생들의 과목을 수강하면서 스스로 책 읽는 법, 문제를 생각하는 법,

토론하는 법을 배워 나가야 한다는 뜻으로 저는 "철학은 돈 주고 배워야 한다"고 가끔 말했습니다. 돈에 중점이 있는 것이 아니라 일정한 시간을 들여 규칙적이고 체계적으로 공부해야 한다는 것에 중점이 있습니다.

[질문 22] 사유하는 법을 배울 마음의 준비는 어떻게 해야 하나요?

[답변] 물음을 갖는 것이 먼저라고 생각합니다. 우선 물어야지요. 묻지 않고서는 생각할 수 없습니다. 하이데거는 "묻는 것은 사유의 경건"(Fragen ist die Frömmigkiet des Denkens)이라고 말한 적이 있습니다. 그러나 계속 묻기만 하되, 읽지 않으면, 그리고 다른 사람들과 생각을 나누지 않으면, 앞으로 나아가지 못할 것입니다. 읽어야 하고 토론해야 합니다. 그러면서 삶을 자세하게 들여다보는 일이 중요하다고 저는 생각합니다.

[질문 23] 교수님의 강의 잘 들었습니다. 감사합니다. 인간은 무엇에 의해 움직이는지요?

[답변] 의지가 인간을 움직이지 않겠습니까? 어떤 의지인가, 무엇을 지향하는 의지인가 하는 것이 문제이겠지요.

[질문 24] 철학적인 관점에서 행복과 불행의 갈림길을 만드는 것은

우리의 마음이라는데, 그 마음은 과연 무엇이라고 하는지요?

[답변] 저는 행복을 '의식된 좋은 삶' 또는 '좋은 삶에 대한 의식'이라고 일단 정의를 내립니다. 어떤 것이 '좋다', '좋지 않다'고 판단하게 하는 틀을 저는 세계관 또는 인생관이라 생각합니다. 그러므로 어떤 인생관, 어떤 세계관을 가지고 사는가 하는 것이 행복과 불행에 관련해서 중요하다고 하겠지요. 「행복의 조건」이라는 저의 글을 참고하시길 바랍니다. 인터넷에서 쉽게 검색하여 받아 볼 수 있습니다.

[질문 25] 사람이 먹고 마시고 숨 쉬고 잠을 자는 등 일상에 대한 선생님의 의미 부여에 대한 명강의에 대하여 먼저 찬사를 드립니다. 중국 후한의 역사가 사마천의 『사기열전』 제1 「백이열전」에 다음과 같은 내용이 있습니다. 천도는 공평무사해 친함이 없지만 착한 사람의 편을 든다고 했습니다. 하지만 백이숙제는 인과 덕을 쌓고 청렴고결하게 살다가 결국 굶어 죽었습니다. 공자의 제자 가운데 안연만이 학문을 좋아하는 사람이라고 했으나 그는 가난해 가끔 쌀뒤주가 비었고, 지게미나 겨도 배불리 먹지 못하다가 끝내 요절했지요. 하늘은 공평무사해서 착한 사람에게 보답을 한다는데 도대체 어찌된 일입니까? 근세에 이르러 사람의 소행이 도를 벗어나 오로지 악행만을 저지르고 평생 잘 지내며 그 부귀가 자손 대대로 이어지고, 이와는 달리 바른 땅을 가려서 딛고, 해야 할 말만 골라 제때

에 말을 하며, 항상 큰 길을 걷고, 공명정대한 일이 아니면 발분하지 않았는데도 재앙을 당하는 사람이 아주 많은데, 사마천은 천도라는 게 있는 것인지 없는 것인지 참으로 의심스럽다고 탄식한 바 있습니다. 이것은 정의로운 일을 하는 자는 망하고, 불의한 일을 하는 자는 흥하는 고금을 통한 현실 세계의 냉혹성과 비극성을 말하고 있다고 생각됩니다. 선생님의 고견을 듣고 싶습니다.

[답변] 저도 선생님과 같은 질문을 여전히 가지고 있습니다.

[질문 26] 1987년 손봉호, 이만열 교수와 공동 창설한 '기독교윤리실천운동본부'의 성과와 앞으로 풀어야 할 과제는 무엇인지요?

[답변] 기독교윤리실천운동은 30년 전, 한국 개신교가 많은 문제를 드러낼 때 시작된 운동입니다. 이 단체는 처음부터 '자살지향적'이라 불렀습니다. 이런 단체가 필요 없는 교회와 사회가 되길 바라는 마음에서 출발했습니다. 검소 절제 운동, 작은 차 타기 운동 등 일상의 삶과 관련된 운동과 교회 세습 반대 운동 등 교회 개혁과 관련된 운동을 펼쳤습니다. 그러나 한국 교회는 개혁되거나 정화되지 않았습니다. 그러고 보면 기독교윤리실천운동은 별로 성공하지 못했습니다. 지금쯤은 아예 없어지고 교회 자체가 운동의 내용을 실천할 수 있었더라면 참으로 성공한 운동이었을 텐데 아직도 존재하고 아직도 필요한 운동이어야 한다는 것 자체가 기독교윤리실천운

동이 안고 있는 문제입니다.

[질문 27] 행복한 삶을 위해 볼 수 있는 영화나 동영상을 추천해 주십시오.

[답변] 〈꾸뻬씨의 행복 여행〉, 〈인생은 아름다워〉, 〈시네마 천국〉 정도 소개하면 되겠습니까? 너무 잘 알려진 영화입니다.

[질문 28] 권해 주고 싶은 책이 있으시면 알려주세요.

[답변] 2007년 제가 서강대 학장을 할 때 만든 『아무도 읽지 않는 책』이 있습니다. 꼭 읽어야 될 책 100권을 해설한 책입니다. 지금도 인터넷 서점을 통해서 구할 수 있습니다. '아무도 읽지 않는 책'이란 표현은 미국 소설가 마크 트웨인에게 빌려 왔습니다. 트웨인은 고전(Classic)을 가리켜 "사람들이 칭송은 하지만 읽지 않는 책"(a book which people praise and don't read)이라고 정의했습니다. 이 표현을 빌려 책 제목을 정했습니다. 이 가운데 소개된 책들을 중심으로 읽으시면 어떨까 생각합니다. 감사합니다.

_ 참고문헌

강영안,『주체는 죽었는가』, 문예출판사, 1996.

_____,『타인의 얼굴: 레비나스의 철학』, 문학과지성사, 2005.

_____,「갈등 상황에서의 철학과 철학자의 소명 – "학부간의 갈등"을 통해서 본 칸트
의 관점」,『칸트연구』 21권, 2008.

강학순,『존재와 공간: 하이데거 존재의 토폴로지와 사상의 흐름』, 한길사, 2012.

그로프, 엘리자베스 T., 홍병룡 옮김,『먹고 마시기: 모두를 위한 매일의 잔치』, 포이
에마, 2012.

길키, 랭던/이선숙 옮김,『산둥 수용소』, 새물결플러스, 2014.

디네센, 이자크/추미옥 옮김,『바베트의 만찬』, 문학동네, 2003.

러셀, 버트런드/이순희 옮김,『행복의 정복』, 사회평론, 2005.

맥닐, 대니얼/안정희 옮김,『얼굴』, 사이언스 북스, 2003.

반 퍼슨, C. A./강영안 옮김,『급변하는 흐름 속의 문화』, 서광사, 1995.

볼노, 오토 프리드리히/이기숙 옮김,『인간과 공간』, 에코 리브르, 2011.

아우구스티누스/최민순 옮김,『고백록』, 바오로딸, 2013.

이황/윤사순 역주,『퇴계선집』, 현암사, 1993.

정돈화,『사람이 제일이라 하고 싶습니다』, 나눔사, 1992.

지라르, 르네/김진석 옮김,『희생양』, 민음사, 2007.

투안, 이푸/구동회·심승희 옮김,『공간과 장소』, 대윤, 2007.

피카르, 막스/조두환 옮김,『사람의 얼굴』, 책세상, 1994.

Bachelard, Gaston. *La poétique de l'espace*. Paris: PUF, 1961.

Banks, Robert. *Redeeming the Routines: Bringing Theology to Life*. Grand Rapids: Baker Academics, 1993.

Bellows, Albert, *The Philosophy of Eating*. Boston: Houghton, Mifflin and Company, 1881.

Bernet, Rudolf. "The Encounter with the Stranger: Two Interpretations of the Vulnerability of the Skin," In *The Faces of the Other and the Trace of God*, edited by Jeffrey Bloechl. New York: Fordham University Press, 2000.

Blanchot, Maurice. *L'Entretien infini*. Paris: Gallimard, 1969.

Blomberg, Craig L. *Contagious Holiness, Jesus' Meals with Sinners*. Downers Glove: InterVarsity Press, 2005.

Bollnow, Otto Friedrich. *Human Space*. London: Hyphen Press, 2011.

_____. *Mensch und Raum*. Stuttgart: Kohlhammer, 1963.

Bonhoeffer, Dietrich. *Ethics*. Edited by Eberhard Bethge. New York: MacMillan, 1964.

Brümmer, Vincent. *Atonement, Christology and the Trinity: Making Sense of Christian Doctrine*. Aldershot: Ashgate, 2005.

Brümmer, Vincent and Sarot Marcel, eds. *Happiness, Well-being and the Meaning of Life: A Dialogue of Social Science and Religion*. Kampen: Kok Pharos, 1996.

Buber, Martin. *Ich und Du*. Stuttgart: Reclam, 1995.

Burms, Arnauld & de Dijn, Herman. *De rationaliteit en haar grenzen*. Assen/Maastricht: Van Gorcum, 1986.

Calvin, John. *The Institutes of Christian Religion*. Edited by John T. McNeill; Translated and Indexed by Ford Lewis Battles (Louisville, Kentucky, 1960).

Cavell, Stanley. *Themes out of School*. San Fransicso: North Point Press, 1984.

Chignell, Andrew, Cuneo, Terence, and Halteman, Matthew C., eds. *Philosophy Comes to Dinner. Arguments about the Ethics of Eating*. London: Routledge, 2016.

Clifford, William K. *The Ethics of Belief (1877)*. CreateSpace Independent, 2008.

Cooper, John M. *Pursuits of Wisdom: Six Ways of Life in Ancient Philosophy from Socrates to Plotinus*. Princeton: Princeton University Press. 2013.

Curnow, Trevor. *Philosophy for Everyday Life. A Practical Guide*. London: Penguin Books, 2012.

Davies Douglas J. *A Brief History of Death*. Malden: Blackwell Pub, 2005.

Descartes, René. *Oeuvres de Descartes*. Ch. Adam & P. Tannery (ed.) Paris: Vrin, 1964-76, vol. VII.

DeYoung, Rebecca. *Glittering Vices: A New Look at the Seven Deadly Sins and Their Remedies*. Grand Rapids: Brazos, 2009.

Droit, Roger-Pol. *Astonish Yourself!: 101 Experiments in the Philosophy of Everyday Life*. London: Penguin, 2003.

Faulkner, Paul and Simpson, Thomas. *The Philosophy of Trust*. New York: Oxford University Press, 2017.

Feuerbach, Ludwig. "Das Geheimnis des Opfers oder der Mensch ist was er ißt"(1830), *Ludwig Feuerbach Sämtliche Werke*. Stuttgart: Fromman, 1960.

Foucault, Michel. *L'ordre du discours*. Paris: Gallimard, 1971.

Gadamer, Hans-Georg. *Wahrheit und Methode*. Tübingen: Mohr, 1960.

Groppe, Elisabeth. *Eating and Drinking*. Minneapolis: Fortress Press, 2010.

Hadot, Pierre. *La Philosophie comme manière de vivre: Entretiens avec Jeannie Carlier et Arnold I. Davidson*. Paris: Editions Albin Michel, 2001.

Hardy, Lee. *The Fabric of This World*. Grand Rapids: Eerdmans, 1990.

Hawley, Katherine. *Trust: A Very Short Introduction*. Oxford: Oxford University Press, 2012.

Heidegger, Martin. *Was ist das—die Philosophie?*. Pfullingen: Neske, 1956.

_____. "Das Ende der Philosophie und die Aufgabe des Denkens." In *Zur Sache des Denkens*. Tübingen: Max Niemeyer, 1969.

_____. *Sein und Zeit*. Frankfurt a.M.: Klostermann, 1961.

Heschel, Abraham. *The Sabbath: Its Meaning for Modern Man*. New York: The Noonday Press, 1951.

Hill, James. "The Philosophy of Sleep: The Views of Descartes, Locke and Leibniz," *Richmond Journal of Philosophy* 6 (Spring 2004).

Hobbes, Thomas. *Leviathan*. Edited by Richard Tuck. Cambridge: Cambridge University Press, 1996.

Holt, Simon. "Eating." In *The Complete Book of Everyday Christianity: An A-to-Z guide to following Christ in Every Aspect of Life*. edited by Robert Banks & R. Paul Stevens. Downers Grove: InterVarsity Press, 1997.

Huizinga, Johan. *Homo Ludens: Proeve eener bepaling van het spel-element der cultuur* (1938). Amsterdam: Athenaeum, 2008.

Husserl, Edmund. *Die Krisis der europäischen Wissenschaften und die transzendentale Phänomenologie*. Den Haag: Martinus Nijhoff, 1962.

_____. *Philosophie als strenge Wissenschaft*. Frankfurt am Main.: Vittorio Klostermann, 1965.

_____. *Ideas for a Pure Phenomenology and Phenomenological Philosophy. First Book, General Introduction to Pure Phenomenology*. Translated by Daniel O. Dahlstrom. Indianapolis/Cambridge: Hackett Publishing Company, 2014.

IJsseling, Samuel. *Rhetoric and Philosophy in Conflict: An Historical Survey*. The Hague: Martinus Nijhof, 1976.

_____. "Das Ende der Philosophie als Anfang des Denkens," In *Heidegger et l'idée de la phénoménologie*. F. Volpi and others. Dordrecht; Boston: Kluwer Academic Publishers, 1988.

Kang, Young Ahn. "Global Ethics and A Common Morality", in *Philosophia Reformata* 71(2006).

Kant, Immanuel. *Kritik der reinen Vernunft. Hamburg*: Felix Meiner, 1956.

_____. *Die Religion innerhalb der Grenzen der blossen Vernunft*. Berlin: L

Heimann, 1869.

_____. "M. Immanuel Kants Nachricht von der Einrichtung seiner Vor-
lesungen in dem Winterhalbenjahre von 1765-1766," *Kant's gesammelte
Schriften*. Berlin: Königlich Preußischen Akademie der Wissenschaften, 1912.

_____. "Von den verschiedenen Racen der Menschen", *Kant's gesammelte
Schriften*. Berlin: Königlich Preußischen Akademie der Wissenschaften, 1912.

_____. *Prolegomena zu einer jeden Künftigen Metaphysik, die als Wissen-
schaft wird auftreten können*. Hamburg: Felix Meiner, 1969.

_____. *Anthropologie in pragmatischer Hinsicht*. Königsberg: Bey Fried-
rich Nicolovius, 1798.

Kass, Leon R. *The Hungry Soul: Eating and the Perfecting of Our Nature*. New York:
The Free Press, 1994.

Kundera, Milan. *Life is elsewhere*. Translated by Aaron Asher. New York: Harper
Perennial, 2000.

Küng, Hans. *Was Ich Glaube*. München: Piper, 2009.

Levinas, Emmanuel. *Totalité et Infini*. La Haye, Martinus Nijhof, 1962.

_____. *Autrement qu'être ou au-delà de l'essence*. La Haye, Martinus
Nijhoff, 1974.

_____. "Nom d'un chien ou le droit naturel," In *Difficile liberté*. Paris:
Albin Michel, 1976.

_____. *Le temps et l'autre*. Paris, PUF, 1979.

_____. *Entre Nous*. Translated by Michael B. Smith and Barbara
Harshav. New York: Columbia University Press, 2000.

Lockly, Steven W. and Foster, Russell G. *Sleep. A Very Short Introduction*. Oxford:
Oxford University Press, 2012.

Marion, Jean-Luc. *Certitudes négatives*. Paris: Grasset, 2010.

_____. *Étant donne. Essai d'une phénoménologie de la donation*. Paris:
PUF. 1997.

Marshall, Bruce. *The World, the Flesh, and Father Smith*. Boston: Houghton Mifflin, 1945.

Marty, Martin E. *Building the Culture of Trust*. Grand Rapids: Eerdmans, 2010.

McAlpine, Thomas. "Sleeping", in *The Complete Book of Everyday Christianity: An A-to-Z guide to following Christ in Every Aspect of Life*. edited by Robert Banks & R. Paul Stevens. Downers Grove: InterVarsity Press, 1997.

McCarthy, David Matzko. *The Good Life: Genuine Christianity for the Middle Class*. Grand Rapids: Brazos Press, 2004.

Minkowski, E. "Espace, intimité, Habitat." In *Situation*. edited by J.H. van den Berg, F.J.J. Buytendijk, M.J. Langeveld, and J. Linschoten. Utrecht/Antwerpen: Spectrum, 1954.

Nancy, Jean-Luc. *The Fall of Sleep*. New York: Fordham University Press, 2009.

Nietzsche, Friedrich. *Also Sprach Zarathustra, Kritische Studienausgabe*. Berlin: Walter de Gruyter, 1980.

Palmer, Parker J. *A Hidden Wholeness: The Journey Toward an Undivided Life: Welcoming the Soul and Weaving Community in a Wounded World*. San Francisco: Jossey-Bass, 2004.

Pascal, Blaise. *Pensées*, Édition présentée, établie et annotée par Philippe Sellier. Paris: Pocket, 2003.

Peterson, Erik. "Theologie des Kleides", *Beneditische Monatschrift zur Pflege religiösen und geistigen Lebens*. Jahrgang 16 Heft 9/10, 1934.

Peursen, C. A. Van. *Ziel-Lichaam-Geest. Inleiding tot een wijsgerige anthropologie*. Utrecht: Bijleveld, 1978.

Pieper Josef. *Faith, Hope, Love*. San Francisco: Ignatius, 1996.

_____. *Leisure: The Basis of Culture*. Introduction by Roger Scruton and translation by Gerald Malsbary. Indiana: St. Augustine's Press, 1998.

_____. *Death and Immortality*. Translated by Richard and Clara Winston. Indiana: St. Augustine's Press, 1999.

Plantinga, Alvin. "Against Naturalism", In *Knowledge of God*. Oxford, Blackwell, 2008.

Polanyi, Michael. *Personal Knowledge*. London: Routledge & Kegan Paul, 1958.

_____. *The Tacit Dimension*. Graden City, New York: Doubleday, 1966.

Putnam, Hilary. *Realism with a Human Face*. Cambridge, Mass: Harvard University Press, 1990.

Ray, Darby Kathleen. *Working*. Minneapolis: Fortress Press, 2011.

Russell, Bertrand. "A Free Man's Worship." In *Why I am Not a Christian?*, edited by Paul Edwards. New York: Simon & Schuster, 1957.

Saint-Exupéry, Antoine de. *Citadelle*. Paris: Gallimard, 1948.

Schorlemmer, Friedrich. "Ein Leben ohne Arbeit?: Thesen über Erwirb, Tätigkeit und Sinn." In *Leben ohne Arbeit? - Arbeit als Los?*, edited by Hans-Hermann Hartwich. Wiesbaden: Springer Fachmedien, 1995.

Sheringham, Michael. *Everyday Life: Theories and Practices from Surrealism to the Present*. New York: Oxford University Press, 2006.

Shigematsu Ken. *God in my Everything: How an Ancient Rhythm Helps Busy People Enjoy God?*. Grand Rapids: Zondervan, 2013.

Smith, Robert Rowland. *Breakfast with Socrates. An Extraordinary (Philosophical) Journey Through Your Ordinary Day*. New York: Free Press, 2009.

Son, Bong Ho. *Science and Person: A Study in the Idea of Philosophy as Rigorous Science in Kant and Husserl*. Assen: Van Gorcum, 1972.

Spinoza, Baruch de. *Tractatus de intellectus emandatione*, Edited by Carl Gebhardt. Heidelberg: C. Winter, 1925.

Stevens, R. Paul. *Work Matters: Lessons From Scripture*. Grand Rapids: Eerdmans, 2012.

Tallis, Raymond. *Hunger*. Stocksfield: Acumen, 2008.

Tournier, Paul. *A Place for You: Psychology and Religion*. New York: HarperCollins, 1968.

Tuan, Yi-Fu. *Space and Place: The Perspective of Experience*. Minneapolis: University of Minnesota Press, 1977.

_____. *Escapism*. Baltimore: The Johns Hopkins University, 2000.

Verblen, Thorstein. *The Theory of the Leisure Class*. New York: MacMillan, 1899.

Volf, Miroslav. *Work in the Spirit: Toward a Theology of Work*. Eugene: Wipf&Stock, 2001.

_____. *Exclusion and Embrace: A Theological Exploration of Identity, Otherness and Reconciliation*. Nashville: Abingdon Press, 1996.

Warren, Tish Harrison. *Liturgy of the Ordinary: Sacred Practices in Everyday Life*. Downers Glove: InterVarsity Press, 2016.

Webb, Stephen H. *Good Eating*. Grand Rapids: Brazos Press, 2001.

Webster, Jane S. *Ingesting Jesus: Eating and Drinking in the Gospel of John*. Atlanta: Society of Biblical Literature, 2003.

Welten, Ruud. *Het ware leven is elders*. Zoetermeer: Klement/Pelckmans, 2013.

Williams, John Alexander. *Turning to Nature in Germany: Hiking, Nudism, and Conservation, 1900-1940*. Stanford: Stanford University Press, 2007.

Wirzba, Norman. *Food and Faith: A Theology of Eating*. Cambridge: Cambridge University Press, 2011.

Witherington III, Ben. *Work: A Kingdom Perspective on Labor*. Grand Rapids: Eerdmans, 2011.

Wittgenstein, Ludwig. *Philosophische Untersuchungen*. Oxford: Wiley-Blackwell, 2009.

Wolters, Albert M. *Creation Regained*, with a Postscript coauthored by Michael W. Goheen. Grand Rapids: Eerdmans, 2005.

1강 일상의 성격과 조건

"철학은 어디에 있는가?" 〈철학은 어디에 있는가: 삶과 텍스트 사이에서 생각하기〉(한길사, 2012), pp.23-56.

"Philosophie entre science et humanisme", *Diogène* 229-230(2010), pp.127-144.

"The Place of Philosophy between Science and Humanities," *Diogenes* 58(2012), pp.88-98.

"다시 일상으로", 〈철학은 어디에 있는가〉, pp.273-288; "칸트의 물음: 인간은 무엇인가? 〈철학논집〉(서강대학교 철학연구소), 38(2014), pp.39-66.

"일상에 대한 묵상", 〈Seize Life 日常生活研究〉(일상생활사역연구소), 창간호(2008), pp.6-13.

"일상에 대한 묵상(2): 인간의 조건", 〈Seize Life 日常生活研究〉(일상생활사역연구소), 2(2008), pp.4-12.

"일상에 대한 묵상(3): 행복과 불행", 〈Seize Life 日常生活研究〉(일상생활사역연구소), 3(2009), pp.5-14.

"일상의 삶: 행복과 불행", 〈철학논집〉(서강대학교 철학연구소), 46(2016), pp.42-68.

"일상의 성격", 〈철학과 현실〉(철학문화연구소), 83(2009), pp.27-40.

"인간의 조건", 〈철학과 현실〉(철학문화연구소), 84(2010), pp.26-41.

"일상의 행복과 불행", 〈철학과 현실〉(철학문화연구소), 85(2010), pp.181-190.

2강 먹고, 자고, 집 짓고 산다는 것 | 2강 보충 옷을 입는다는 것

"일상에 대한 묵상(4): 먹는다는 것", 〈Seize Life 日常生活研究〉(일상생활사역연구
　　소), 4(2010), pp.5-14.

"먹는다는 것", 〈철학과 현실〉(철학문화연구소), 86(2010), pp.219-231.

"일상에 대한 묵상(5): 잠잔다는 것", 〈Seize Life 日常生活研究〉(일상생활사역연구
　　소), 5(2010), pp.5-18.

"잠을 잔다는 것", 〈철학과 현실〉(철학문화연구소), 87(2010), pp.200-215.

"일상에 대한 묵상(6): 집 짓고 산다는 것", 〈Seize Life 日常生活研究〉(일상생활사역
　　연구소), 6(2011), pp.7-26.

"집 짓고 산다는 것", 〈철학과 현실〉(철학문화연구소), 88(2011), pp.208-220.

"일상에 대한 묵상(10): 옷을 입는다는 것", 〈Seize Life 日常生活研究〉(일상생활사역
　　연구소), 10(2013), pp.9-33.

"옷을 입는다는 것(1), (2)", 〈철학과 현실〉(철학문화연구소), 99(2013), pp.195-208;
　　100(2014), pp.135-153.

3강 일과 쉼, 그리고 타인의 존재 | 3강 보충 얼굴을 가진다는 것

"일상에 대한 묵상(7): 일한다는 것" 〈Seize Life 日常生活研究〉(일상생활사역연구소),
　　7(2011), PP.7-21.

"일한다는 것", 〈철학과 현실〉(철학문화연구소) 91(2011), pp.174-186.

"일상에 관한 묵상(8): 쉰다는 것", 〈Seize Life 日常生活研究〉(일상생활사역연구소),
　　8(2011), pp.7-26.

"쉰다는 것", 〈철학과 현실〉(철학문화연구소), 93(2012), pp.213-222.

"일상에 대한 묵상(9): 타인은 우리에게 누구인가?", 〈Seize Life 日常生活研究〉(일상
　　생활사역연구소), 9(2012), pp.9-33.

"타인", 〈철학과 현실〉 (철학문화연구소), 95(2012), pp.193-214.

"일상에 대한 묵상(11): 얼굴", 〈Seize Life 日常生活硏究〉 (일상생활사역연구소), 11(2013), pp.9-30.

"얼굴을 가진다는 것", 〈철학과 현실〉 (철학문화연구소), 92(2012), pp.179-189.

"얼굴과 일상", 〈프랑스문화예술연구〉 (프랑스문화예술학회), 39(2011), pp.263-290.

_ 찾아보기

용어

ㄱ

가베(Gabe, 선물) 13, 80, 259

가정 140, 151, 152, 197, 240, 256

가족 70, 116-119, 198, 207, 223, 227, 243, 247, 251, 258, 281

갈등 27, 117, 149, 240

감사 45, 125, 126, 143, 146, 147, 182, 184, 213, 234, 271, 309, 330

감성 47, 74, 100, 103, 107

감정 62, 84, 87, 136, 146, 163, 251, 267, 268

개념 84, 129, 193, 241, 275, 276, 282, 292, 304, 321, 332

개별성 77, 144, 243

개체 81, 82, 116, 124, 125, 242, 245, 253, 287, 315, 316, 328

거주 26, 27, 59, 68-70, 75, 78, 113-115, 117-119, 133-134, 137, 150, 151, 153-156, 169, 198, 296, 336

건강 39, 143, 173, 181, 235, 237, 260, 277

결핍 9, 76, 154, 206, 248

경쟁 88, 149, 245, 255, 256, 260, 316

경험 25, 31, 46, 52, 57, 58, 62, 65-67, 75, 79, 81, 82, 86, 88, 104, 111, 117, 118, 144, 146, 152, 155, 190, 195, 206, 207, 218, 222, 224, 240, 242, 246, 247, 251, 281, 285, 286, 317, 331

계시 289, 294, 295

고유성 59, 77, 144

고통 33, 34, 50, 58, 59, 64, 69, 71, 75-77, 84, 154, 190, 204, 207, 209, 247, 253, 261, 265, 322, 326, 335

고향 135-137, 140, 151, 153, 298

공간 70, 72-76, 78-80, 107, 108, 114-116, 118, 119, 130, 133-135, 154, 174, 227-229, 246, 266, 270, 271, 275, 280, 306, 308, 315, 327, 332, 339

사이버공간 327

사적 공간 116

공감 247, 283, 322, 323, 327

공동체 70, 146-147, 254, 313, 340

공평 156, 209, 234

관계 249, 252, 329

관습 65, 173, 184, 245, 322

관심 31-34, 39, 43, 60, 62-64, 77, 80, 104, 105, 127, 143, 145, 148, 213, 219, 227,

인명